中国道路 新闻论

ZHONGGUO DAOLU XINWENLUN

李 彬 ◎ 著

新华出版社

图书在版编目（CIP）数据

中国道路新闻论 / 李彬著. -- 北京：新华出版社，2020.10
ISBN 978-7-5166-5520-7（2025.3重印）

Ⅰ.①中…　Ⅱ.①李…　Ⅲ.①新闻学—传播学—研究—中国
Ⅳ.①G219.2

中国版本图书馆CIP数据核字(2020)第225292号

中国道路新闻论

作　　者：李　彬

责任编辑：赵怀志　　　　　　　　封面设计：刘宝龙

出版发行：新华出版社
地　　址：北京石景山区京原路8号　　邮　　编：100040
网　　址：http://www.xinhuapub.com
经　　销：新华书店、新华出版社天猫旗舰店、京东旗舰店及各大网店
购书热线：010—63077122　　　　　中国新闻书店购书热线：010—63072012

照　　排：六合方圆
印　　刷：大厂回族自治县众邦印务有限公司

成品尺寸：170mm×240mm
印　　张：16　　　　　　　　　　　字　　数：240千字
版　　次：2021年4月第一版　　　　　印　　次：2025年3月第二次印刷
书　　号：ISBN 978-7-5166-5520-7
定　　价：48.00元

版权专有，侵权必究。如有质量问题，请与出版社联系调换：010-63077124

中国新闻学的春天与冬天

所谓"中国新闻学"自然指立足中国的新闻学,离不开五千多年源远流长的文明史、一百七十多年屡挫屡奋的近代史、新中国七十年正道沧桑的奋斗史,以及其中蔚为大观的新闻与传播实践史,包括新闻学与传播学的学术传统。一句话,中国新闻学关乎中国道路,说到底是为中国道路新闻业立魂、立言、立心。同时,由于其中主流传统同马克思主义道统水乳交融,中国新闻学又始终心系天下,关注人类命运共同体及其新闻传播,离不开《国际歌》寄寓的国际主义情怀——"英特纳雄耐尔"(international)。

作为一门学科,中国新闻学缘起于五四时期的北京大学新闻学研究会。北京大学校长蔡元培,中共秘密党员、一代名记者邵飘萍等均为先驱者,而新中国开国领袖毛泽东堪称研究会最有名气、也最有成就的学员。今天,回望五四一百年和新中国七十年的中国新闻学,我辈学人不由审视自己所处的历史方位,而无论怎么见仁见智,中国新闻学的现状都难脱狄更斯那段名言的矛盾状态——最好与最糟的时代抵牾,蓬勃的春天与寂廖的冬天相对。[1]

一方面,五四一百年、特别是新中国七十年来,中国新闻学已经取得长足进展,特别是从梁启超到邵飘萍,从邹韬奋到范长江,从邓拓到穆青,从延安窑洞人民广播的手摇发电机到数字时代融媒体,一代代中

---

[1] 2009年,一家权威期刊就曾发表文章,称中国新闻学"走入黄昏",为此还引起一场"保卫新闻学"的学术讨论。见郜书锴《走入黄昏的中国新闻学——30年中国新闻学的回望与反思》,载《现代传播》2009年第3期;郑保卫《迈向辉煌的中国新闻学——与郜书锴同志商榷》,载《现代传播》2009年第6期。

国记者以及学者以其辛勤耕耘和开创性工作奉献了无数心血和智慧,也为中国新闻学及其学派奠定了厚实基础。十八大以来,随着中国特色社会主义进入新时代,新闻学也迎来前所未有的良机。2016年习近平主持召开哲学社会科学工作座谈会,强调加快建设中国特色哲学社会科学及其学科体系、学术体系和话语体系,并重点建设具有"支撑作用"的11门学科,其中包括新闻学。这一引人注目的学科布局,让人仿佛看到了中国新闻学的春天。另一方面,我们又不能不清醒地意识到,中国新闻学又遭逢前所未有的现实困境和学科危机。不说别的,如学术腐败、学术江湖、学风浇薄等天下共知而痛心无奈的普遍问题[1],仅就每年发表约五万篇论文、招收约两百名新闻传播博士生等理应欣慰的局面而言,至少三个迹象又显示了中国新闻学冬天般的寂寥。

其一,学科萎缩——"失地"。在整个新闻传播学科,新闻学明显萎缩,边缘化趋势有增无减,大量人力、物力、精力日渐投向时兴方向,如媒体技术、经营管理、广告公关、研究方法、影视传播等,与新闻学"支撑作用"的战略定位相去甚远。当然,其他学科方向均属同一大树的枝干,盘根交错,浑然一体,也均为时代所趋、国家所需。但问题在于如果枝叶繁茂而主干枯萎,那么,对新闻学而言,与其说是繁荣景象,不如说是颓败征兆。

其二,队伍涣散——"失人"。不仅学科领域萎缩,而且有志于新闻学的学人与学子也与时俱减。在一些流行思维中,研究新闻学尤其是中国新闻学,既不时尚,又不学术,更不高大上,远非"西潮新潮"所能比。翻检一下每年各类学位论文及其选题,看看还有多少在关注新闻

---

[1] 对此,批评之声备矣。比如,应星说道:"许多圈子都具有或浓或淡的江湖气息……自觉不自觉地把世俗的那套手腕和心机带到圈子中,带进学术中。"(见《"且看今日学界"新父"之朽败》,载《文化纵横》2009年第8期)孙歌为《读书》创刊四十周年写的文章,也谈及此类二十年目睹之怪现状:"学术评价标准的堕落,普遍性的知识腐败,在学界几乎是有目共睹的现象,但是批评归批评,腐败归腐败,这井水不犯河水的现实格局才是问题的关键。其实大家都心知肚明,各种跟利益链直接配合的'学术评价'机制,绝不会因为舆论界指出它的丑恶而有所改变。"(见孙歌:《伴跑〈读书〉》,载《读书》2019年第4期)

业与新闻学，对此"散兵游勇"状况就一目了然了。因为，学位论文尤其是硕士论文与博士论文，基本上决定了其学术志业。

其三，价值失落——"失魂"。如果说学科萎缩、队伍涣散还可归结为学术的"前沿冲动"，犹如李金铨教授形容的"学术鬣狗"，从一个猎物不断扑向新的猎物，那么，价值失落对中国新闻学则是致命痼疾。所谓失魂，既指缺失中国文化的主体意识与自觉意识，更指丧失马克思主义及其中国化的精神价值，集中表现为"去政治化"，以及相关的"去历史化"、"去中国化"、"去价值化"、"去主流化"等，而尤为致命的是"去马克思主义化"。试看一点，即知大概。四十年前，甘惜分先生指导第一批硕士生时，曾经要求弟子首先通读马恩全集，而如今众多博士生中能翻翻数万字《共产党宣言》者恐怕都寥寥无多了。与此同时，非马乃至反马的东西却前呼后拥地进课堂、进教材、进头脑，如冷战斗士施拉姆及其《报刊的四种理论》至今依然顶着"大师"等光环受到推崇。

失魂的要害还不在于新闻学中马克思主义是否在场，而在于是否拥有名实相符的"指导地位"。就此而言，当下状况一边是马克思主义新闻观看上去如火如荼，一边是新闻专业主义即西方新闻观实际上席卷天下，这一态势是否表明马克思主义虽然拥有政治权威而未必拥有学术地位；或者说马克思主义新闻观及其立场、观点和方法，只有政治领导权而难说文化领导权。比如，在学术期刊上，宣扬专业主义的文字你方唱罢我登场，而秉持马克思主义立场，剖析专业主义的批判声音却很难听到。另外，经过李零所说的"去政治化、国际化和学术化"，马克思主义也差不多成了无关宏旨的学术研究对象，"正在变成古董，一件打碎的古董"、"沦为经学考据"[1]，从而丧失生机勃勃的革命性、斗争性和实践性。于是，残存的新闻学研究以及其他学科领域日益成为"价值中立"、"价值无涉"的学术操练，看不懂"为谁著书、为谁立说"，从毛泽东到习近平反复强调的根本问题、原则问题即"为什么人的问题"，

---

[1] 李零：《重读马克思》（上），载《读书》2019年第4期。

越来越漫漶不清了。

上述局面渊源有自，冰冻三尺非一日之寒。从社会政治视角看，十八大之前相当时期的"一手硬，一手软"（邓小平），以及思想文化和意识形态工作的不得力、不得法，是导致这一局面的大气候。自上而下一系列体制机制的主导性作用，如随波逐流的"国际接轨"、对标美国的"一流大学"、盲目跟风的"英文发表"，以及某些既无助于探求真知、更有碍于追求真理的"清规戒律"[1]，与其说有助于坚持和发展马克思主义及其中国化的哲学社会科学包括新闻学，不如说有意无意地"管死马克思主义多学派的发展，放活非马克思主义多元化的扩张"（程恩富）[2]。黄宗智揭示的问题同样值得新闻学反思："如今中国的学术管理者已经完全采纳 WoS 三大'航母'引文索引的科学主义学术评估方法，并把其官僚化到当代的美国学者都不能想象的地步。"[3] 所谓 WoS，就是 C 刊 S 刊以及影响因子等。既然现行体制机制限定如此，趋奉西潮新潮又常常吃香喝辣，而听从甘惜分的"立足中国土，请教马克思"往往喝西北风，那么，就无怪乎学者学子竞相"去政治化"了。

除此之外，中国新闻学面临的现实困境和学科危机也在于文化政治的观念性影响。2019 年适逢新中国七十华诞与五四运动百年纪念，五四与新中国无论在历史上，还是在现实中都互为镜像，也就是说如何看待五四与如何看待新中国恰似一枚硬币之两面，而且这种相辅相成的认识逻辑还由于不同的文化政治而不断主导着大相径庭的历史潮流。把五四仅仅视为西方中心视野的现代启蒙运动是智识阶层或者说知识精英的一贯思路，其典型代表前有胡适从全盘西化走进"蒋公"幕府，后有李泽厚从八十年代"救亡压倒启蒙"之说走向九十年代"告别革命"之论。

---

[1] 如中国大学评中国教授必须先去欧美大学访学一年，少一天都不算数，否则就得重新再走一趟；学术论文必须遵循一套刻板程式，诸如文献、假设、方法、讨论，否则就可能遭遇"不规范"质疑，等等。

[2] 程恩富：《"刘（国光）旋风"——掀翻新自由主义经济思潮〉感评》，见程恩富、顾海良主编：《海派经济学》（第15辑），上海：上海财经大学出版社，2007。

[3] 黄宗智：《引文索引的使用与滥用》，载《开放时代》2018年第5期。

关于如此一脉延续欧洲启蒙运动的文化政治，恩格斯说得再没有那么清晰透彻了。在《反杜林论》中，他结合法国启蒙思想家的理论主张、时代背景及其阶级本质所作的深刻分析，也完全适用于上述五四以降的启蒙思潮：

> 他们不承认任何外界的权威，不管这种权威是什么样的。宗教、自然观、社会、国家制度，一切都受到了最无情的批判；一切都必须在理性的法庭面前为自己的存在辩护或者放弃存在的权利。思维着的知性成了衡量一切的唯一尺度。
>
> 以往的一切社会形式和国家形式、一切传统观念，都被当做不合理性的东西扔到垃圾堆里去了；到现在为止，世界所遵循的只是一些成见；过去的一切只值得怜悯和鄙视。只是现在阳光才照射出来。从今以后，迷信、非正义、特权和压迫，必将为永恒的真理、永恒的正义、基于自然的平等和不可剥夺的人权所取代。
>
> 现在我们知道，这个理性的王国不过是资产阶级的理想化的王国；永恒的正义在资产阶级的司法中得到实现；平等归结为法律面前的资产阶级的平等；被宣布为最主要的人权之一的是资产阶级的所有权；而理性的国家、卢梭的社会契约在实践中表现为，而且也只能表现为资产阶级的民主共和国。[1]

如果说以"自由、平等、博爱"为旗号的法国大革命最终成就的不过是资产阶级共和国，那么将五四归结为启蒙理性的认识也难免趋向同样结局，仅看胡适及其朋友们何曾有志于人民当家做主的政治愿景便可明白太半了。与之相对，中国革命与中国共产党以及千百万为新中国流血流汗的仁人志士，始终把五四看作彻底反帝反封建的一次高潮，并在

---

[1] 恩格斯：《反杜林论》，见《马克思恩格斯选集》第3卷，北京：人民出版社，2018年，第391—392页。

这一历史延长线上继承发扬五四的革命精神[1]。即使所谓"启蒙"，同样尊奉人民大众为创造历史的主体而非浑浑噩噩的群氓，并且"启蒙"本身也同属反帝反封建的革命大潮。[2]五四时代的学生，曾任新四军秘书长的革命家、文化人李一氓，晚年在其回忆录里就曾明确写道：

> 现在有些人把五四运动概括为民主与科学，所谓"德"先生与"赛"先生者，并把这二者当成运动的目标，可能不符合实际。合于实际的，并且一直是中国革命之所以坚持并为之奋勇斗争的，恐怕还是以反对帝国主义为主要目标。不反对帝国主义而空谈科学与民主，则五四以后的许多社会变革的运动，甚至包括1921年中国共产党的成立，就都无法作逻辑和历史性的说明了。[3]

回顾与研究五四以来百年中国新闻学，也一直隐然存在这样两种不无交集如反封建而又迥异其趣如反帝的思路或者说范式。遵循所谓启蒙思路，就顺理成章地勾画并趋向从新记《大公报》到新闻专业主义的一脉逻辑。当然，所谓新记《大公报》传统不过是从专业主义视角投射历史的唯心想象而非唯物事实，事实还是蒋家王朝"小骂大帮忙"的喉舌[4]。按照同样的启蒙思路，范长江、邹韬奋也貌似成为"自由民主"人士，

---

[1] 五四运动两周年之际，李大钊就曾发表文章《中国学生界的"May Day"》，明确指出"五月四日这一天……中国学生界用一种直接行动反抗强权世界，与劳动界的五月一日有同一的意味"。

[2] 李零就此写道："中国的启蒙是个大词，不光是北大、清华，不光是商务、中华，不光是知识分子，不光是'德先生'和'赛先生'，它也包括革命，它也包括战争，它也包括全民族的动员和劳苦大众的觉醒……五四运动是爱国运动。爱国的意思并不复杂，当时叫救亡图存。爱国是救国，又不是打别人。自己的国家要亡了，怎么就不能救一下？现在有人说，救亡图存挡了启蒙的道，这叫什么话？"（见《鸟儿歌唱——二十世纪猛回头》，北京：北京大学出版社，2014年，第97页、第262页。

[3] 李一氓：《李一氓回忆录》，第12页，北京：人民出版社，2015。如今，人们又开始重新认识并认同后发国家的"反帝"意味，温铁军就认为，第三世界国家不经过革命，就只能同帝国主义妥协并让渡政治主权，以此推行国家现代化。潘卡吉·米什拉（Pankaj Mishra）的《从帝国废墟中崛起》（From Ruins of Empire : The Revolt Against the West and the Remaking of Asia）一书，更从历史与逻辑方面对此作出新的更深入的论述。

[4] 俞凡教授以十年磨一剑的功夫，在《新记〈大公报〉再研究》一书中，以实事求是的科学研究再次确认历史的不易事实（见俞凡：《新记〈大公报〉再研究》，北京：中国社会科学出版社，2015）。

而无视他们以及一代进步知识分子走向革命、走向人民、走向社会主义的心路历程。由此可见，仅以启蒙视角看待中国新闻业与新闻学的偏颇和局限。相反，信守反帝反封建的思路，则无论五四以来一百年，还是新中国七十年的新闻业新闻学，都不能不置身于中国革命的大历史、大脉络、大视野之中，并势必以人民为中心而非以精英为中心，从而内与国家独立、民族解放、人民当家做主等历史巨流息息相通，外与马克思主义、国际共产主义、十月革命一声炮响以及亚非拉反帝反殖浪潮，包括争取世界新闻新秩序等历史脉络有机关联。

中国新闻学失地、失人、失魂的问题，从文化政治的观念视角追根溯源，也在于20世纪80年代以来，学界主流由于过犹不及的反思历史和饥不择食的吸纳西学，对五四以降反帝反封建传统，特别是其中的革命斗争、阶级政治、群众路线、唤起工农千百万以及"政治家办报"等新闻传统日渐疏离，隔膜，冷漠。日积月累，有意无意，中国新闻学也就不可避免地日渐陷入瀚海阑干百丈冰的处境。

如果正心诚意走中国道路，也就是中国的革命、建设与改革开辟的道路，那么，新闻学的总体状态无疑与新时代日益错位。而脱离时代的大势所趋，虽然可能时兴一时，但终究难逃大浪淘沙的命运。一度红红火火的中国传播学，如今消失于国家战略层面的学科布局，就是令人扼腕的前车之鉴。那么，中国新闻学如何走出暮气沉沉的冬天，迈向生机勃勃的春天？归根结底，还在于习近平说的立足中国大地，为人民著书立说，深刻解读新中国七十年历史性变革中所蕴藏的内在逻辑，讲清楚中国特色社会主义道路、理论、制度、文化优势。[1] 离开这些"大本大源"，缺乏文化自觉与学术自觉，沉溺于"学术共同体"及其杯水风波，如李书磊二十年前指出的"被知识分子自身的趣味和利益集团囚禁起来，变得日益地孤立、孱弱而苍白"[2]，中国新闻学就难以有出息、有出路，

---

[1] 习近平：《一个国家，一个民族不能没有灵魂》，载《求是》2019年第8期。
[2] 李书磊：《重读经典》，北京，中国广播电视出版社，1997年，第187—188页。

而只能捧着金碗讨饭吃。房宁呼吁青年学者多"写生",少"临摹",也是这个道理。"临摹"是照猫画虎,临摹得再好也是赝品,而"写生"是面对自然、沉浸人生的创作,即便是粗糙、生涩、稚嫩,也难掩鲜活生动的气息:

> 我多么希望更多地看到我们的学者,特别是年轻学者,能做时代的学问,能为国家为人民做学问,而不是躲在象牙塔里翻书本。我多么希望年轻学者们趁着年轻,去行万里路读万卷书,读大地之书、读社会之书、读人性之书。总之是读社会实践这本"无字天书",多"写生",少"临摹"。[1]

具体说来有三点,还需进一步明确。

第一,确立道路自信与学术自信,彻底摆脱不同程度的"学术殖民"状态与心态,用中信基金会理事长孔丹的话说,将"他信"变为"自信",将著书立说的立足点从"彼岸"转到"此岸"。[2]一位新闻学刊编辑干脆用"理论野心",表达了同样的自觉意识。19世纪初,西方文脉俨然还在欧陆,德国洪堡大学等更是文化圣城,吸引着东西南北的欧美知识精英,而立国不过半个世纪、偏处海角天涯的哈佛文人R. W. 爱默生(Ralph Waldo Emerson),却提出了美国文化走自己路的主张,发表了美国文化的独立宣言《美国学者》(American Scholar)。如今,新中国已经走过七十年,发展中国学术与学派更可谓名正言顺,水到渠成。

第二,确立马克思主义的立场、观点和方法。这个问题无须赘言,现在的症结不在于说而在于做。这里可用一位马克思主义新闻学者项德生教授的论述强调一点,即反思时下一边倒的研究方法问题。众所周知,如今新闻院系都把一套源于美国实证主义的传播研究方法奉若神明,有的新闻学院大一新生就开设"研究方法"课程,好像不学这套方法就不入流,而一旦掌握这套方法,就能方便地打开新闻传播规律的大门。从

---

[1] 房宁:《社科学者应多"写生"少"临摹"》,载《环球时报》2019年4月24日。
[2] 孔丹:《"中国学派集成"总序言》,见中信出版社"中国学派集成"丛书。

古今学术史看，具体的研究方法从来都是多种多样而非独此一家，而各种方法无非是发现问题、研究问题、解决问题的不同工具。既是工具，适用即可。科学家钱伟长针对自然科学说过："做一番事业，用的工具要恰到好处，目的是解决问题。就像屠夫杀猪要用好刀，但这把刀刚好就行，不要整天磨刀，欣赏刀，磨得多好啊！那是刀匠的事。"三十年前，项德生教授就指出中国新闻学一味推崇实证方法的致命隐患，强调坚持马克思主义方法论的决定意义："对这些方法作用不能夸大，要向学生说明它们的适用范围，不能把现代科学方法和传统科学方法对立起来，更不能给学生造成一个错觉，似乎只有这种方法灵，其他方法都不中用了。尤其需要向学生反复说明，无论是传统的还是现代的，一切方法都不能代替马克思主义的哲学方法，所有的方法都只能在马克思主义哲学方法的统摄下，才能恰当而有力地发挥其局部性作用。"[1]

第三，确立新中国的研究主体地位。总体看来，学界主流要么习惯于"以洋为尊，以洋为美，唯洋是从"，要么止步于晚清民国，而热火朝天的技术探讨又大多着眼于社会管理而非学科体系、学术体系和话语体系。在2018年北京大学新闻学研究会的年会上，我曾谈及民国三十年新闻史加上清末民初半个世纪的情况，牵扯了新闻史研究多半注意力，而新中国七十年加上之前共产党新闻工作三十年的万千气象在相关研究中却只占零头。当然，无论五千多年的古代新闻，还是一百七十多年的近代新闻，都是中国新闻学的研究对象。同时，也应明确，如果回望历史在于瞩望未来，那么，中国新闻学的未来毫无疑问主要系于新中国七十年，以及继承五四反帝反封建精神的中国共产党百年新闻历程而非民国三十年，更不用说晚期七十年的新闻业。其实，一旦解放思想，突破固化思路，当不难发现共产党与新中国在新闻传播方面同样创造了高天厚土的业绩，留下了取之不尽、用之不竭的遗产，足够支撑中国新闻学的学术大厦。

---

[1] 项德生：《仅仅是起点：项德生新闻论文集》，北京：新华出版社，2018年，第127页。

站在新时代，回望和前瞻中国新闻学，至少可以确定一点：我辈是否具有学术的想象力和理论的创造力，主要不取决于唯人马首是瞻，而在于是否有心有能耐将五千年文明史、一百多年近代史，特别是共产党百年和新中国七十年的历史功业及其新闻遗产，包括制度、观念、实践、文化等转换为一整套历史与逻辑有机统一的思想、理论和学说，并自立于世界新闻学术之林。倘若做得到，那么，我们就有信心期待——冬天终将过去，春天不会遥远了。

目录
CONTENTS

代　序　中国新闻学的春天与冬天……………………………………… 1

引　言 ………………………………………………………………………… 1

一、实事求是 ………………………………………………………………… 5

二、思想解放 ………………………………………………………………… 17

三、中国道路 ………………………………………………………………… 34

四、挨打、挨饿、挨骂 ……………………………………………………… 49

五、文化政治与文化领导权 ………………………………………………… 59

六、社会主义 ………………………………………………………………… 68

七、伟大的中国革命 ………………………………………………………… 80

八、马克思的幽灵 …………………………………………………………… 98

九、新闻话题……………………………………………………… 112

十、方法问题……………………………………………………… 141

结　语　新时代新闻学若干问题辨析…………………………… 162

附录一　新中国新闻学知识图谱：从人民新闻学到中国新闻学…… 177

附录二　《评普鲁士最近的书报检查令》再解读
　　　　——马克思早期新闻思想及其时代性…………………… 202

附录三　"小方是谁？"
　　　　——兼谈当下新闻研究的一些学风问题………………… 229

后　记……………………………………………………………… 240

引言

> 大江歌罢掉头东
> 邃密群科济世穷
> 面壁十年图破壁
> 难酬蹈海亦英雄
> ——周恩来

曾经受业于中国人民大学新闻系的温铁军说：我不是左派，更不是右派，我是实事求是派，中国道路派。无独有偶，中信改革发展研究基金会理事长孔丹也说自己：既不是左派，也不是右派，而是中国道路派，实事求是派。基金会宗旨明确表述为：坚持实事求是，践行中国道路，发展中国学派。当代中国，只要坚持实事求是，就自然践行中国道路，而践行中国道路，就势必尊奉实事求是。

这部中国道路新闻论作为新探索，也将坚持实事求是、践行中国道路、发展中国学派视为人间正道，认为只有沿着这个方向、这条道路探索，才可能趋向真知与真理，也才可能形成"藏之名山，传之其人"的真学问与大学问。至于将中国道路纳入新闻学的理论视野，是因为中国新闻学的学科体系、学术体系、话语体系说到底无不与中国道路息息相关，丝丝相扣，直接间接无不关乎中国道路的前因后果，来龙去脉。即使盛行的新闻专业主义话语，话里话外也无不隐含道路的命题，甚至不妨说醉翁之意不在酒，即新闻专业主义之意说到底不在于所谓专业，而同样在于何去何从的道路。离开中国道路及其实践，中国新闻学的一切言说，要么只能鹦鹉学舌，人云亦云，要么浮云柳絮，游说无根，从而都将成为一种幽灵般存在，即没有活生生的现实本源与实践基础，只有来无影、去无踪、飘忽不定的学术想象与话语建构，就像《哈姆雷特》中的对白：

哈姆雷特：大人看见那片云吗？很像骆驼呀。

波洛纽斯：我发誓，真像一头骆驼。

哈姆雷特：我似乎觉得它像一头黄鼠狼。

波洛纽斯：它拱起背时刚好像黄鼠狼。

哈姆雷特：或许像鲸鱼吧？

波洛纽斯：太像鲸鱼了。[1]

1995年秋，笔者初入中国人民大学攻读博士学位时，曾与甘惜分教授通话，问及老人家近况，他的回答让我始而疑惑不解，继而逐渐开窍，终至豁然开朗。他说：我现在不研究新闻而研究党史了。当年听他这么说，还以为他是"船到码头车到站"，退休后放下新闻，去做自己感兴趣的事情。后来才一步步懂得，甘惜分不是放弃新闻学，而是深入新闻学。换言之，如果想搞懂新闻学，就必须首先搞清中国道路的历史实践及其来龙去脉，也就是共产党领导人民走社会主义道路的风雨历程及其内在逻辑，他晚年力主的"立足中国土，请教马克思"正体现了这一思路。如果不是立足于中国大地，倾心于大道之行，而是汲汲于所谓新闻专业及其主义，那么新闻充其量只得皮毛，学理更是难得要领。耶鲁大学法学院一向有所谓ABL之戏称，ABL是anything but law的缩写，意为耶鲁法学院除了法律，什么都讲，除了法律，什么都学。须知耶鲁法学院乃是美国最理论化的法学院，而师生信奉的"院训"竟是anything but law。同样，甘惜分的追求也可谓anything but journalism，而这也是本书的立意与初衷——正心诚意行大道，正本清源开新说。借用公木的治学箴言：

不拜神，不拜金；不崇古，不崇洋；不媚时，不媚俗；不唯书，不唯上。

知今而不知古，谓之盲瞽；知古而不知今，谓之陆沉；知中而不知外，谓之鹿寨；知外而不知中，谓之转蓬。视野必兼古今中外，基点当是今日中国。[2]

二十多年前，在归国后出版的第一部著作中，苏力就提出一个中国学术与学人不得不应答的问题："就过去的一百多年来说，中国无论在自然科学、社会科学还是人文学科（特别是前两个学科），都主要从外国、

---

[1] [英]莎士比亚：《哈姆雷特》，辜正坤译，北京：外语教学与研究出版社，2015年，第95页。
[2] 转引自樊希安《公木和他的"第三自然界概说"》，载《中华读书报》2018年10月24日。

特别是从西方发达国家借用了大量的知识,甚至连这些学科划分方式本身也是进口的——尽管它现已成为我们无法摆脱、也不想摆脱的生活世界的一部分。然而,在借鉴了这一切外来的知识之后,在经济发展的同时或之后,世界也许会发问:以理论、思想和学术表现出来的对于世界的解说,什么是你——中国——的贡献?"[1]作为新闻学人并从事教学科研三十多年,我也不免常常默问:什么是中国新闻学的贡献?虽然尚无答案,自己也乏善可陈,但有一点日益明朗,中国新闻学对世界的贡献就蕴藏在中国道路的历史实践中,包含在五千年文明、两百年现代化进程,特别是共产党一百年、共和国七十年的苦难辉煌中。依据中国道路的历史实践,以及共产党、共和国的新闻实践,中国新闻学至少有十个方面的命题不可或缺,也是种种中国新闻学话语无不隐含的面向:

——实事求是;

——思想解放;

——中国道路;

——挨打、挨饿、挨骂;

——文化政治与文化领导权;

——社会主义;

——伟大的中国革命;

——马克思的幽灵;

——新闻话题;

——方法问题。

这十个命题虽在具体的学术研究以及著书立说中表现不一,参差不齐,也不见得一一涉及,但只要谈中国,话新闻,那么,话里话外就离不开这些命题及其思考。比如,大一统、多民族的中华帝国在欧风美雨的冲刷下,在坚船利炮的轰击下,不仅避免了印度、奥斯曼等文明古国

---

[1] 苏力:《法治及其本土资源》(第三版),北京:北京大学出版社,2015年,"什么是你的贡献(自序)",第8页。

的覆亡命运，没有分崩离析，没有一蹶不振，相反，最终浴火重生转型为一个富强民主的共和国，并以和平发展的雄姿屹立于世界民族之林，从而一方面让世人惊叹疑惑，一方面又给学人留下一串发人深思的学术命题，包括哲学、经济学、政治学、社会学、史学、文学、新闻学、民族学。究竟是什么让中华文明具有如此强韧的生机和活力，其中有什么内在逻辑与深层肌理，诸如此类的学术命题可以统称为中国道路之谜，其中也包括新闻方面的问题。放眼新闻领域——实践中、课堂上、书本里，直接间接，明里暗里，事实上也无不围绕这些内容展开专业思考。这里，我们希望打开天窗说亮话，对此做一全面探讨与总体阐发，而非云里雾里，藏着掖着，皮里阳秋，吞吞吐吐。我也不是左派，更不是右派，但愿多少趋近实事求是派、中国道路派。因为，实事求是属于极高明而道中庸的思想境界，我只能尽力而为，只想在新闻领域多少体现黄宗智所言的学术追求："为一个新的中国建立一种新的视野。"[1]李小江所言的境界，何尝不是一切实事求是派、中国道路派心向往之的学术追求：

> 20多年来，行走天下、博览群书，山峦叠翠中，他以"新中国"为立脚点，站在"中国崛起"之峰巅，视野可以无限地展开。无论哪一种传统，在他眼中都不再是膜拜的偶像或仿效的榜样，而是进取的阶梯：既可以用作起步的基石，也可以转换成为批判对象。[2]

---

[1] 黄宗智：《探寻中国的现代性》，《读书》2008年第8期。
[2] 李小江：《对话汪晖：管窥中国大陆学术风向与镜像（1990—2011）》，北京：社会科学文献出版社，2014年，第176页。

一、实事求是

1941年冬,毛泽东为中央党校题词"实事求是",翌年又为《解放日报》题写八字箴言"深入群众,不尚空谈"。如今,"实事求是"不仅成为共产党、共和国的核心观念,如同"为人民服务"浸淫于新中国、新社会的精神血脉,而且也构成新闻业、新闻学的专业基石。然而,何谓实事求是?

先看一个关乎新闻业与新闻学的近例——方大曾。方大曾是谁?如果是几年前,干新闻、学新闻的恐怕没人知道方大曾。神奇莫测的是,随着一股不知所来何自的热潮不断升温,媒体、学会、高校纷纷卷入或被卷入,仿佛不旋踵间方大曾就从藉藉无闻变得声名鹊起,俨然成为中国新闻人的旷世奇才,迅速攀上名人排行榜的"奥林匹亚神庙",不仅与范长江比肩而立,与一代世界战地摄影记者卡帕相提并论——所谓"中国的卡帕",而且,《中华读书报》2017年还以多半个版的篇幅,摘编范长江新闻奖获得者的学习笔记,声言"中华民族当向25岁的'小方'行注目礼"。[1]

如果尊奉实事求是,那么就目前掌握的核心信息看,方大曾原是民国年间北京一位摄影爱好者,1936年绥远抗战爆发后赴前线采访,采写

---

[1] 《中华民族当向25岁的"小方"行注目礼》,《中华读书报》2017年6月21日12版。

了几篇附有摄影作品的通讯，发表于《世界知识》，由于得到范长江推荐，又在《大公报》兼任战地特派员。七七事变第三天前往卢沟桥前线采访，写出《卢沟桥抗战记》，配以照片发表。不久失踪，年仅25岁。基本事实大抵如此，至于"报道七七事变第一人"，据考证也属不实之词，因为之前已有记者发出报道。何况"第一人"并不说明什么，身处时代潮头的新闻记者，撰写历史的初稿即新闻乃是天职，没有此人，也有彼人，记者从不缺席。至于重大事件突发之际，记者更是前赴后继，往往分不清谁是第一，也没有必要分清所谓第一。谁知道第一个报道独立战争的记者，谁记得第一家报道攻陷巴士底监狱的媒体？新闻的意义不在于谁开第一枪，而在于谁击中靶心——既深刻揭示青萍之末，又深远影响时代潮流。也因此，我们可以不在乎第一个报道十月革命的记者，但不能不在意约翰·里德《震撼世界的十天》，可以不关心报道红军第一人，但不能不关注范长江《中国的西北角》、斯诺《红星照耀中国》，[1]可以不晓得谁先报道了1999年的科索沃战争，但不能不记得三位在美国轰炸中国大使馆中死难的中国记者——邵云环、许杏虎、朱颖。

其实，将方大曾及其新闻业绩置于其短暂的一生与全民抗战的大潮，并与千千万万中华民族的优秀子孙包括新闻界无数英雄儿女联系起来，那么，对方大曾的新闻人生本来是不难作出如实评价的：一位全面抗战

---

[1] 这里还没有算七七事变，抗战军兴，文化艺术界波澜壮阔气吞万里如虎的时代景观，"保卫华北、保卫黄河、保卫全中国"的时代呐喊激荡在一切文化作品中。仅仅是纪实性的报告文学，就足以令人惊叹一个时代的心声与伟力："一切的文艺刊物都以最大的地位（十分之七八）发表报告文学；读者以最大的热忱期待着每一篇新的报告文学的刊布；既成的作家（不论小说家或诗人或散文家或评论家），十分之八九都写过几篇报告文学。"参见以群：《抗战以来的报告文学》，《中苏文化》1941年第9卷第1期；载本书编辑委员会编：《中国新文学大系（1937—1949）·第一集·文学理论卷一》，上海：上海文艺出版社，1990年，第313页。随举若干，可见一斑：丘东平《第七连》，骆宾基《救护车里的血》，曹白（刘平若）《在敌后穿行》，丁玲《给孩子们》，徐迟《大场的一夜》，以群《台儿庄战场散记》，王西彦《台儿庄巡礼》，田涛《中条山下》，碧野《北方的原野》，姚雪垠《战地书简》，亦门《闸北打了起来》，汝尚《当南京被虏杀的时候》，黄钢《开麦拉之前的汪精卫》，蹇先艾《塘沽的三天》，草明《遭难者的葬礼》，老舍《"五四"之夜》，范长江《台儿庄血战经过》，萧乾《血肉筑成的滇缅路》，沙汀《我所见之H（贺龙）将军》，卞之琳《第七十二团在太行山一带》，刘白羽和王余杞《八路军七将领》，周立波《王震将军记》，陈荒煤《陈赓将军印象记》，等等。

初期的"业余"摄影师或战地记者,采写并拍摄了一些报道抗战的新闻与照片,对鼓舞军民士气产生一定作用,七七事变后不久在采访途中失踪,等等。现在加诸其身的一系列日益炫目的历史光环,显然过甚其辞,夸大其词,既不符合人物本身的历史实情,更不符合并严重扭曲唯物史观的新闻史图景。所谓唯物史观及其新闻史图景,一方面需要实证的朴学,一方面需要辩证的哲学。列宁说过,如果不是从整体上、联系中掌握事实,而是零碎地、随意地挑选事实,那么,所谓事实就如儿戏,甚至连儿戏也不如。[1] 具体到方大曾身上,只需列举一大批同样"捐躯赴国难,视死忽如归"的中国记者,就不难把握历史的实情。这里,且不说邹韬奋、徐铸成、恽逸群、萨空了、陆诒、谢六逸等爱国报人名记者,也不说1942年太行山反扫荡一役中,《新华日版》华北版社长兼总编辑何云等四十多位报社记者英勇牺牲,壮烈殉国(英名镌刻在太行山新闻烈士纪念碑上),仅看上海"孤岛"时期坚持抗战报道的新闻人,包括一批惨死日伪手中、知名与不知名的新闻烈士,就可以看到时下对"小方"的赞誉何等"任性""唯心",明显背离实事求是的精神:

> "第一等报人"之中,有不少人最终倒在日伪特务枪下,如抗战胜利之后上海报业公会就曾公祭了15位上海新闻界的烈士——邵虚白、程振章、平祖仁、李骏英、赵国栋、秦钟焕、金华亭、朱惺公、周惟善、陈桐轩、朱鸿春、王安陆、吴鸿烓、张似旭、冯梦云;并表彰了13位"忠贞报人"——顾志武、吴成德、王培元、严宝礼、储玉坤、高季琳(柯灵)、闻天声、顾元、王锦荃、张一频、邵协华、章苍萍、焦超。[2]

五千年来,中华历史如长江大河,一路奔涌,连绵不息,虽然迭经天崩地裂的大变故、大灾难,却始终屡挫屡奋,依然生机勃勃,形成世界史上唯一不曾中断消亡的伟大文明,其中原委前人之述备矣,而实事

---

[1] 中共中央编译局:《列宁全集》第28卷,北京:人民出版社,1990年,第364页。
[2] 散木:《民国报人钱纳水》,《中华读书报》2017年7月5日14版。

求是的思想文化传统厥功至伟。一百多年来，先贤先烈孜孜以求，艰难探索救国救民之路，也只有在坚持实事求是，从中国实际出发，方才踏上正途，渐入佳境。而一旦脱离实际，背离实事求是，从某种听起来动人、看上去漂亮的逻辑出发，不管这套逻辑是马克思主义的主张，还是新自由主义的律令，抑或其他教条主义，如新闻专业主义，就会迷失正道，乱象丛生。正如郑永年针对当下种种问题写到的："尽管中国现在也面临着各种经济、政治和社会问题，但从长远看，最主要的危机就是中国人尤其是各类精英的思维或者思想危机……只要中国精英层的思维和思想继续处于近年以来'被殖民'的状态，继续让进口的思维和思想来主导改革的政策，那么中国社会将继续面临无穷无尽的问题。"[1]

那么，到底何谓实事求是呢？张文木用大白话解释，实事求是就是"以事说理"，而非"以理说事"，更非"事理分离"：

> 重经验、轻先验，"未知生，焉知死"，"子不语怪、力、乱、神"，"是"存在于现实的"实事"之中，一切从实践出发，是骡子是马拉出来溜溜。
>
> "实事"，就是问题；"求是"，就是找真理。在"实事"中"求是"，而不在天国中求是，是根深蒂固地存在于中国人思维中的认识传统。[2]

这种传统说白了，就是中国人常说的"摆事实，讲道理"。中国人的思维习惯向来都是事在理前、理在事中，而非形而上学的理在事先、理在事外。这种思维模式自然形成实事求是的世界观、方法论，以及经世致用的学风，如风声雨声读书声声声入耳、家事国事天下事事事关心，从而与解释世界、改变世界的马克思传统一脉相通。上升到哲学层面，实事求是属于极高明而道中庸的境界，孔子所谓：毋意，毋必，毋固，

---

[1] 郑永年：《再塑意识形态》，北京：东方出版社，2016年，第58—59页。
[2] 张文木：《毛泽东思想与当代世界体系治理》，载"名家领读经典"课题组编：《人民公开课——中国共产党与国家治理体系和治理能力现代化》，杭州：浙江人民出版社，2016年，第152—153页。

毋我（李零的解释是：不臆测，不武断，不固执，不主观[1]）。这是中华文明的精髓。

围绕实事求是，张文木还区别了两种哲学认识论，一种是理在事后或理在事中的"以事说理"，一种是理在事先或理在事外的"以理说事"，也就是西哲所谓经验论（empiricism）与唯理论（rationalism），或曰经验主义与唯理主义。如今学界，以事说理之风式微，以理说事之风日炽。比如，许多新闻院系，从本科生到研究生（包括硕士和博士），论文开题必须先有一套穿靴戴帽的理论，说白了无非某所欧美高校的某位学者在某篇著述中提出的某个学说或观点。倘若没有这样的学说或理论，未用这样的学说或观点统摄自己的研究，那么，论文开题就可能不合格、不达标、不通过。与之相对，相信理在事后、理在事中，即尊奉实事求是原则，则任何理论都只能在事情搞清楚之后，也就是研究之后或之中而非之前才可能形成。以引导中国革命走向胜利的新民主主义论为例，1956年毛泽东在同越南等国领导人谈话时就说到，这一理论是在写作过程中逐步明确的："《新民主主义论》初稿写到一半时，中国近百年历史前八十年是一个阶段、后二十年是一个阶段的看法，才逐渐明确起来，因此重新写起，经过反复修改才定了稿……我们头脑、思想对客观实际的反映，是一个由不完全到更完全、不很明确到更明确、不深入到更深入的发展变化过程，同时还要随着客观实际的发展变化而发展变化。写《新民主主义论》时，许多东西在起初是不明确的，在写的过程中才逐渐明确起来，而且经过反复修改，才把意思表达得比较准确。"[2]

从治学理路上，日本历史学家宫崎市定也曾区分类似的两种思维方式。一种重视词语，即概念、逻辑、理论等，尊崇这种思维方式的学者，"对于词语和词语间的关系，不管到什么时候都能跟得上其逻辑展开"，"他们的头脑中堆满了抽象语，并认为对抽象语和抽象语的关系进行体

---

[1] 李零：《丧家狗：我读〈论语〉》，太原：山西人民出版社，2007年，第177页。
[2] 陈晋：《文章千古事——毛泽东在新中国成立后对自己著述的评价》，《人民日报》2017年3月30日24版。

系化便形成所谓理论，而学问的目的则是完成这种理论"。他特别谈到，对事实进行抽象并制造出抽象语后，"这些词语就算没有事实的佐证也会有独立行走的危险"，如时下学界的流行理论流行语，"像幽灵一样独立行走，还会相爱、结婚"。换言之，从概念到概念，从逻辑到逻辑，从理论到理论，可以自我生成，自我繁衍，而不用或者基本不用在意现实存在。与之相反，另一种思维方式也是宫崎市定一直尊奉的是：

> 这种头脑遇到具体的事实便原样放到脑子里，对于事实与事实之间的联系和因果关系，即便是极为复杂、冗长的，也能够立刻理解。但是如果被抽象化了，便没办法跟上词语间的逻辑，因为词语没有具体性。然而，如果是具体的事实，对其在由地理横轴和时间纵轴所组成的坐标轴上所处的位置进行整理之后，事实的逻辑便没有混淆冲突之虞。而我认为，制作出联结事实与事实的网眼，补上过去不足的部分，将纠缠在一起或者接错了的网眼解开并恢复正常，便是历史学。只是，世间似乎有许多人认为，这种工作在历史学中是最为低级的活儿，至少他们认为，只做这些不能形成理论，欠缺思想性。然而在我看来，这种方法才是历史学家的正道，也是只有历史学家才能做到的事。[1]

宫崎市定的划分让人想到中国的汉学与宋学，前者重实证，后者重义理，前者偏唯物，后者偏唯心，前者致力于实存，后者倾心于规范。由于实存的唯物世界千变万化，前者自然讲究水无常形，学无常势；由于唯心的规范图景总是源于先验认知，后者势必定于一尊，追求一律。当然，两者并非楚河汉界截然分立，而可能你中有我，我中有你，如中国学术自来倡导"义理、考据、辞章"有机统一。新闻学向来是一门经验主义的学问，讲实践、重实用是新闻学的突出特征与天然本性，即使形而上的思想、精神、原理也无不蕴含于具体实践，包括社会政治实践

---

[1] [日]宫崎市定：《中国史》，焦堃、瞿柘加译，杭州：浙江人民出版社，2015年，第9—10页。

与新闻传播实践，而不可能脱离活生生的现实语境。所以，新闻学更依赖实事求是的经验论而非理念先行的唯理论。当今流行思维新闻学之所以难以自处，左右为难，不上不下，不尴不尬，既无法解释世界，又难以改变世界，既无非自立于世界学术之林，又与中国亿万人民的光荣与梦想渐行渐远，归根结底正在于疏远经世致用，淡漠实事求是，而沉迷于形而上的思想建构，醉心于高大上的理论旅行，竞相追逐流行的概念，光鲜的理论，夜夜笙歌，日日冶游，暖风熏得游人醉，直把杭州作汴州，而对沧海横流的中国新闻实践，共产党共和国一代代新闻人的所思所想、所作所为，却往往置若罔闻，常常视若无物。曹锦清对学界教育界的分析，同样适用于新闻学科：

> 改革开放以来，教育界大趋势的学科建设，全部是以西方的知识分类体系以及各学科背后的学理来看待中国的经验与实践。
>
> 法学这样看，政治学也是这样看；而这些学科的学理背后浸润着的是西方价值，潜移默化进入到一代一代知识分子的脑袋里去。在某种程度上，中国丧失了评价自己经验的主动性。我们一直生活于这样的话语体系里，即使不满意西方话语的那些人，他也在西方话语里面，而且必须用这些话语来言说。我曾经把这种困境概括为两句话：如果没有西方的话语，我们已经无法表述；但是有了西方的话语，我们就胡乱的表述。[1]

这路学风及文风也是当代中国哲学社会科学领域的流行风，所谓"言必称希腊、死不谈中国"。李小江 2014 年批评道："知识人在专业化的生涯中日益远离了世俗生活，以至最终可以完全置身于书斋，聚合在大都市的大学校园里，以文字和话语换取饭票和声名，与大地'表土'

---

[1] 曹锦清：《以制度研究推进中国话语体系重建——简论文明复兴与 21 世纪问题》，《文化纵横》2017 年第 4 期。

和大众'生计'隔绝乃至在精神和思想上完全绝缘。"[1] 在《对话汪晖》一书中，她通过思想"对话"，既回应汪晖提出的一系列重大思想命题，也透视九十年代以来中国的学术思想风向及其社会动因，以将弥漫学界的"理念中国"还原于"大地中国"："只要大地在，中国就在：它的肌体比'西方'古老却仍然能在今天展现出勃勃生机，它的文明比'现代'长远因而显得更丰富更成熟更有韧性。"[2] 说白了，就是拒绝食洋不化的形而上学，回归中国人生息繁衍的常情常理，如同黄仁宇参悟的道理：天下大道无不可用常情常理度量。反思自己，也曾经历类似的迷茫与回归：多年来，漂浮在思想的天空，痴迷于理论的彩云，日渐远离足下的大地，乃至迷失著书立说的大方向；而今重新面对"人与大地"的关系，才理解甘惜分"立足中国土"的深刻蕴含，借用李小江的话说：

世界上，中华民族历史最悠久，人口最多，以生民百折不挠的生存意志，无言地申述着一个显而易见的道理：**只有尊重"人与大地/自然"的关系，才可能找到长治久安的生存之路。**毫无疑问，这一念想和在这个方向上持之以恒的努力具有毋庸置疑的普世意义，以"大地"的名义给形而上学一个回头还乡的机会。由此看"中国崛起"，不过现身说法而已：以它惯常的自然方式提醒世人敦促世界，从近代以来西方主导的世界观（战争/征服、个人/自然、科学/科技、分裂/孤立）中突困，在尊重自然的意义上学会自律和克制，在人的世界中尊重人情世故的人文价值。[3]

同极高明而道中庸的实事求是相关，现实世界还有一个左右问题。在当代中国，这个问题常像一团乱麻，学子不明就里，学者也语焉不详。之所以如此，原因也在于左右问题既涉及事实判断，又关乎价值判断。

---

[1] 李小江：《对话汪晖：管窥中国大陆学术风向与镜像（1990—2011）》，北京：社会科学文献出版社，2014年，第127页。

[2] 李小江：《对话汪晖：管窥中国大陆学术风向与镜像（1990—2011）》，北京：社会科学文献出版社，2014年，第105页。

[3] 李小江：《对话汪晖：管窥中国大陆学术风向与镜像（1990—2011）》，北京：社会科学文献出版社，2014年，第285页。

所谓事实判断，乃指左右原意均围绕客观事实，如果说主观认识与客观事实相符或基本相符属于实事求是或曰尊重事实，那么，当认识超前于事实时就称为"左"，而落后于事实时则称为"右"。举例来说，"文革"期间，现实中的阶级以及阶级对立现象已经消失殆尽，纯而又纯的公有制、社会主义的平等政治、人民当家做主的主人翁地位、共产主义的意识形态、此起彼伏的群众运动对特权的抑制等，已经造成前所未有的阶级平等。然而，话语中的阶级以及阶级斗争却一路狂飙突进，与实际状况或客观事实渐行渐远，黄宗智称之为"客观性现实"与"表达性现实"的背离，[1]这就是"左"或"极左"。相反，当今社会分层问题已经触目皆是，就像电视剧《欢乐颂》等作品赤裸裸展示的，而阶级话语却一路与时俱退，远远落在客观现实后面，这就是右或极右。1955年在全国党代会上，毛泽东针对戒"左"戒右问题谈到：

> 什么叫"左"？超过时代，超过当前的情况，在方针政策上，在行动上冒进，在斗争的问题上，在发生争论的问题上乱斗，这是"左"。这个不好。落在时代的后面，落在当前情况的后面，缺乏斗争性，这是右。这个也不好。我们党内有喜欢"左"的，也有喜欢右的，或者喜欢中间偏右的，这都是不好的。我们要进行两条战线的斗争，既反对"左"，也反对右。[2]

改革开放初期，面对"极左"盛行，邓小平也谈到防"左"防右问题，并强调主要是防"左"。如今时过境迁，"左"或"极左"早已退居其次，如果依然刻舟求剑执着于三四十年前的状况，那么除了真傻装傻，也同样背离实事求是。

相对于事实判断，左右之别也隐含着价值判断。所谓价值判断，是说在现实政治特别是现代政治中，左右之别无不指向一个根本的问题、原则的问题，一个从毛泽东到习近平都念兹在兹的为什么人的问

---

[1] 黄宗智：《经验与理论：中国社会、经济与法律的实践历史研究》，北京：中国人民大学出版社，2007年，第90—115页。
[2] 陶鲁笳：《毛主席教我们当省委书记》，沈阳：辽宁人民出版社，2017年，第7—8页。

题。具体说来，天下政治应该更偏向一部分头角峥嵘辈，还是更关注大多数寻常百姓人？青睐前者为右翼，钟情后者为左翼。雪莱有言"We are many, they are few"，2017年英国工党的大选口号也提到"For the many, not the few"。自古及今，一切圣哲包括释迦摩尼、穆罕默德、耶稣基督、孔子老子，更不用说马克思、列宁、毛泽东，无不站在大多数人一边，故而属于现代政治的左翼。事实上，正如一位评论家所说："如果一个基于公正、平等、自由之上的社会尚未达成，如果这世界还充斥着不公正、不平等、不自由，社会主义的信念就仍然会助燃我们的激情，左翼思想就仍然是我们永恒的冲动……"[1] 同样，从古至今，自西徂东，大凡有钱有势、有头有脸的精英，包括福特、洛克菲勒、四大家族、王公大臣，自然是站在社会金字塔尖的少数人一边，因而归为现代政治的右翼。形象说，一边朱门酒肉臭，一边路有冻死骨，站在前者一边鼓吹的是右翼，站在后者一边发声的是左翼。黄宗智回顾自己早年学术转向时，提到一个关键动力是价值观上一直把"老百姓"福祉"认作人生和学术的最高目的和价值"：

> 八岁那年（1948年），由于在报纸上看到上海在一夜之间居然冻死了三千人，而自己的家庭则处于近乎"朱门酒肉臭"的状况，我感到非常震撼，觉得世界上绝对不应该有这样的现象，觉得中国的贫穷老百姓实在经历了太多的苦难。
>
> 没想到的是，这些感情因素居然会在自己三十来岁之后推动了我对中国革命的认同和思想上的左倾。[2]

黄宗智的情况也表明，左翼立场与情感同一个人的出身没有必然联系，甚至可能相反，如金一南《苦难辉煌》提及的一系列典型案例：出身富裕的为穷人争天下，出身贫寒的为富人保江山。[3] 王绍光也指出，

---

[1] 江弱水：《一个观念的旅行故事》，载[美]威尔逊：《到芬兰车站：历史写作及行动研究》，刘森尧译，桂林：广西师范大学出版社，2014年，"推荐序"第12页。

[2] 黄宗智：《问题意识与学术研究：五十年的回顾》，《开放时代》2015年第6期。

[3] 金一南：《苦难辉煌》，北京：作家出版社，2016年，第244页。

许多年轻记者大多来自县乡基层的平民家庭,但往往满脑子右翼梦想。[1] 相反,生长于优渥家庭、在清华修读外国文学的大诗人穆旦,"却与中国的土地、乡村、人民有这样深刻的感情关联",让心有戚戚的李书磊感叹,"他的诗自始至终都表现出一种辽阔而深沉的意象,他关注着广博的人群,他常常念想不幸的人们,他的心中感应着故国的魂灵,他是我们古老而多难的土地所能孕育出来的大诗人。"[2]

当今世界,依然盛行弱肉强食的丛林法则,只不过文明世界的强梁已非威虎山、座山雕一路没文化、没教养的喽啰,而往往穿西装、打领带、出身名校、引经据典,横行霸道、为非作歹还能自有冠冕堂皇的理论,听起来也煞有介事,顺理成章,就像华尔街一群毕业于哈佛耶鲁的银行家、经纪人、律师等,或如小布什及其保守主义班底。于是,身为右翼已经不是什么见不得人的标识,相反倒成为一种身份地位的荣耀,正如某位"自学成才"的所谓经济学家宣称自己1957年就是右派,故不需要平反。在这种情况下,马克思19世纪感同身受的现实到21世纪不仅依然如故,而且变本加厉:号称"有良心"的知识分子,90%以上都不是站在劳动者阶级一边……[3] 批评家李云雷借一篇小说中的人物,一位大学教授之口也写到当今学界的类似状况:

> 她越来越感受到知识背后的立场与情感的重要性,而作为一个知识分子,她自身也面临着选择——是站在资本与权力一边说话,还是站在底层民众的立场上发言,这不仅是一个道德或良心问题,而且是一个实际的生存问题,资本与权力威逼利诱,力量巨大,影响无所不在,甚至会深入到一个人的家庭乃

---

[1] 李希光甚至认为,"新闻记者属于穷苦的劳动阶层,没有职业安全(职业稳定性)、看不到个人事业的前途。尽管很多记者编辑跟着资本集团的精英及'公知'们一道呐喊,但他们不属于资本权贵集团——他们并不属于某个俱乐部、高档度假村、会所、高尔夫球场的常客。"参见李希光:《几大门户网站已成资本利益代言人》,昆仑策研究院网站,2017年6月12日,http://mp.weixin.qq.com/s/1sT8fe-clvv9IpfufiRFFA

[2] 李书磊:《走向民间》,济南,山东教育出版社,1998年,第112—114页。

[3] 韩毓海:《一篇读罢头飞雪,重读马克思》,北京:中信出版社,2014年,第302页。

至"自我"的内部，在这样的情形下，要想为民众发声，不仅需要勇敢与良知，而且需要韧性的战斗，不仅需要清理知识与资本、权力的关系，而且需要知识上的批判与自我批判，这是一个艰难的过程，也是一个触及到个人生活与内心的过程。[1]

最后需要特别指出的是，中国特色社会主义实践所说的反右防"左"，是针对打引号的"左"，而非一般意义的左。因为，共产党、共和国的价值谱系始终属于左翼，正如经济学家刘国光所指出的，马克思是左派，毛泽东、邓小平是左派，国际共产主义本身始终属于左翼运动，包括以鲁迅为旗手的左翼新文化运动等。如果连不加引号的左也一并反的话，那么，就同东条英机希特勒、四大家族蒋介石如出一辙，成为名副其实的"反革命""反动派"了。刘国光还指出，当代中国奉行的是中左路线，团结中右，防止"极左"，打击极右。[2] 这也是实事求是的通人之论。

---

[1] 李云雷：《"新社会主义文学"的可能性及其探索——读刘继明的〈人境〉》，《当代作家评论》2017年第3期。

[2] 刘国光：《刘国光经济文选》，北京：中国时代经济出版社，2010年，第279页。

二、思想解放

中国人一向讲究辩证思维，阴阳五行讲相克相生——水克火、火克金、金克木，用兵作战讲奇正相生——以正守、以奇攻，诸如此类。就中国道路而言，如果说实事求是如正，那么思想解放如奇，不讲实事求是无以守正，不讲思想解放无以出奇。实事求是的本意原是说，一事当前，需从事物的客观存在而非自己的主观意识中，求得事物自身的运行规律，从而达到主客观的有机统一，亦即以事说理。然而，问题在于我们的任何认识，以及认识的机制如大脑，都不可能如一页白纸、一张底片、一面镜子，可以自然而然地任由外在事物及其规律自动映照上去，追求客观的认识过程总离不开先验或先在知识的引导、制约或规训，以事说理之前与之中往往离不开某种先验或先在的"理（论）"，特别是关乎是非、美丑、善恶的伦理。无知无识的宁馨儿是无法认识任何事物的，所以需要学习，而学习就离不开一套先验或先在的知识、理论或思想。不言而喻，人们不可能把一切知识、理论或思想都一一亲自验证一番，因为，既没有精力，也没有必要。列宁说，没有革命的理论就没有革命的运动。[1] 共产党、共和国的新闻实践固然离不开千千万万新闻人的实际工作和探索，同时也离不开从马克思到习近平的新闻思想及其指导。

---

[1] 中央编译局：《列宁专题文集·论无产阶级政党》，北京：人民出版社，2009年，第70页。

赵括纸上谈兵，成为千古笑谈，但用兵作战总少不了战略战术的先验先在理论，也就是纸上谈兵的兵法如《孙子兵法》，而这些兵法理论都是前人用一次次血的经验代价换来的。赵括的问题不在纸上谈兵，而在于把兵法谈成教条，生搬硬套，照猫画虎，不懂得根据具体情况灵活运用，恰恰忘记了兵法中的灵魂辩证法：兵无常势，水无常形。换言之，他的问题在于自己的思想僵化，而不在于兵法的不切实用。因此，实事求是一方面需要尊重客观事物及其规律，一方面需要破除头脑中固有的、先验的、不可避免的一些条条框框，即常说的改造客观世界之际不断改造主观世界。当然，条条框框不见得都是"桎梏"，如上所述人们的认识实际上离不开种种条条框框，没有这个条条，就有那个框框，如同新闻传播研究的框架理论所言。所以，这里根本问题不在于条条框框，而在于一切条条框框归根结底均来自于、受制于变动不居的现实条件，所以需要不断适应永恒变化的现实条件，而不能胶柱鼓瑟，刻舟求剑。这是纸上谈兵的辩证法。

开辟中国道路以及中国学派，既是实践性的探索过程，又是认识性的思维过程，所谓思想解放与思想僵化，或中性化称为思想开通与思想正统，乃是一体之两面。人的思想既不可能只有开通，也不可能只讲正统，开通以创新，正统为守正，创新与守正相伴相生，相辅相成。世间万物不能一味创新而不守正，否则就如狗熊掰棒子，也不能一味守正，否则就如坐吃山空。天下大势，分久必合，合久必分。天若有情天亦老，人间正道是沧桑。这是实事求是的题中之意，也是奇正相生的辩证思维，所谓极高明而道中庸。王安石变法，力主"天变不足畏、祖宗不足法、人言不足恤"，同时还需看到：天变可畏、祖宗可法、人言可恤，因为其中有大势所趋、民心所向，没有谁能够完全不管不顾，一意孤行。讲实事求是离不开思想解放，而讲思想解放归根结底还在于实事求是。除了五四新文化运动以及共产主义新青年的思想解放、狂飙突进，共产党、共和国历史上还涌现三次波及广泛的思想解放运动，从而既不断深化对实事求是的认识，又不断推动现代化人民民主国家的历史进程，包括现代新闻业的进程。

第一次思想解放

第一次思想解放运动是毛泽东领导的延安整风，标志是《关于若干历史问题的决议》（1945）。这是中国近现代第一次真正意义上的思想解放运动，明确了人的正确思想从哪里来，从而将实事求是写在共产党的旗帜上，也写在后来共和国的旗帜上，最终解决了马克思主义中国化的大问题，以及西方文明中国化、现代文明中国化等大问题。从此，人们懂得任何正确思想都不会从天上自动掉下，也不会在人的大脑中自动生成，而只能从活生生的社会历史实践中不断探求，反复检验，再三锤炼。在此过程中，不仅马克思主义真理必须中国化，而且一切现代理论、现代制度、现代文化都必须中国化，也只能中国化，而不能简单拿来，平行移植，尤其是不顾具体时间、空间、条件而生搬硬套，就像胡适推崇宣扬的全盘西化。这一普遍真理与具体实践有机结合的觉悟可谓石破天惊，震古烁今，中国革命、建设与改革的伟大实践与成就无不发源于此，肇始于此，滥觞于此。

在第一次思想解放运动中，以整顿学风、党风和文风为宗旨的延安整风，以及整风期间的《解放日报》改版，第一次全面、系统、深入地总结了中国革命与中国共产党的新闻实践，形成了一整套切合实际的、行之有效的马列主义新闻学与新闻业，也奠定了人民共和国的新闻传播基石。其中尤为后人称道的历史性贡献，一方面在于破除了文人办报、商人办报等仿佛天然正确的程式，另一方面在于开辟了一条新的、自然清新、生意盎然、全心全意为人民并为中国老百姓所喜闻乐见的新闻路线，确立了一整套具有中国特色、中国气派、中国风格，也体现更高远、更普适、更民主的新闻理念与实践。诸如实事求是、群众路线、调查研究等新传统，都是古今中外新闻业中耳目一新的。李海波在其博士论文中，对此做了别开生面的全面论述。而这条新闻之路首先源于破除迷信、解放思想，进而立足现实大地而非玄远天空，面向全体人民而非精英阶层，使新闻有机嵌入社会政治与历史实践，由此形成的一脉新闻新传统影响深远，延续至今。当然，其中难免存在一些历史局限与缺憾，过于实用化的倾向更是令人指点到如今。李书磊就认为，《解放日报》改版的主题是将社报变成纯粹党报，"其实质是将报纸由大众传播媒介变成党的得心应手、不逾规矩的宣传工具"[1]。实用化目标势必带来集中化管理，加之新中国成立后冷战格局下高度一律的意识形态氛围（东西方皆然），导致文化以及新闻趋于单一，又造成某种新的思想僵化或思想束缚，一步步抑制了思想活力包括新闻学与新闻业的活力，从而最终促成第二次思想解放运动的历史契机。

第二次思想解放

第二次思想解放运动兴起于20世纪70年代，完成于80年代，标志是邓小平主持起草的《关于建国以来党的若干历史问题的决议》（1981）。这次思想解放第一次破除了建设社会主义的"原教旨"紧箍咒，让人们开始懂得社会主义道路同样不是一个先验的理论问题，而是需要不断探索的实践问题，由此开启了中国特色社会主义的新时期，形成了"全面开放"的新格局。"决议"提出了十一届三中全会以来逐步摸索并明确的中国道路十个要点，初步揭示了"建设什么样的社会主义和怎样建设社会主义"的问题：

> 1. 在社会主义改造基本完成以后，我国所要解决的主要矛盾，是人民日益增长的物质文化需要同落后的社会生产之间的矛盾。（进入新时代，主要矛盾的主要方面已从"落后"的社会生产力，转为"不充分、不平衡"的发展问题）
> 2. 社会主义经济建设必须从我国国情出发，量力而行，积

---

[1] 李书磊：《走向民间》，济南：山东教育出版社，1998年，第182页。

极奋斗，有步骤分阶段地实现现代化的目标。

3. 社会主义生产关系的变革和完善必须适应于生产力的状况，有利于生产的发展。

4. 在剥削阶级作为阶级消灭以后，阶级斗争已经不是主要矛盾。

5. 逐步建设高度民主的社会主义政治制度，是社会主义革命的根本任务之一。

6. 社会主义必须有高度的精神文明。

7. 改善和发展社会主义的民族关系，加强民族团结，这对于我们这个多民族国家具有重大意义。

8. 在战争危险依然存在的国际条件下，必须加强现代化的国防建设。

9. 在对外关系上，必须继续坚持反对帝国主义、霸权主义、殖民主义和种族主义，维护世界和平。

10. 根据"文化大革命"的教训和党的现状，必须把我们党建设成为具有健全的民主集中制的党。[1]

以上十点同毛泽东于20世纪50年代探索中国道路的经典文献《论十大关系》一脉相承，而《论十大关系》正是独立自主开辟中国道路的第一块里程碑。就是说，第二次思想解放虽同"文革"后的真理标准讨论密切相关，但追根溯源也同20世纪五六十年代一系列实践与探索密不可分，包括成功的经验和失误的教训。事实上，真理标准问题本来也是《红旗》杂志20世纪60年代讨论的话题。20世纪70年代初，毛泽东、周恩来推动的一系列内外变局，更是构成第二次思想解放运动必不可少的先声，特别是中美和解（这一当时堪称石破天惊的事件也是解放思想、

---

[1] 中共中央文献研究室编：《关于建国以来党的若干历史问题的决议（注释本）》，北京：人民出版社，1983年，第63—69页。

实事求是的历史杰作）、"四三方案"[1]、党内外自上而下空前广泛的理论学习与思想辩论，等等。

进而言之，如果突破自由主义的僵化意识形态，那么可以看到，中国自古及今都属于开放的国家，开放的文明。钱锺书同黄万盛言及中华文明的特质时，用了四个字概括：从善如流。几千年来，"中国人向来把来自远方的人当作可尊敬的朋友来看待，并且真诚地相信他们身上必有值得学习借鉴的地方"[2]。所谓闭关锁国云云，多为似是而非、人云亦云的教条说辞而非历史事实。中外学者如弗兰克及其《白银资本》、李伯重及其《火枪与账簿：早期经济全球化时代的中国与东亚世界》、弗兰科潘及其《丝绸之路：一部全新的世界史》等新作，足以开启人们认识这一历史的思想命门。李零说得好："近代，中国挨打，据说因为不开放，妨碍了西方来中国做买卖和传教的自由。西方一直这么讲，不足怪也。奇怪的是，中国人自个儿也给自个儿扣屎盆子，说明清两代，咱们闭关锁国，自绝于世界之林。冷战时期更不必说，人家从外面上把锁，说你干嘛把自个儿反锁在里面，我们也点头称是，深刻反省，恨不得自个儿抽自个儿（如央视某主持人的耶鲁演说——引者注）。"[3]确实，如今谈开放，不要忘了老百姓都懂的简单道理："开放不等于开门揖盗。"[4]

第二次思想解放运动的鲜明特征在于"改革开放"。所谓改革，按照邓小平的概括就是社会主义制度的自我完善，启动全面深化改革的十八届三中全会公报也明确指出："全面深化改革的总目标是完善和发

---

[1] 1973年，国家计委向国务院提交报告，建议利用西方经济危机，在今后3—5年内引进价值43亿美元的成套设备，通称"四三方案"。之后在这个方案的基础上又追加一批项目，到1977年与西方国家谈成222个项目，总额51.4亿美元。这是新中国继20世纪50年代初引进苏联援助的"156项工程"之后，第二次大规模的技术引进。利用"四三方案"引进的设备，结合国产设备配套，至1982年我国建成26个大型工业项目，总投资约200亿元人民币，成为80年代中国经济发展的重要基础。参见陈锦华：《国事忆述》，北京：中共党史出版社，2005年，第1—40页。

[2] 叶朗、朱良志：《中国文化读本》（第2版），北京：外语教学与研究出版社，2016，第105页。

[3] 李零：《茫茫禹迹：中国的两次大一统》（我们的中国·第一编），北京：生活·读书·新知三联书店，2016年，第29页。

[4] 李零：《茫茫禹迹：中国的两次大一统》（我们的中国·第一编），北京：生活·读书·新知三联书店，2016年，第30页。

展中国特色社会主义制度，推进国家治理体系和治理能力现代化。"所谓开放，则是在面向亚非拉发展中国家以及社会主义国家广泛开放的基础上，又对西方发达国家全面开放。因此，李零说，没有毛泽东的中美接近，就没有邓小平的改革开放。[1]戴锦华也说，伴随中美联合声明发表而来的，是事实上的"改革开放"，引进设备，整个社会开始秩序重建，各种"砸碎"、停滞的机器再次启动：大学局部恢复招生、各类期刊复刊、电影恢复生产……[2]由于开放主要针对西方世界，因而，随着引进一系列先进科学技术、管理经验以及市场机制等，也自然形成西方思想文化的大规模涌入或侵入，从哲学社会科学到文学艺术，从大众文化到流行时尚，从围绕市场的私有观念、自由主义意识形态到衣食住行的消费娱乐生活方式，中国社会中国人经历了新一轮"全盘西化"，其中也包括新闻业与新闻学的种种理论与实践。

在改革开放的潮流中，新闻业与新闻学一方面激发了新的活力、创造力，涌现出一大批与时代同呼吸、与人民共命运的新闻名篇新闻人，在共产党、共和国的新闻史上谱写了洋溢着生机活力的新篇章。借用李书磊在谈文学与文化时所说的，"由此而走向真正的自主与自由"。[3]另一方面，由于市场本身的固有矛盾与隐患又自然引发一系列日后愈演愈烈的新问题，如唯利是图逐利化趋势，以及新闻伦理与职业道德的深刻危机。尤其是内在于市场逐利化中的私有机制与私有观念，对社会主义道路与共产主义理想一步步构成瓦解、解构与挑战。在新闻民工日趋常态化之际，"失魂落魄"自然成为新闻人的普遍心态与状态，马克思主义的精神价值在新闻界也日渐漫漶，在新闻学中更是不断边缘化、标签化。随着市场化、私有化、自由化一浪高过一浪的大潮，指望新闻业与新闻学依然正心诚意，始终不忘初心，坚守公有基础上的为人民服务

---

[1] 李零：《鸟儿歌唱——二十世纪猛回头》，北京：北京大学出版社，2014年，第131页。
[2] 吴琦：《我们丧失了对当下世界的把握感（上）——戴锦华专访》，"单读"APP，2017年5月16日，http://www.ilixiangguo.com/article/article/view/id/3255。
[3] 李书磊：《走向民间》，济南：山东教育出版社，1998年，第3页。

宗旨，追求新闻公共性、公益性目标，揆诸普遍产业化的现实也难免南辕北辙之嫌。

2016年，《新京报》一位首席记者在网上发文，谈记者经历，进而归纳自己的新闻追求，就是最新一例。从自述经历看，他的新闻敏感、专业素质、报道功力值得称道，能吃苦，有毅力，每当发生重大事件，总以最快速度出现在新闻现场，成为拿到独家新闻最多的记者之一。2014年，又主动放弃管理岗位，回归新闻一线，两年行程30多万公里，发掘采写了一些颇有价值的深度报道。如对四川凉山彝族"悬崖村"的披露，引起广泛关注。在诸如此类的报道中，他顶着各种威逼利诱，表现了一位记者的敬业精神。谈及这些问题，这位有过部队经历并几次立功的记者也说："我们所有的报道不是批评政府，而是跟政府一起探讨，找到解决方案，共同推动这个社会的进步。"遗憾的是，网文最后的点睛之笔，却是一段莫名其妙的高论："作为这个职业的人，我最喜欢的是王尔德这句话：不服从是人类与生俱来的美德。它将成为我职业的一种最基本的信仰。"[1]

如果有一定理论素养和政治觉悟，且不说"四个意识"、习近平新时代中国特色社会主义思想包括2016年新闻舆论工作座谈会讲话精神，如此记者经历于情于理正好可用马克思名言作结："报刊按其使命来说……是无处不在的耳目，是热情维护自己自由的人民精神的千呼万唤的喉舌。"[2] 而出人意料的是，一位主流媒体首席记者竟将所谓"不服从"作为座右铭。也就是说，尽管做了对人民、对社会、对国家有益的事情，却不知道用什么理论、什么思想界定自己的工作，只好归结为时下流行的一套自由主义说辞——"独立""自由""不服从"。此事或属极端个案，但相当程度上折射了新闻业与新闻学的普遍问题，简言之——失魂落魄，魂不守舍。

---

[1] 陈杰：《从旁观到介入》，"一席"第387期，2016年6月26日，https://www.sohu.com/a/223020649_784145。

[2] 中国社会科学院新闻研究所编：《马克思恩格斯论新闻》，北京：新华出版社，1985年，第234页。

第三次思想解放

　　第三次思想解放运动可追溯到新旧世纪交替之际,以费孝通晚年倡导的"文化自觉"为滥觞,以思想文化领域一系列风起青萍之末的变化为标志,如涓涓细流,若百川归海,与党和人民的共同意志齐心协力,"推动'中国号'巨轮驶入新的水域"。十八大以来,更是日见清晰,渐趋高潮,得到日益广泛的回应,集中体现于高度的文化自觉与政治自觉。2016年在庆祝中国共产党成立95周年的讲话中,习近平进一步提出"不忘初心、继续前进",就要坚持"四个自信"——道路自信、理论自信、制度自信、文化自信,强调"文化自信,是更基础、更广泛、更深厚的自信"。虽然第三次思想解放仿佛波澜不惊,一般人也好像浑然不觉,但站在新时代的历史方位审视,同样波及广泛,意义非凡,由于更深刻地触及中国与世界、理论与实践、历史与现实等一系列新时代核心问题,更不断形成精神深处波涌浪翻的思想革命与文化革命,汪晖的《当代中国的思想状况与现代性问题》(1997)、温铁军的《"三农问题":世纪末的反思》(1999)、曹锦清的《黄河边的中国》(2000)、玛雅的《战略高度:中国思想界访谈录》(2004)、王绍光的《民主四讲》(2014)、李零的《我们的中国》(2016)、赵汀阳的《天下的当代性》(2016)等著述,均为标志性成果。伴随着北京奥运、神舟飞天、蛟龙入海、航母入列、"四个全面"、"两个百年"、"一带一路"、"人类命运共同体"等醒目进展,这一思想解放与思想革命以习近平新思想为旗帜,形成党内外先进分子的广泛共识,并凝聚于走什么路、举什么旗的"四个自信"。仅举一例,可见一斑。

　　以往谈起新中国七十年来的风雨历程,各种话语总是囿于意识形态的"左右之辨",而温铁军以"四次外资""八次危机"之说,突破了这种思想桎梏。他说,将20世纪五六十年代追求工业化的各种社会政治问题,如"集体化""大跃进"定为极左,实在有点"荒唐意味",因为"在资本极度短缺的年代,客观上不会有形成所谓左的错误的条件,即使有错误,也只可能是极右的错误"。[1]他说,1957年的"右派"其实都是"左派",他们反官僚主义、反教条主义、反对不顾国情照搬照抄苏联,甚至认为国家工业化是剥削工人农民等,哪儿是右派言论,都是左派主张。那么,为什么成为"右派"呢?温铁军说:"你以为他们批评的这些问题毛泽东不懂?他很懂,但他更懂中国百年来只有这么一个工业化的机会,一丧失就完了。"[2]同样,常说新中国前三十年是计划经济,而温铁军认为,所谓计划经济年代,其实大部分年份都没有计划,直到1970年才有"四五计划":

> 因为,毛泽东请四位老帅做国际形势分析:世界大战什么时候打。老帅们给毛泽东的意见是至少20年内无大仗发生,如果要打也是在欧洲打,因为帝国主义矛盾还是在帝国主义内部。毛泽东说,如果没大仗发生,那我们就抓紧转向民生工业。于是,开始了"小球带大球",中国恢复了对欧美日的关系,进入了朝向民生工业的结构调整。于是,中国才有了"四五"计划。
>
> 你没被两个世界霸权封锁过,你怎能真正理解毛泽东?你没跟美苏交过手,你还敢说毛泽东不实际?[3]

在这篇《危机治理的中国经验》一文中,温铁军经过与欧美国家和亚非拉国家的工业化或现代化进程的对比,最后得出结论:"我们的路走得对。"[4]既不走老路,也不走邪路,坚定不移地走中国特色社会主义道路——走自己的路,这就是第三次思想解放运动的共识与结论。习近平在《在纪念毛泽东同志诞辰120周年座谈会上的讲话》中,更以恢宏的政治气魄与深远的历史视野表达了这一新思想:"站立在960万平方公里的广袤土地上,吸吮着中华民族漫长奋斗积累的文化养分,拥有

---

[1] 温铁军:《危机治理的中国经验》,载"名家领读经典"课题组编:《人民公开课——中国共产党与国家治理体系和治理能力现代化》,杭州:浙江人民出版社,2017年,第186页。
[2] 同上,第198—199页。
[3] 同上,第202页。
[4] 同上,第208页。

13亿中国人民聚合的磅礴之力,我们走自己的路,具有无比广阔的舞台,具有无比深厚的历史底蕴,具有无比强大的前进定力。"

如果说第一次与第二次思想解放运动有破有立,如第一次破的是马列主义原教旨,立的是实事求是中国化,第二次破的是单一纯粹公有制,立的是公有制为主体、多种所有制共同发展的中国特色社会主义市场机制,那么,第三次思想解放运动则一方面破除自由主义及其升级版新自由主义的原教旨,包括新闻业与新闻学的种种精神遗传如所谓专业主义,一方面确立中国道路的文化自觉与政治自觉。就破除自由主义原教旨而言,从2016年度中国人文学术十大热点之六即"自由主义遭遇大面积质疑,学术气候正在发生重大变迁"中可见一斑:

> 20世纪80年代起,新自由主义开始成为西方国家的主流思潮。然而,近年来以自由主义理念为根基的社会治理实践所映射出的制度失效与合法性受损,使得自由主义价值观在世界范围内遭受前所未有的信任危机。
>
> 这一动向映现到国内思想界和学术界,表现为自由主义思潮在社会科学各学科的支配性影响遭遇阻遏,作为社会科学基本预设的自由主义在中国的"学术殖民"现象受到越来越多的质疑和批评。[1]

2013年11月,正当开启全面深化改革的十八届三中全会召开之际,中国社会科学院青年学者朱继东撰文,提出一个不无启发而值得深思的思路:"全面深化改革,必须进一步统一思想、坚定立场,所以应在适当时机,总结30多年来的改革开放,既看到成就和经验,也不回避问题和失误。像1945年《关于党的若干历史问题的决议》和1981年《关于建国以来党的若干历史问题的决议》那样,适时做出'关于改革开放以来党的若干历史问题的决议',明确什么是要坚定不移坚持的,什么是已完成历史使命应该停止的,什么是应该纠正的,确保改革的正确方

---

[1]《2016年度中国人文学术十大热点》,《中华读书报》2017年4月19日13版。

向。"何谓正确方向?"毫不动摇地坚持改革的社会主义方向",而非"毫不动摇地坚持改革方向"。[1]也就是说,"改革"并不是方向,如果坚持戈尔巴乔夫"新思维"方向的改革,那才是真正的"死路一条"。邓小平早就指出,有些人"打着拥护开放、改革的旗帜,想把中国引导到搞资本主义。这种右的倾向不是真正拥护改革、开放政策,是要改变我们社会的性质"。[2]

  第三次思想解放的突出进展,既在于破除误读改革的新自由主义迷思,包括新闻专业主义云云,更在于确立坚定不移走中国道路的文化自觉与政治自觉。关于文化自觉思想,费孝通晚年的主张已成不刊之论:"生活在一定文化中的人对其文化有'自知之明',明白它的来历、形成过程、所具有的特色和它发展的趋向……自知之明是为了加强对文化转型的自主能力,取得决定适应新环境、新时代时文化选择的自主地位。"[3]十八大以来,习近平关于宣传工作的讲话、文艺工作的讲话、党校工作的讲话、新闻工作的讲话、网络工作的讲话、哲学社会科学工作的讲话、高校工作的讲话等,更使文化上升到与经济发展等量齐观的战略高度,并在党和国家层面极大的推动了文化自觉与政治自觉。2014年,习近平在文艺工作座谈会上说道:"没有先进文化的积极引领,没有人民精神世界的极大丰富,没有民族精神力量的不断增强,一个国家、一个民族不可能屹立于世界民族之林。"2016年,在哲学社会科学工作座谈会上,他又谈道:"坚定中国特色社会主义道路自信、理论自信、制度自信,说到底是要坚定文化自信,文化自信是更基本、更深沉、更持久的力量。"这里所谓文化,不应仅仅理解为一般意义上的精神创造与人文素养,如同政治、经济、社会相并列的事物,或同物质文明相对应的精神文明,

---

[1] 朱继东:《该对改革开放做历史总结了》,《环球时报》2013年11月10日,http://opinion.huanqiu.com/opinion_china/2013-11/4547281.html。
[2] 邓小平:《吸取历史经验,防止错误倾向》(1987年4月30日),载《邓小平文选·第三卷》,北京:人民出版社,1993年,第229页。
[3] 费孝通:《文化与文化自觉》,北京:群言出版社,2010年,第195页。

而应视为天下安危所系的根基与文明活力所在的灵魂，即习近平所言"文化是一个国家、一个民族的灵魂"。

解放思想的新时代新闻学

一片孤城万仞山，春风不度玉门关。第三次思想解放的缕缕春风，俨然尚未吹到新闻学界，占据新闻学主流的学术话语基本上还处于20世纪80年代"新启蒙"的层次。时代突飞猛进，世事今非昔比，中国与世界均已发生沧桑巨变，而新闻学却如毛泽东时常批评的"灵台如花岗之岩，笔下若玄冰之冻"。借用黄纪苏的生动比喻：依然停留在八十年代原地踏步，踏出的深坑快把自己深埋了。[1] 这里，时光仿佛凝固了，各学科的新成果、新思想、新进展似乎消失了，尽管貌似戴着"现代性""新媒体""云计算""大数据"的时髦马甲，但挡不住扑面而来的陈词滥调，就像"河边上破旧的老水车，数百年来纺着疲惫的歌"[2]。

比如，有部国家级教材的初稿延续"伤痕文学"的控诉语调，把"文革"十年的新闻业与新闻学定位于骇人听闻或耸人听闻的"法西斯"，抓住一点，不及其余，大书特书所谓"浩劫"："新闻媒体完全不顾事实，颠倒是非""对中国人的精神造成了巨大伤害""肆意扭曲、践踏党的新闻工作优良传统与作风""假大空的所谓先进典型"……就算不讲实事求是、唯物史观，纵然不论"温情与敬意"，"同情与理解"，总不能完全不顾当年广大新闻工作者，包括一大批郭超人似的心系人民、脚踏实地的中国记者与成千上万工农兵通讯员，日复一日，正心诚意，在重重压力和干扰下，坚持为人民服务、为社会主义服务的宗旨，为党和人民做出的历史贡献，就像两弹一星报道、工业学大庆报道、成昆铁路报道、南京长江大桥报道、袁隆平杂交水稻报道、草原英雄小姐妹报道、

---

[1] 黄纪苏：《从国企改革看中国改革的基本思路》，《天下》2012年第3期。
[2] 舒婷：《祖国啊，我亲爱的祖国》(1979年4月)，载《舒婷诗》，武汉：长江文艺出版社，2012年，第25页。

红旗渠报道、赤脚医生报道、三个世界报道、亚非拉报道、中美和解报道、中日建交报道、中国重返联合国报道等。2017年问世的《习近平的七年知青岁月》一书，有个新闻细节也可略见一斑。

1974年1月8日《人民日报》介绍了四川推广沼气的报道，引起21岁的北京知青、刚刚就任梁家河大队党支部书记的习近平关注。他马上去四川绵阳考察学习，回村后又几经实验，终于建成当地也是陕西第一个沼气池，一举解决了照明、做饭、取暖等问题。为此，1974年8月16日，延川县委在第8期《延川情况》上，通报表彰了习近平及其领导的梁家河大队党支部：

> 今年四月，这个大队的党支部书记习近平，曾去四川参观、学习了群众办沼气的经验。回来后，他立即发动贫下中农搞起沼气。他们在原材料不足，没有实践经验的情况下，群策群力，团结战斗，很快搞成了一口八立方米的沼气池。这个沼气池使用后，贫下中农高兴地说："这沼气真格顶用，往后再不熬煎烧的了。"群众亲眼看到用沼气做饭、点灯效果好得很，大搞沼气的积极性一下子调动起来。不少贫下中农争着建池，还有的社员，要用准备建窑用的料石，修建沼气池。先建池的社员，动员全家在月光下挖土方，建池中全家男女老少齐动手，洗沙、搬石、合灰，场面红火，十分动人。[1]

一篇县级媒体报道如此鲜活，生动，文风又如此朴素自然，字里行间无不体现"以人民为中心"的价值导向，足以让一切"简单化"，甚至"妖魔化"的流行语相形见绌。曾任《延安文学》主编、路遥文学院院长的曹谷溪，当年采访习近平，更是写出通讯《取火记——延川县人民大办沼气见闻》，刊发在1975年9月20日的《延安通讯》头版头条位置，主编还执笔撰写社论，其中写道：

---

[1] 中央党校采访实录编辑室：《习近平的七年知青岁月》，北京：中共中央党校出版社，2017年，第329页。

火，是被人类征服的第一个自然力。从远古钻木取火的神话传说，到煤、油、天然气和太阳能的利用，人类为了火的利用，燃料的来源，曾用几十万年的艰辛斗争，不断换取人类的文明、进步！今天，正在陕北黄土高原、黄河之滨展开的沼气推广利用，正是这个斗争的一个新的回合……

1974年1月18日，《人民日报》介绍四川推广利用沼气的报道，牵动着无数人的心思。夜里，北京插队知识青年、延川县文安驿公社梁家河大队党支部书记习近平同志，在小油灯下，仔细地阅读着这篇报道，他心潮澎湃，久久不能入睡。心想：我们这交通不便、少煤缺柴、尚未通电的山区，能够像四川一样利用沼气煮饭、照明该有多好呀！他步行五十多里山路来到延川县城，把自己想到四川学习制取沼气的事告诉了北京支延干部、县委常委、县革委会副主任张之森同志，老张呵呵一笑："小习，咱们都谋到一条路上了！"

4月1日，县委根据老张等同志的建议，决定派有关部门的六名同志前往四川"取经"，小习也是其中的一个。[1]

新中国已有七十余年的风雨沧桑，改革开放也有四十多年的辉煌历程。站在新时代的历史节点，既要看到伟大事业与伟大梦想的愿景，又要看到伟大斗争与伟大工程的艰巨。从十八大报告到十九大报告，习近平都着重指出"必须准备进行具有许多新的历史特点的伟大斗争"。因为，今天的严峻态势表明，中国道路是否走得稳、行得远，中国特色社会主义的历史实践是否有生命、有活力，已经不仅仅取决于经济是否平稳，也不仅仅取决于国力是否强大，而更取决于社会主义文化是否站得住、立得稳。简言之，新中国是否稳固，新时代是否长久，就看新文化是否强劲，前者如高楼大厦，后者如钢筋水泥。美国的问题多如牛毛，贫富

---

[1] 中央党校采访实录编辑室：《习近平的七年知青岁月》，北京：中共中央党校出版社，2017年，第325—326页。

差距、社会矛盾、种族冲突、枪支泛滥、毒品泛滥更是触目惊心,有目共睹,而貌似"乱云飞渡仍从容"。相反,当年苏联综合国力毫不逊色,结果一夕灰飞烟灭,原因何在,耐人寻味。随着第三次思想解放不断深入,越来越多有识之士意识到文化与文化自觉问题,中国道路如果"中道崩殂",中华民族复兴大业如果终止在临门一脚,那么,主要不会因为别的问题,如经济衰退,如外敌入侵(这些问题只能迟滞而不会终结现代化的人民民主国家进程),而很可能因为文化以及精神领域全线崩溃,就像苏联解体的情形。潘维2014年在《经济导刊》撰文直言:"自上而下的价值观混乱与媒体从业人员的价值观混乱互为因果,已经危及到了国本。"[1]其实,不仅"从业人员"价值观混乱,而且"研究人员"价值观同样混乱,甚至更其混乱。

美国政要罗伯特·希尔(Robert Hill)曾经颇为自信地认为,"无论是哪个国家,对年轻人来说,爵士乐都代表着自由、生命力和新的表达方式。"[2]他表达的乃是当今世界的一个核心问题:文化即政治,政治即文化。故而,文化自觉也是政治自觉,没有文化的自觉、自信,就没有政治的自觉、自信。中国为什么选择这样的道路而不选别样的道路,中国道路有什么非此不可的道理与道义,又有什么不同寻常的价值与伦理,更有什么天下归心的感召力与鼓舞人心的吸引力——这一切既是政治,也是文化,而且归根结底取决于文化。具体说,取决于千千万万的文化人,包括与中国道路同心同德而非离心离德的思想家、理论家、教育家、专家学者、新闻记者,以及德艺双馨的文学家、作家、音乐家、画家、歌唱家、评论家、诗人、导演等,正如毛泽东1957年青岛会议上谈到的:

> 为了建成社会主义,工人阶级必须有自己的技术干部的队伍,必须有自己的教授、教员、科学家、新闻记者、文学家、

---

[1] 本刊编辑部:《重建社会核心价值观共识——中国媒体现状检讨(二)》,《经济导刊》2014年第6期。
[2] 转引自曾琳智:《音乐在公共外交中的运用及影响探究——以美国爵士乐在冷战中的运用为例》,《国际观察》2013年第3期。

艺术家和马克思主义理论家的队伍。这是一个宏大的队伍，人少了是不成的。……（这个新部队，包含从旧社会过来的真正经过改造站稳了工人阶级立场的一切知识分子）。这是历史向我们提出的伟大任务。在这个工人阶级知识分子宏大新部队没有造成以前，工人阶级的革命事业是不会充分巩固的。[1]

本书所论的中国道路新闻学，即是在这样的时代背景下萌发的。所以，与其说是一种个体性的自觉意识，不如说是一种时代性的思想共鸣。没有第三次思想解放，没有亿万中国人探求中国道路的历史实践以及由此引发的一系列重大的理论与现实命题，包括一些令人瞩目的突出矛盾，则既不可能萌发中国新闻学的自觉意识，更不可能推进新闻学的学科体系、学术体系和话语体系，而只能继续人云亦云，亦步亦趋，东施效颦，邯郸学步。为此，同样需要越来越多正心诚意行大道、正本清源开新说的中国新闻人，如甘惜分期待的"立足中国土，请教马克思"。所谓请教马克思，不仅是守正创新的需要，而且更为了解放思想，破除迷信，激发独立思考的批判精神，用恩格斯的话说："他们不承认任何外界的权威，不管这种权威是什么样的。"[2] 钱锺书年轻时在上海第一次邂逅胡适，当时一个红得发紫，一个刚刚崭露头角，胡适对钱锺书谈起自己一首诗作，说拿宣纸来，我给你写下来。钱锺书心想，"这胡适很坦率，他就没想想，也许有人并不想求他的墨宝呢"[3]。现实批判当然不仅需要这种不从权威的姿态，而且更需要对现实政经问题的切实把握，对社会政治及其权力关系的深刻洞悉，也就需要对马克思及其批判精神的全面继承，需要"认真看书学习，弄通马克思主义"，并从中国的历史实践中寻求真知与真理。

---

[1] 毛泽东：《一九五七年夏季的形势》（1957年7月），载《毛泽东选集·第五卷》，北京：人民出版社，1977年，第462—463页。
[2] 恩格斯：《反杜林论》（1876年5月—1878年7月），载《马克思恩格斯选集·第三卷》，北京：人民出版社，1995年，第355页。
[3] 杨绛：《杂忆与杂写（1992—2013）》，北京：生活·读书·新知三联书店，2015年，第75页。

三、中国道路

任继愈先生有两句话登高壮观天地间，万里写入胸怀间，他把中华五千年概括为两件大事：一是建立大一统、多民族的统一封建国家，一是摆脱帝国主义和封建主义，建立现代化的人民民主国家。[1]简言之，第一件大事为旧中国，第二件大事为新中国。如果说旧中国是精英当家做主，帝王将相一向占据着历史的舞台中央，那么新中国则是人民当家做主，亿万各族人民成为国家的主人和历史的主体，所谓"人民主体地位""以人民为中心"等。第二件大事还在进行中而非完成时，近期目标为"两个百年"，其间依然需要摆脱"帝国体系"（及其附庸"买办"，如民族工业"造不如买，买不如租"）与"封建传统"，不断追求与实现人民当家做主的现代化愿景，在社会政治与公共领域切实落实人民的管理权。所谓中国道路，既是在两件大事的脉络中展开的，又是两件大事的有机统一：

> 中华人民共和国不仅通过重建现代大一统体系而光复中华文明，而且更是为古老的中华文明注入了新的时代精神——即"人民性"。传统的中华文明是以天子为核心的皇权体系作为中华大一统的政治象征；现代的中华文明则是以人民为主体的

---

[1] 任远、任重：《一份谈话记录和半个世纪的演绎》，《中华读书报》2016年4月6日10版。

民主政制作为中华大一统的社会根基。新中国的立国之战是人民解放战争，解放战争之所以被命名为"解放"，正是因为这场战争的意义在于使5.4亿中下阶层的中国人从原先的被压迫关系中解放出来，获得了与6000万上层阶级相平等的身份，没有这种社会状况的平等，中国永远不可能变成一个民主社会。[1]

那么，何谓中国道路？习近平的概括简明扼要："实现中国梦必须走中国道路。这就是中国特色社会主义道路。"对此，中国社会科学院原副院长李慎明等分析道：广义的中国道路包括中国革命、建设和改革开放之路；狭义的中国道路主要指中国特色社会主义道路，包括如下方面的要义：

1. 始终坚持中国共产党的领导、人民当家做主和依法治国有机统一的政治发展道路；

2. 始终坚持以公有制为主体、多种所有制相互促进的基本经济制度，走让一部分人先富起来、逐步实现共同富裕的经济发展道路；

3. 始终坚持以马克思主义为指导的社会主义核心价值观，走与各国各民族及其意识形态求同存异的文化发展道路；

4. 始终坚持对外开放，并在开放中坚持独立自主，走积极参与经济全球化的开放之路；

5. 始终坚持维护国家主权和领土完整，反对各种形式的霸权主义和强权政治，坚持和平发展，共建人类命运共同体的天下大同之路；

6. 始终坚持解放思想，实事求是，与时俱进，在各个领域走不断改革创新之路。[2]

中国道路不是标新立异的政治宣示，而是具有深厚丰满的历史文化内涵。中国道路虽由新中国开辟，但同旧中国又息息相关，血脉相连，从诗经楚辞到秦皇汉武，从唐诗宋词到一代天骄，点点滴滴浸透在中国

---

[1] 修远基金会：《中华文明与中国共产党——写在中国共产党成立96周年之际》，《文化纵横》2017年第3期。
[2] 李慎明等：《浅析"中国道路"的内涵》，《香港传真》2011年第1期。

道路的进程中，剪不断，理还乱，毛泽东曾经说："从孔夫子到孙中山，我们应当给以总结，承继这一份珍贵的遗产。"[1] 甘阳"通三统"之说，也体现了这一认识思路，即孔夫子的儒家传统、毛泽东的社会主义传统、邓小平的改革开放传统，属于同一历史文明的连续统。[2] 至于郡县制、监察制、巡视制等通行两千多年且行之有效，如十八大以来卓有成效的中央巡视工作，科举制为现代文官制的滥觞等，更是人们每每提及的话题。[3] 李零《我们的中国》一书中有组数据以小见大，发人深省："西汉平帝时，人口近6000万（59594978人），县、道、国、邑近1600个（1587个）。清代，人口约4亿，府、厅、州、县约1700个。现代中国，人口约13亿，县、市2300个。案：现代中国，如果减去今东三省、内蒙古、青海、西藏的约500个县、市，大约还有1800个县、市，和汉代的数字很接近。"[4] 此类习焉不察的历史传统中，往往蕴含着中国道路的内在规定性。曹锦清对比中西文明时就指出：

> 自西罗马帝国崩溃，蛮族入侵建立了国家之后，那里由原始国家演变为封建国家，再演变为主权国家和民族－主权国家——但有一点没有变，这些国家始终处于一种分崩离析的"战国"状态。因而他们所有的政体理论与治体——包括国际学说的叙事——均与这个"战国"状态有极大的关系。与之相较，中国今天是一个统一的国家，历史上有分有合，但以合为主。

---

[1] 毛泽东：《中国共产党在民族战争中的地位》（1938年10月14日），载《毛泽东选集·第二卷》，北京：人民出版社，1991年，第533页。

[2] 参见甘阳：《通三统》，北京：生活·读书·新知三联书店，2007年。清华学者鄢一龙进而提出"一体三用"之说：以中华人民共和国的六十年实践为体，以马克思主义、传统文化、西方理论为用。参见鄢一龙：《中国话语的"一体三用"》，观察者网，2014年9月12日，http://www.guancha.cn/zuoyilong/2014_09_12_266569_s.shtml。

[3] 例如李磊：《中国政治传统中的郡县制》，《文化纵横》2017年第5期。其中"结语"部分谈到：郡县制并非是商、周之制的断裂，它仍然处于商、周传统的延长线上。自秦始皇在全国范围内推行单一的郡县制、中间经由汉武帝予以稳定，在两千多年的历史中，郡县制一直是中国古代国家的基石。在今天中国学界讨论的治理体系创新的议题中，郡县制仍然是可资解读的重要历史资源。

[4] 李零：《茫茫禹迹：中国的两次大一统》（我们的中国·第一编），北京：生活·读书·新知三联书店，2016年，第44页。

我们的治理体系，总而言之是建立在一个以合为主的大一统的框架之内。[1]

故而，从长时段的历史看，任继愈说的两件大事一脉相承，一路贯通，旧中国，新中国，均为中国，说到底也就具有共通共融的社会历史秉性，特别是大一统、多民族、和而不同、天下为公等。清华大学教授许章润以高古的笔调写道：

> 华夏文明素有家国天下情怀，一种廓然大观的世界主义和世界精神。倚昆仑而濒大海，骋大漠以驰莽原，此间地缘架构，造就了中国文明极远极近、绝地绝天的人文性格，由此营造的一种政治时空、世界图景和文明景象，深刻影响了古今中国人的精神世界和政治理想。其非家族，非社群，非城邦，非民族国家，亦非帝国形态，也不是一般性的天下，毋宁，乃"家国天下"也……"家国天下"的意象和胸襟，遂成中国民族性格，所谓天下一体，和而不同，而天下犹一家，中国为一人。英国历史学家汤因比以"中华民族逐渐培植的世界精神"揭橥，亦称允恰。[2]

李零更指出，大一统是中华文明最了不起的地方，也是西方世界最讨厌的东西，他们要解构中国，"一要破其长，二要破其大"。李零说，"中国太大，历史太长，你不喜欢，可以，但不能说，它不该这么大，不该这么长，非把它切碎了不行"。[3] 其实，何止西方，2016年底《中国青年报》用两个整版发表长篇大论，谈商鞅《商君书》，题为《秦王朝专制政治的黑暗心脏》，沿用三十年前《河殇》的陈词滥调，痛诋商鞅以及秦国秦始皇。[4] 懂点儿唯物史观辩证法，就知道这套唯心史观形

---

[1] 曹锦清：《以制度研究推进中国话语体系重建》，《文化纵横》2017年第4期。
[2] 许章润：《汉语法学论纲——关于中国文明法律智慧的知识学、价值论和风格美学》，《清华大学学报》2014年第5期。
[3] 李零：《茫茫禹迹：中国的两次大一统》（我们的中国·第一编），北京：生活·读书·新知三联书店，2016年，第25页注释3。
[4] 鲍鹏山：《〈商君书〉：秦王朝专制政治的黑暗心脏》，《中国青年报》2016年12月29日5版。

而上学之轻薄。[1]且不说秦代奠定中国"多民族、大一统"的千秋功业，车同轨，书同文，如历史学家许倬云所言中国"屡乱而不散，实因秦代打下的基础"，[2]也不说秦朝统一全国，结束战国纷争，天下大乱，就算商鞅十恶不赦，秦皇罪大恶极，他俩也不可能一手遮天，形成所谓"专制政治"（即使专制，也源于特定社会经济基础与物质生产条件）。更何况，这套似是而非想当然的说辞，在专业知识上也是漏洞百出，站不住脚。多的不说，学者王晓波在《子产为什么要铸刑书？》一文中，对先秦法家、帝制法治、中华法系等历史传统的平和分析，就提供了这方面专精深厚的知识和新人耳目的认识：

> 法家在先秦时期已经提出了依法行政的法治观念。
>
> 原因在于，铁器与牛耕的出现以及人口膨胀，导致劳动力剩余，于是许多井田农便跑到了"国"里成为游食之民，成为社会不稳定的因素。在这种情况下要怎么统治国家？原来的宗法封建的人治不能再起作用了，所以只有实行法治。
>
> 由于近代西方的一些法治的观念传到中国来，很多人便认为中国没有法治，只有人治。但是，子产铸刑书，其实就是认为人治不行，必须要法治才能够治理国家。……当时的法治，当然不是今天的所谓民主法治，而是帝制法治。帝制法治，你不能说不是法治，而且后来秦始皇统一中国的时候人口众多，人治肯定不行，必须实行法治。所以中国一般老百姓也都知道所谓的"国有国法"。
>
> 从法治赖以成立的逻辑前提讲，中国古代的法治远远进步于西方的法治。西方古代的法治还停留在神学阶段，中国的法治已经超过了神学的阶段，它是天理、人情、国法。法律不能

---

[1] 一些主流媒体传播此类背离唯物史观的东西早已不是新闻，也不是偶然为之，而颇似国防部发言人针对美国南海滋事说的两句话：明知故犯，屡教不改。
[2] 许倬云：《我者与他者：中国历史上的内外分际》，北京：生活·读书·新知三联书店，2010年，第37页。

够违反自然的规律，不能违反人情。所以，中国法律的根据在天理、人情。[1]

毛泽东批评郭沫若的七律，更是可以用来点醒此报此文。这首《七律·读〈封建论〉呈郭老》，也是毛泽东平生最后一首诗，不仅见识高远，非同凡响，而且蕴含着鲜活生动的唯物史观：

> 劝君少骂秦始皇，焚坑事业要商量。
> 祖龙魂死业犹在，孔学名高实秕糠。
> 百代都行秦政法，十批不是好文章。
> 熟读唐人封建论，莫从子厚返文王。

诗中的"唐人封建论"，指的是柳宗元即柳子厚的名作《封建论》。《封建论》中，柳宗元分析了秦朝的败亡在于政策而非制度，即"失在政而非制"；而周朝的败亡则在于制度而非政策，即"失在制而非政"。熟读唐人封建论，莫从子厚返文王一句，更是言简意赅，入木三分，好似《共产党宣言》批驳"封建的社会主义"那段经典文字：

> 半是挽歌，半是谤文，半是过去的回音，半是未来的恫吓；它有时也能用辛辣、俏皮而尖刻的评论刺中资产阶级的心，但是它由于完全不能理解现代历史的进程而总是令人感到可笑。
>
> 为了拉拢人民，贵族们把无产阶级的乞食袋当作旗帜来挥舞。但是，每当人民跟着他们走的时候，都发现他们的臀部带有旧的封建纹章，于是就哈哈大笑，一哄而散。[2]

钱穆一生虽与蒋介石相交甚欢，成为蒋家王朝的一代"帝师"，对马克思主义以及中国革命不免含沙射影，但他基于文化保守主义立场而秉持的"同情之理解""温情之敬意"还是令人钦佩的，更是民族复兴与文化自信不可或缺的。这一立场和态度，同实事求是的唯物史观也若合一契。由此出发，就不难看到中华大一统并非望文生义的铁板一块，

---

[1] 王晓波：《子产为什么要铸刑书？》，《中华读书报》2017年11月23日13版。
[2] 中共中央编译局编译：《马克思恩格斯文集》第2卷，北京：人民出版社，2009年，第54—55页。

如所谓"专制""极权"云云，而是充满多元一体的丰富蕴含与文明活力。用李小江的话说，行走在中华大地，你会发现，"衣食住行，无不显示出鲜明的地域特征，始终是多元的"[1]。特别是大杂居、小聚居、和而不同、一国多制以及大道之行也天下为公等，不仅铸就了多元文化多民族有机交融而非你死我活的共同体，而且形成了世界历史上独一无二的"中国特色"。这是先人留给中华民族的丰厚精神文化遗产，应当待之以温情与敬意，而不是轻薄为文哂未休。

这里，多民族、大一统，更是人类政治文明以及治国理政的典范。安阳的"中国文字博物馆"为什么叫"中国文字博物馆"，而非"中国汉字博物馆"？因为中国文字除了汉字，还包括各民族创造的文字，如人民币背后就用五种文字书写着"中国人民银行"，即汉字、壮文、蒙古文、维吾尔文、藏文。历史上，中国版图一半是由汉人奠基，一半是边疆少数民族熔铸，匈奴、月氏、鲜卑、契丹、回鹘、黠戛斯、吐蕃、吐谷浑、蒙古、女真等，无不功不可没。数千年的马上征战——琵琶美酒夜光杯，欲饮琵琶马上催，数万里的驼上贸易——无数铃声遥过碛，应驮白练到安西，更促成农耕与游牧两大文明板块的你来我往，相互交融，形成你中有我、我中有你的文明格局以及兼容并包的社会文化心态。按照清华国学院姚大力教授的分析，大中国大一统形成于两种国家建构模式相互磨合，一种是内儒外法的专制君主官僚制，一种是辽、金、元、清为代表的"内亚"边疆帝国制，"如果没有满族、蒙古族和藏族等民族对创建中国多民族统一国家的贡献，就不会有今天这样版图规模的现代中国"[2]。这一"美美与共，天下大同"的国家形态，这种"大杂居，小聚集"的民族形态，在历史地理学者段志强对河西走廊水资源开发利

---

[1] 李小江：《对话汪晖：管窥中国大陆学术风向与镜像（1990—2011）》，北京：社会科学文献出版社，2014年，第130页。

[2] 清华国学院编：《全球史中的文化中国》，北京：北京大学出版社，2014年，第160—165页。日本新一代蒙元史学者杉山正明甚至认为，通过蒙古与忽必烈这两个阶段，发生了从"小中国"到"大中国"的巨大转型。见杉山正明：《蒙古颠覆世界史》，北京：生活·读书·新知三联书店，2016年。

用问题的考察中，得到一种以小见大的生动体现。

在《弱水三千入流沙》一文中，段志强谈到，祁连山是狭长的谷地草原，历史上羌、氐、匈奴、吐谷浑、吐蕃、蒙古等都曾在此游牧，形成多民族杂居的格局。祁连山的雪水季节性下泄，冲积出几个绿洲平原，构成河西走廊的精华。于是，无论畜牧加骑射，还是农耕加屯田，人们都因水而活，对水的依赖程度与利用方式，因农耕与畜牧而大相径庭。畜牧依赖草原的天然水系，大片屯垦则非兴水利不可。汉武拓边以来，河西一直处于农耕与游牧的拉锯状态，直到明代才奠定农业为主的局面。雪山融水虽然甘美，但一来总量有限，二来季节性强，遂使水资源分配成为河西社会的首要问题，"围绕着引水、用水，河西地区形成了错综复杂的水权分配与管理方式"。其中主要矛盾有三：一是不同河段之间的用水矛盾，尤其是下游与中游；二是军屯与民田、移民与土著的用水矛盾；三是农业与牧业的用水矛盾。显而易见，这三种矛盾无一例外，都超出了地方社会所能应对的范围，而上升为带有国家甚至帝国性质的问题。如果说长城、亭障、关塞的建设是卫护帝国边界的国防工程，那么通过水利管理整合起河西社会，并集聚其资源用于军事用途的过程则是塑造边疆的社会工程，即国家通过对水的管理与分配，将军田与民田、农区与牧区、不同行政区划的人群与资源统统纳入掌控。所以，当边墙之外的马上民族麾师叩关的时候，会发现他们面对的是一个高度组织化的军事国家，而造成这种现实的不仅是锁链一样的边防体系、措天下于指掌间的文书和邮传系统，也包括大体稳固且由国家强力控制的农牧生产区，持续供给着粮秣与兵源。[1]

河西的经验表明，只有强大的政治权威，才能照顾并压制各方的诉求，从而达到相对平衡，和平共处，这也是大一统、多民族数千年的政治传统。李小江称之为中国政治文化对多元复杂且相互抵牾的各种"局部利益"一以贯之的制衡机制，包括遏制乡村大家族势力、扶助边疆弱

---

[1] 段志强：《三千弱水入流沙》，《读书》2016年第9期。

小民族、平衡东西部经济差异。[1] 由此也可理解中国道路第一篇经典文献《论十大关系》，何以包括中央与地方、汉族与少数民族、东部与西部等，进而体会毛泽东论断的深意："国家的统一，人民的团结，国内各民族的团结，这是我们的事业必定要胜利的基本保证。"[2] 1955年，梁漱溟在《人民日报》撰文，谈到他无法不信服中国共产党的最大事实，就是中国人百年来一直走着下坡路的命运让共产党扭转了，从此转而向上：

> 扭转我们民族命运起着决定作用的，就是全国的团结统一。从对外看，一向处于被动地位，谈不上独立自主的中国，而今天却能主动地在国际政治上发挥作用，表现力量，一天天威信增高的正在此。从内部来看，一切乱七八糟的旧摊子得到耙疏整理而样样就绪，凡百建设事业得到开步走以至成绩大著，要莫不在此。说起团结统一，朋友们总可记得这原是我一向最强调的要求。正为我早认定它是民族复兴的关键，若干年来曾把全副心思力气都用在此。但今天的事情却简直出我意料。象今天统一幅面这样宽广，连东北延边、内蒙、新疆、青海、西藏、云南各少数民族都团结统一起来，是我所能设想的吗？象今天统一达于这样高度，任何事都可能集中到中央来，中央政令无所不能贯彻于下，如臂使指，是我所能设想的吗？不曾设想及此的又岂止我一人。大家本来梦都不曾作过，而今事实却出现在眼前，能说不是奇迹？[3]

周虽旧邦，其命维新。中国道路从新中国建立以来，已经经历了大致两个三十年的不同阶段，既书写了彪炳史册的光荣与梦想，也留下了

---

[1] 李小江：《对话汪晖：管窥中国大陆学术风向与镜像（1990—2011）》，北京：社会科学文献出版社，2014年，第136页。
[2] 毛泽东：《关于正确处理人民内部矛盾的问题》（1957年2月27日），载《毛泽东文集·第七卷》，北京：人民出版社，1999年，第204页。
[3] 梁漱溟：《告台湾同胞》，《人民日报》1955年2月3日2版。

势在必然而令人遗憾的顿挫与曲折，从而也为新中国第三个三十年奠定了基础，廓清了方向，提供了正反两方面的经验与教训。关于新中国开辟的中国道路，前人之述备矣。概括起来，无非两点：共产党领导与社会主义道路，合起来就是共产党领导人民走社会主义道路并奔共产主义理想。而两个三十年的关系，习近平一语中的：不能互相否定，因为都是"党领导人民进行社会主义建设的实践探索"[1]。对此，修远基金会一份研究报告《中华文明与中国共产党——写在中国共产党成立96周年之际》，从历史与逻辑有机统一的角度作了学术阐发：

>新中国逐渐建立起了颇具社会主义特色的动员和管理体系。这种今天被诟病为"举国体制"的组织制度，在当时可以说居功甚伟：正是举国体制所特有的严密的组织体系和强有力的全社会渗透性，才让中国在最贫穷的经济条件下和最落后的社会条件下，最大限度地动员和整合全社会的资源，集中力量办大事；正是举国体制所具有的强大动员能力和集体行动能力，才使得中国在外部条件极其不利的条件下，在西方列强已经主导和垄断世界市场并将落后国家改造为原料场地和倾销市场的背景下，使得中国可以实现自保并独立于外来政治、经济压力，最终能够自主地推进工业化、城市化和现代化，并取得了前所未有的经济发展和社会进步。
>
>举国体制因其经济、社会、政治的高度一体化的特征，也带来了一系列弊端，如政治动员过度、个人自由被抑制、社会自主空间发育不足等等。然而，这些弊端其实只是问题的表象，举国体制面临的最大问题在于如何突破自身在工业发展过程中不断暴露的内在限制……其一，政治组织在进行生产管理过程中的官僚化问题和激励机制难题……其二，工业体系的升级困

---

[1] 中共中央党史研究室：《正确看待改革开放前后两个历史时期——学习习近平总书记关于"两个不能否定"的重要论述》，《人民日报》2013年11月8日6版。

境。

"文革"的一个重要教训，是不能简单地以政治动员或组织革命的形式来解决工业化深化阶段的双重困境——政治组织在进行生产管理过程中的官僚化问题、激励机制难题和工业体系的升级困境。"文革"之前，中国共产党人已经意识到了这一双重困境，但对于如何解决这一双重困境，既缺乏经验，又缺乏必要资源。面对这种双重困境，还是需要"实事求是"地回到生产力发展的需求，直面生产力发展所需的物质条件与组织形态。这也意味着，要在新的时代条件下，思考如何重新彰显社会主义的优越性。"改革开放"遂成为新时代的主题。如果说"改革"直面的是政治组织在进行生产管理过程中的官僚化问题、激励机制难题，而"开放"直面的，就是工业体系的升级困境。

到2008年，中国经济已经保持了连续30多年高速增长，年均增长9.9%，快于前30年的6.5%。中国之所以能实现如此规模、如此速度、如此持续的经济增长，其原因在于实现了社会主义与市场经济的创造性结合，以市场为手段，来平衡国家主导的工业化模式带来的经济驱动力单一和激励不足问题，这是中国改革的核心所在。这种改革，及其带来的巨大规模的劳动和就业结构变迁、社会和市场结构变迁，即使从世界历史的广度来观察，都可以称之为一次革命。就像历史上的革命一般，它既包含着无数痛苦和悲惨的个人和群体经验，却也创造出了新的希望与期待。这样一场"革命"在短短30年间集中发生，其深度和广度远超西方国家被拉长到数百年的社会变革历程，但其烈度却是相对可控的，这不得不说是一个伟大的成就。[1]

---

[1] 修远基金会：《中华文明与中国共产党——写在中国共产党成立96周年之际》，《文化纵横》2017年第3期。

所以，共产党领导人民建设新中国，无论前三十年，还是后三十年，无论放在数千年古代史，还是放在一百多年近代史，无论与欧美发达国家相比，还是与印度等亚非拉发展中国家相比，都可以理直气壮地称之为"人间正道"。2011年中国共产党90年前夕，韩毓海、胡鞍钢等出版了《人间正道——中国道路与中国共产党》，其中对中国道路及其社会政治与精神文化的内涵作了如下概括：

> 第一，中国共产党振奋了中华民族的"武德"，通过土地革命，建立了一支人民军队，在此基础上，恢复了秦汉郡县制，实现了国家统一。
>
> 第二，通过改造基层，实现了人民的彻底解放。
>
> 第三，锻造新的治理者，形成了新的政治文明、治理者伦理或工作作风。
>
> 第四，建立了以人民币为核心的"人民资本"。
>
> 第五，追求天下大同。[1]

拿武德来说，就不仅仅是一个用兵作战的"兵家"问题，更是关乎天下兴亡的"国家"问题。1935年，时年三十三岁的清华史学名家雷海宗发表了他的代表作《中国的兵》，高屋建瓴而鞭辟入里地揭示了数千年中国社会与文化的关键症结——武德。文中指出，春秋时代上等社会全体当兵，贵族男子无不以当兵为荣誉，为乐趣，不能当兵是莫大的耻辱。"我们看《左传》、《国语》中的人物由上到下没有一个不上阵的，没有一个不能上阵的，没有一个不乐意上阵的""在整部的《左传》中，我们找不到一个因胆怯而临阵脱逃的人。当时的人可说没有文武的分别，士族子弟自幼都受文武两方面的训练"[2]。就连后人心中的蔼蔼儒者孔夫子，其实也会射猎，即"钓而不纲，弋不射宿"（《论语·述而》）。孔子讲"君子有三戒"，有所谓"血气方刚，戒之在斗"（《论语·季氏》），

---

[1] 韩毓海：《历代治理之得失》，载"名家领读经典"课题组编：《人民公开课——中国共产党与国家治理体系和治理能力现代化》，杭州：浙江人民出版社，2016年，第48—50页。
[2] 雷海宗：《中国的兵》，北京：中华书局，2016年，第6页。

雷海宗认为,"戒之在斗"必有"斗"的技艺和勇气,"不像后世文人只会打笔墨官司"。[1]而随着贵族解体,特别是东汉以下,上等社会不再当兵,将保家卫国的责任转到职业兵身上,其中多为贫民、流民、囚徒、羌胡(如董卓、石虎、安禄山),武德日衰,国势日蹙。

在《君子与伪君子》中,雷海宗也指出,春秋时代六艺中,礼、乐、书、数是文的教育,射、御是武的教育,均属君子的必备训练,"在这种风气下,所有的人,尤其是君子,都锻炼出一种刚毅不屈、慷慨悲壮的人格。'士可杀而不可辱',在当时并非寒酸文人的一句口头禅"[2]。张承志名篇《荒芜英雄路》《清洁的精神》等同样由此立论。随着战国以后士族消亡,文武兼备的人格理想风飘云散,从此人格理想一分为二,文武对立由此开始,文人成为游说之士,武人成为游侠之士:"两者各有流弊,都是文化不健全的象征"[3]。与文武兼备的武德相对,与出将入相的春秋士大夫相比,"纯文之士,无论如何诚恳,都不免流于文弱、寒酸与虚伪""唯一春秋以上所遗留的武德痕迹,就是一种临难不苟与临危受命的精神。但有这种精神的人太少,不能造成一个遍及社会的风气。因为只受纯文教育的人很难发挥一个刚毅的精神,除非此人有特别优越的天然禀赋""多数的士君子,有意无意中都变成伪君子。他们都是手无缚鸡之力的白面书生""今日的知识阶级,虽受的是西洋传来的新式教育,但也只限于西洋的文教,西洋的尚武精神并未学得"[4]。

雷海宗在《中国的兵》一文最后写道,东汉以下兵的问题总未解决,文武两分,武德不彰,是中国长期积弱的重要原因:"文武兼备的人有比较坦白光明的人格,兼文武的社会也是坦白光明的社会。这是武德的特征。中国两千年来社会上下各方面的卑鄙黑暗恐怕都是畸形发展的文德的产物。偏重文德使人文弱,文弱的个人与文弱的社会难以有坦白光

---

[1] 雷海宗:《中国的兵》,北京:中华书局,2016年,第6页。
[2] 同上,第78页。
[3] 同上,第79页。
[4] 同上,第80-81页。

明的风度,只知使用心计;虚伪,狡诈,不彻底的空气支配一切,使一切都无办法。中国兵制的破裂与整个文化的不健全其实是同一件事。"[1]

由此说来,毛泽东、共产党及其缔造的人民军队不仅建立了人民共和国,驱除强寇,保家卫国,从而根本解决了近代以来频陷中华民族于绝境的"挨打"问题,也就是"国将不国"问题,而且也重振了雷海宗念兹在兹的武德,为中华文明注入了光明磊落、血气方刚的精神品格。从长征到延安,从抗日到解放,从雄赳赳、气昂昂、跨过鸭绿江到两弹一星元勋"我愿以身许国",从七亿人民七亿兵、万里江山万里营直至建军九十年、沙场秋点兵,一种秦时明月汉时关、万里长征人未还的英武气概一扫晚清以降的一片乌烟瘴气,直追雷海宗心向往之的春秋遗风:"上由首相,下至一般士族子弟,都踊跃入伍。当兵不是下贱的事,乃是社会上层阶级的荣誉职务。"[2] 毛泽东抗战时抒写的豪迈语气堪称典范:"我们中华民族有同自己的敌人血战到底的气概,有在自力更生的基础上光复旧物的决心,有自立于世界民族之林的能力。"[3] 他为一张女民兵照片题写的诗句,更成为新中国新气象的传神写照:飒爽英姿五尺枪,曙光初照演兵场。中华儿女多奇志,不爱红装爱武装。

当然,中国道路不可能一帆风顺,一路畅通,过去如此,今天亦然。虽然眼下面临不少突出矛盾,特别是人民深恶痛绝的官员贪腐(孔丹说腐败是现象而变质是本质)、触目惊心的贫富差距、无所遁逃的生态危机、感同身受的精神乱象等,但绝大多数中国人以及外国人都不难理解,中国以如此体量的大国,在三十年间一举跨越发达国家三百年的进程,既是前所未有的人间奇迹,也是问题猬集的根源所在。曹锦清提供的一组对比数据有助于认识这一点:

> 欧美人通过500年的奋斗,尽力扩展自己的范围,但在这

---

[1] 雷海宗:《中国的兵》,北京:中华书局,2016年,第49-50页。
[2] 同上,第6页。
[3] 毛泽东:《论反对日本帝国主义的策略》(1935年12月27日),载《毛泽东选集·第一卷》,北京:人民出版社,1991年,第161页。

500年过程中崛起的国家体量都比较小。葡萄牙崛起的时候人口大概100万，荷兰崛起的时候人口大概也是100多万，西班牙是四五百万人口，英国崛起时核心的英格兰区域也是500万，法国人口多一点，大概有2000多万，到了19世纪，增长到3600万人口。总的来说，欧洲诸国只是百万和千万级别的国家。500多年的发展下来，即使后来有俄罗斯、美国这样的超大国家，总的来说覆盖人口满打满算不超过10亿，而且，这10亿人口分散到四十几个国家，也不团结。中国则是属于10亿级别人口规模的。[1]

未来三十年，只要不出现"颠覆性错误"并有效化解三大危机，即生态危机、社会危机、精神危机，则中国道路不仅是中国的大道之行，而且也将为世界大多数国家和人民提供一种更有希望、更有前途的人间正道。正如邓小平1986年同胡耀邦等中央领导谈话中说到的："如果我们达到人均国民生产总值四千美元，而且是共同富裕的，到那时就能够更好地显示社会主义制度优于资本主义制度，就为世界四分之三的人口指出了奋斗方向，更加证明了马克思主义的正确性。"[2]

---

[1] 曹锦清：《以制度研究推进中国话语体系重建》，《文化纵横》2017年第4期。
[2] 邓小平：《旗帜鲜明地反对资产阶级自由化》（1986年12月30日），载《邓小平文选·第三卷》，北京：人民出版社，1993年，第195—196页。

四、挨打、挨饿、挨骂

黄平认为，毛泽东时代三十年解决了挨打问题，邓小平时代三十年解决了挨饿问题，未来三十年致力于解决挨骂问题。[1]习近平在庆祝中国共产党成立九十五周年大会的讲话中说，共产党领导人民走中国道路，也就是不断解决挨打、挨饿、挨骂的过程，而挨骂问题现在还没有根本解决。

所谓挨骂，乃属文化政治孱弱、文化领导权旁落以及意识形态乱象丛生的具象，而本质在于中国道路及其正当性、合法性在话语或精神文化层面遭遇的危机。古往今来，天下之道，无不隐含一个正当性、合法性问题，名不正则言不顺，言不顺则事不成。正当性、合法性一旦发生危机，名不正，言不顺，就自然难免于入则腹谤，出则巷议，也就是形象比喻的"骂"——诟病、批评、指摘、问难。现代政治更是具有无所不在的文化意味，以至现代政治就是文化政治，而治国理政、号令天下的枢纽就在于把握文化领导权。因此，现代政治更是离不开一套名正言顺的道理，离不开把握文化政治的文化领导权。道理，道理，就是道路之理，即正当性之所系，合法性之所在，尤其体现为从哪里来、到哪里去的某种"主义"。否则，天下既不可能心悦诚服，更不可能同心同德。

---

[1] 黄平：《当代中国需要伟大的思想》，《天涯》2008年第4期。

即使穷兵黩武的当代美帝国以及当年第三帝国、日本帝国,也都离不开貌似"师出有名"的文化说辞及其强盗逻辑,如"人权高于主权""生存空间""大东亚共荣圈"等,而不能像罗马帝国、蒙元帝国那样径直烧杀抢掠。所以,无论对现代国家,还是对现代政治,挨骂都不是面子上的"受气"问题,大不了忍气吞声就完了,而是里子上的生死存亡问题,借用《孙子兵法》的话说:"国之大事,死生之地,存亡之道,不可不察也。"简言之,道理上讲不通、说不顺、辩不过的时候,也就是天崩地陷亡天下的时候。

1991年,苏联好端端、静悄悄而一夕解体,连西方对手也无不大惊失色,第一反应是现在谁在掌控苏联的核按钮。因为,当时苏联既无外敌入侵,也无内部兵变,工人没有罢工,农民没有起义,经济没有崩溃,国力依然强大,怎么说完就完了呢?苏联解体无他,主要原因就在于被"骂"得狗血喷头,一无是处,灰头土脸,里外不是人。外人骂,自己骂,而且骂得更凶,更狠,更致命,从列宁到斯大林,从古拉格到日瓦戈,从卡廷惨案到阿尔巴特街的儿女,明着骂,暗着骂,指名道姓骂,指桑骂槐骂,骂历史,骂现实,一波未平,一波又起,一犬吠影,众犬吠声,学者、记者、艺术家、知识分子、高官叶利钦等,更是竞相参与这场声势浩大的"灌夫骂座"。于是,苏联道路的正当性、合法性便一步步丧失殆尽,科兹等《来自上层的革命》一书对比论述甚详,向称经典。[1]结果,可想而知,毫无悬念:"道理"不通,"道义"焉存,"道路"最终也就陷入穷途末路,苏联解体自然水到渠成,瓜熟蒂落。

2015年诺贝尔文学奖得主、苏联时代的新闻记者阿列克谢耶维奇,在新书《二手时间》中,以复调写作的纪实笔触,对苏联解体前后的世道人心作了细致入微的透视与活灵活现的展示,也有益于我们认识挨骂问题的要害,反思自己的道路与命运。按照李零的说法:"苏联解体,

---

[1] 参见[美]科兹、威尔:《来自上层的革命:苏联体制的终结》,曹荣湘等译,北京:中国人民大学出版社,2008年。

这是墓碑。前苏联有人骂,后苏联也有人骂,社会毫无共识,西方乐见这一结果。此书是苏联解体的牢骚集,没有改革时盼改革,改革以后骂改革,跟咱们中国非常像。"[1]书中有句话,读来令人痛心:"没有故乡的人,就像没有家园的夜莺一样。"[2]《二手时间》采访记录了许多当事人对"亡党亡国"的心痛神伤,掩卷深思,怎不感慨嘘唏,浮想联翩:

  超级市场代替了祖国。如果这就是所谓的自由,那我不需要这种自由。呸!他们把人民踩在了地上,我们成了奴隶,奴隶!正如列宁所说,在共产主义下,厨师是国家的管理者,还有工人、挤奶女工、纺织工人。可现在呢?坐在议会中的都是土匪强盗,揣着美元的亿万富翁。他们应该坐在监狱里,而不是在议会上。

  电视台的一个频道播放"红军"打"白军"的电影,另一个频道是勇敢的"白军"在打"红军"。都精神分裂了!

  我很反感有些人在谈到马克思主义的时候那种轻蔑和不屑的样子,他们甚至要把马克思主义扔进垃圾箱!送进废品场!……社会主义不仅仅有劳改营、政治告密和铁幕,也是正义和光明的世界:公平分享、同情弱者、善良待人,而不是自私自利。

  苏联生活追求的是另一种文明,权力属于人民。反正我心里很不平静!今天您在哪里还能看到挤奶女工、车工和地铁机械师?没有了。报纸上没有他们,电视屏幕上没有他们,克里姆林宫颁发勋章也没有他们,哪儿都没有他们了。到处都是"新英雄":银行家、商人、模特和电影女星,还有经理。

  自由的人民没有出现,却出现了这些千万富豪和十亿富豪,黑帮!

---

[1] 李零:《我劝天公重抖擞》,《经济导刊》2017年第4期。
[2] [白俄]阿列克谢耶维奇:《二手时间》,吕宁思译,北京:中信出版社,2016年,第463页。

你们去喝自由吧！吃自由吧！把这么一个超级大国都卖了！没有开过一枪……我有一点不明白，为什么就没有人问一声我们？我一生都在建设伟大国家。

一个强大的国家，赢得过最严酷的战争，就这样崩溃了。中国没有崩溃，朝鲜也没有崩溃，古巴依旧屹立，但我们消失了。不是敌人用坦克和导弹干掉的，他们摧毁的是我们最强的一点，我们的精神。

那些当年召唤我们到广场上去"打倒克里姆林宫黑手党"的人，许诺我们"明天必将自由"的家伙们，今天都在哪儿呢？他们完全没有交代，早就跑到西方去了，现在在那边咒骂社会主义。

我们的时代，我的时代，是个伟大的时代！谁都不是为了自己而生。所以……不久前一个漂亮女士给我做的专访令我受到了伤害。她一开始就"启发"我，说我们当年是生活在一个何等可怕的时代。……她对我说："你们曾经是奴隶，斯大林的奴隶。"乳臭未干的小丫头！我才不是奴隶呢！不是！……我的祖国叫十月。有列宁，有社会主义……

1991年到来时，我当然站在白宫前的人链中，随时准备牺牲自己的生命，为了不再回到共产主义。……我们以为共产主义死了，永远死了。但二十多年时间过去了……我走进儿子的房间，看见他桌子上放着马克思的《资本论》……[1]

如今，挨骂问题也成为中国道路的关键障碍、主要危险，或者说中国道路的核心关切。习近平说，我们比历史上任何时期都接近民族复兴的目标，同时也指出此时此刻谨防出现颠覆性错误。而所谓颠覆性错误的危险主要来自挨骂，也就是中国道路的正当性与正义性的基础被瓦解，

---

[1] [白俄] 阿列克谢耶维奇：《二手时间》，吕宁思译，北京：中信出版社，2016年，第9、29、45、47—48、49、90、137—138、147、189、342页。

被消解，从而导致大厦之将崩。如果践行中国道路，那么就需向世人说明，既向国人、也向心存疑虑的朋友与心存敌意的对手说明，为什么非走"社会主义道路"而不走其他道路如欧美道路。坦率说，当下中国，自上而下许多人一方面并不十分明白中国道路的正当性与正义性所在，以为只要经济发展了，生活富裕了，就万事大吉，天下太平了。一方面更服膺所谓"普世道路"即欧美资本主义道路，如三权分立、市场经济、（资本主义法权基础上的）新闻自由等。不少政治精英、经济精英、文化精英，已形成心有灵犀的高度共识：中国必须走这条路，中国只能走这条路，中国早晚得走这条路。只不过有的曲里拐弯，有的直截了当。直截了当者如"零八宪章"，直接鼓吹经济私有化、政治宪政化（其实是西方宪政）、军队国家化，一句话就是胡适念兹在兹的全盘西化。曲里拐弯者认为，中国国情还不能一步到位这么走，"国际社会"需要一些耐心，给中国一些时间，等我们充分私有化了，中产阶级新阶层足够壮大了，普世价值的意识形态转基因工程完成了，中国自然就会与国际接轨，走上资本主义的"普世"康庄大道。无论曲里拐弯，还是直截了当，无不源于一系列精神文化思潮，包括世界观、历史观、政治观、价值观、人生观、审美观等：

> 说到底，就是认为西方文化优于中国文化，西方文明优于中国文明。
>
> 它的现实表现就是关于道路和制度的选择问题，认为中国应该走世界文明道路，所谓世界文明之路，就是以西方基督教文明为核心的西方现代化之路。这条路才是世界文明之路，才是人类发展的普遍道路。至于中国特色社会主义的道路、理论和制度，完全离开了世界文明的发展轨道，是沿袭自秦始皇以来中国封建君主专制和文化专制主义之路，是自外于世界文明潮流的封建社会老路。[1]

---

[1] 陈先达：《文化自信中的政治与学术》，《光明日报》2017年6月12日15版。

如此状况，也可以称为"政治逻辑"与"文化逻辑"的分离或对立。政治逻辑自然是中国道路，从新时期的社会主义四个现代化到新时代的民族复兴中国梦一以贯之，用习近平的话说：

> 实现我们确立的奋斗目标，我们既要有"乱云飞渡仍从容"的战略定力，又要有"不到长城非好汉"的进取精神。全党全国各族人民更加紧密地团结起来，勿忘昨天的苦难辉煌，无愧今天的使命担当，不负明天的伟大梦想，下定决心，排除万难，在中国特色社会主义伟大道路上，为实现中华民族伟大复兴的中国梦，前进！

这是共产党、共和国的政治逻辑，可谓正心诚意行大道——中国道路。而时新的文化逻辑则将所谓普世道路即西方道路奉为圭臬，顶礼膜拜从古希腊罗马到文艺复兴现代性的一套逻辑，认为中国不能也不可能自外于这套天意注定的逻辑。于是，现实中国一边是共产党领导亿万各族人民坚定不移走中国道路；一边是政治精英、经济精英、文化精英（不少人还是高官包括文化高官），借助多年积累的强大文化政治资本，义无反顾、坚定不移、屡挫屡奋、愈挫愈奋地将中国导向所谓普世道路亦即西方道路，美其名曰"解放思想""改革开放""国际接轨"。比如，一边是共产党领导人民建设社会主义市场经济，而一边却是西方经济学全面进课堂、进教材、进头脑，"政治逻辑"与"文化逻辑"的分离或对立在此昭然若揭。如今种种意识形态乱象，追根溯源均在于此。2015年，央视某当红主持人由于一段调笑开国领袖、嘲弄中国革命的视频曝光，引发舆论哗然，结果黯然下台，其实明眼人心知肚明，此事并非偶发个案，而早已是普遍现象。由于政治逻辑与文化逻辑的分离或对立，于是，当面一套，背后一套，明里一套，暗里一套，办公桌上一套，饭局桌上一套的"政治两面人"，也就不足为奇了。

文化逻辑与政治逻辑的背道而驰，同样突出表现在新闻领域。张承志在世纪末《无援的思想》中就写道："中国智识阶级还在继续他们吹捧美国的事业,中国电台的播音词也操着一股盎格鲁·撒克逊的腔调。"[1]具体说来,一方面,新闻实践讲党性原则、政治意识、政治家办报、群众路线、三贴近、走转改,讲马克思主义新闻观。另一方面,新闻学明里暗里讲的多是欧美特别是美国一套政治逻辑新闻观。习近平在新闻舆论工作座谈会上强调,培养政治坚定、业务精湛、作风优良、党和人民放心的新闻工作者,而新闻教育却往往唯西方马首是瞻,课堂上、教材中、文章里触目多是西方话语,如新闻自由(其实是"资产阶级"新闻自由,资产阶级不是可有可无的定语)、专业主义、第四等级、公共空间等,把资本主义的媒体私有制与利益集团化视为正道,奉若神明。新闻学子则以传媒精英、无冕之王自居,无形中自外于党和人民。我们的一项研究也发现,新闻学界存在三个突出问题:一曰不讲政治,二曰唯洋是举,三曰漠视人民。伴随这一趋势,马克思主义及其新闻传统逐渐消解,不断抛弃,取而代之的是一整套西方"自由主义思想体系",如学界、业界占据主流的所谓"新闻专业主义",即欧美商业化媒体的核心价值观与新闻观。韩毓海谈及的现状,何尝不是新闻领域的实情:

> 一些共产党员、领导干部虽号称先进分子,却以为社会主义比蓝天还遥远,暗自以为当代世界的唯一出路就是搞资本主义。而有些名曰知识分子,实则不过是"知道分子"的人,更通过夸大社会主义发展历程中出现的失误宣扬资本主义的"唯一正确"。坦率地说,这就是今天舆论领域乃至思想领域的部分现实。[2]

在新闻院系新闻学中,具有鲜明政治色彩的西方学说和研究范式,往往被冠以"进步""现代化""国际化"等名号,堂而皇之,大行其道,"西方""帝国主义""资本操控"等一系列历史形成的,有着丰富内涵和实际意义的文化政治概念则统统衰败。学者和学子对于政治意义丰

---

[1] 张承志:《无援的思想》,《花城》1994年第1期。
[2] 韩毓海:《一篇读罢头飞雪,重读马克思》,北京:中信出版社,2014年,第93页。

富的文化政治问题，也大多丧失基本的反思能力和免疫能力，变成只会按照一个面向思考的"单面人"。

事实上，新闻学也如吴易风教授对经济学的判断，"仍然存在着两大对立的理论体系：一是马克思主义经济学，一是西方经济学"，而对西方新闻学如新闻专业主义也应秉持他对西方经济学的态度："西方经济学植根于西方国家，是西方国家统治阶级关于资本主义市场经济看法的理论表现。因此它具有二重性：一是阶级性，二是特定条件下的实用性。阶级性主要表现为维护资产阶级利益、维护资本主义制度、维护有利于西方发达国家的国际经济秩序和宣传资本主义的意识形态。特定条件下的实用性主要表现为对资本主义市场经济的病症进行病理分析，做出诊断，并开出药方。在我国，研究西方经济学存在两种错误倾向：一种是只看到西方经济学的阶级性而看不到它在特定条件下的实用性，另一种是只看到了西方经济学在特定条件下的实用性而看不到它的阶级性。这两种倾向都是将西方经济学极端化、片面化的结果。完全肯定和完全否定都是错误的，因为这两种认识都不符合实际。既然西方经济学具有二重性，就应该用一分为二的观点对它进行科学的和全面的剖析，分清哪些是意识形态成分，哪些是特定条件下有用的成分。对于前者，要进行必要的批判和揭露；对于后者，要借鉴和吸收。借鉴和吸收也需要科学的态度，借鉴是把他人的经验和教训当作镜子，而不是照抄照搬；吸收是要经过消化系统的分解和吸收功能来摄取有营养的成分，而不是囫囵吞枣。"[1]

上述问题均属文化政治衰落，文化领导权旁落，意识形态领域危机四伏的投影与折射。郑永年在新作《再塑意识形态》（2016）中指出，由于数十年来持续不断的"去意识形态化"，如今意识形态危机即中国道路的正当性与正义性问题一度非常突出，形势日益严峻："执政党往往没有意识形态而失去了引导国家发展的大方向。意识形态说到底反映

---

[1] 张林：《吴易风教授访谈录》，载《经济学动态》2017年第10期。

的是一个国家的核心价值。执政党之所以能够执政,就是要引导国家和社会去追求和实现这些核心价值。"[1]虽然主流意识形态的基本格局依然如故,但内涵日益委顿,陷入郑永年说的"真空化",如李书磊二十年前指出的,党报党刊的文章都是漂亮的空话,而不是漂亮文章。[2]为了填补或争夺这一意识形态的真空,前些年各种思潮自然你争我夺,此起彼伏,从法轮大法到各种宗教极端思想,从普世价值到新儒家、国学热,从小清新到后现代,林林总总,不一而足。如今,网络新媒体成为业界学界头疼的一大难题,各路高人高招你方唱罢我登场,而着眼点与着重点基本不出一种新的传播技术,以及由此带来的新的传播环境或传播生态,充其量也仅仅关注所谓网络舆情即挨骂的现象,同时"真傻""装傻"地回避挨骂的本质,即意识形态危机或者说中国道路的正当性与正义性问题。

郑永年指出,组织与意识形态是共产党的两大支柱,前者是硬实力,后者是软实力,而这一软实力如今严重衰落了,衰败了,从"进攻型"向"防守型"转型。他的如下观点既有启发,又令人叹惋。随着"文革"落幕,为了结束"高度意识形态化",并为经济建设开辟通路,而采用了实用主义的"去意识形态"策略,结果导致如今普遍性危机:"现在看来,当时存在的另外一种更有效的做法是,并不否认毛泽东意识形态的历史作用,而是强调其阶段性任务已经完成;当国家进入一个新的历史阶段时,执政党就必须塑造一种新的意识形态。如果能够这样做,就既不会否定意识形态的历史延续性,也可以有空间来促成新意识形态的塑造。"[3]需要强调的是,意识形态纷争或挨骂问题表面上围绕着事实判断与价值判断,而实际上确如郑永年所言,无不具有深刻的社会背景和现实的利益追求:"社会背景主要是中国社会的分化,财富分配的不公,社会正义的缺失。但出现党内争论显然不仅仅是对价值观、信仰体系的追求。

---

[1] 郑永年:《再塑意识形态》,北京:东方出版社,2016年,第120页。
[2] 李书磊:《再造语言》,《战略与管理》2001年第2期。
[3] 郑永年:《再塑意识形态》,北京:东方出版社,2016年,第120页。

通过表面上的意识形态党内争论，左、右派实际上追求的是物质利益和政治权力。"[1]

2009年2月11日，时任国家副主席的习近平访问拉美，在与当地华侨见面时，批评有人对中国指手画脚，"中国一不输出革命，二不输出饥饿和贫困，三不去折腾你们，还有什么好说的"。这番正气凛然的话令人扬眉吐气，同时也折射了新中国第三个三十年的挨骂困境：名正事成而言不顺。言不顺的症结，细究起来，正在于三十多年来文化政治与文化领导权的一步步衰落与一点点旁落。

---

[1] 郑永年：《再塑意识形态》，北京：东方出版社，2016年，第103页。

五、文化政治与文化领导权

如前所述，无论是践行中国道路——"路上春色正好，天上太阳正晴"，还是应对一路不断的挨骂——"一年三百六十日，风刀霜剑严相逼"，都始终离不开话语权以及相应的定义权、解释权、是非善恶判定权等，都无不凝聚于生死攸关的文化政治与文化领导权。

所谓文化政治与文化领导权，形象说就是中国古代所谓"王道荡荡"。一切政治特别是现代政治，归根结底都在把握文化政治与文化领导权。因为政治特别是现代政治及其合法性的根基，得靠一套文化价值体系即意识形态维系，从君权神授到父传子继，从自由、平等、博爱到英特纳雄耐尔无不如此。现代政治运行更是须臾不离各种主义，如马克思主义、自由主义、社会主义、资本主义等，现代政治的一言一行、一举一动也都依赖于各种文化价值体系及其言说，如哲学思想、学术理论、文学艺术、新闻传播、流行文化等。不妨说，现代政治只是"施工方"，而文化价值体系以及维系价值体系的文化政治与文化领导权则是"施工图"。没有一套令人倾心的文化价值体系即意识形态，任何现代国家、党派、个人都无法施行有效的领导权，也就寸步难行。希特勒的领导权貌似基于强权与暴力，其实同样源于一套法西斯主义意识形态。所以，如强世功所言，政治实际上是"原则的较量"、"精神的较量"、"文明的较量"，"政治较量中，谁掌握了话语权，谁就赢得了主动，谁掌握了对问题性质的定义权,也就自然掌握了话语的主动权"。[1]一句话,现代政治的最高境界是"不战而屈人之兵"的文化领导权。

这里,需要明确三点。第一,文化政治的主战场在意识形态领域,主攻方向在世道人心。第二,意识形态领域是现代社会与现代政治的制高点,主流不去占领,支流、末流、逆流自会去占领,或为粗糙的迷信、邪教、极端思想,或为精致的理论与学说。第三,谁占领这个制高点,谁就掌握何去何从的主导权或话语权。前些年大面积、大幅度淡化马克思主义、共产主义,取而代之的自然是日入日深的其他文化价值体系及其言说,如人性自私论、私有制天然论、社会主义末路论。与之相应,新闻领域大畅专业主义之风,也呼应着这种新政治的趋势,因为专业主义背后其实是一套资本主义意识形态如自由主义,与马克思主义及其新闻观形格势禁,南辕北辙。

古今中外的历史也表明确立凝聚人心的文化价值体系,离不开文化政治与文化领导权,谁掌握了文化政治与文化领导权,如社会政治的定义权、解释权、议程设置权,谁就掌握了号令天下的主动权或者说天下归心的主导权。当年国民党与共产党对决,一方掌握着强大的国家机器,一方除了先进文化及其领导权其他方面均处下风,结果众所周知。蒋介石高级幕僚马璧回忆道:"蒋介石曾对下属说:'我们和共产党的较量,不仅是军事力量的失败,也是人心上的失败。比如共产党有艾思奇的《大众哲学》,你们怎么就拿不出来!'蒋介石不仅自己看这本书,还要他的部下也读这本书,我看到蒋先生和蒋经国都把此书放在案头。"[2]苏联解体也是同理。原苏共中央委员、历史学家麦德维杰夫痛定思痛之际曾经发问:苏共亡党亡国前,"工人没有罢工,农民在自家的土地上安心劳动,老师教书育人,学者在实验室从事研究……军队绝对服从指挥,

---

[1] 强世功:《中国香港:政治与文化的视野》,北京:生活·读书·新知三联书店,2010年,第135—136页。
[2] 艾思奇同志纪念文集编辑组编:《人民的哲学家:艾思奇纪念文集》,昆明:云南人民出版社,1997年,第123页。

秘密警察系统强大而有效"[1]，那么究竟什么因素导致一个超级大国迅速灭亡呢？他的结论是苏共意识形态的衰落，也就是说文化政治与文化领导权的衰落："对于苏共来说，意识形态就是它的心脏，当对这个伟大意识形态的信任程度减弱之后，那么苏联大厦中的党政骨干结构必然要倒塌。"[2]

文化政治还是政治，只不过是文化先行、文化主导的政治。古往今来，政治的第一要义都是敌友之辩，就像《毛泽东选集》第一篇第一句写到的："谁是我们的敌人？谁是我们的朋友？这个问题是革命的首要问题。"[3]不辨敌友，甚至认敌为友或认友为敌，天下政治没有不一塌糊涂，一败涂地的。一战后召开巴黎和会，英国代表团把下榻的饭店全部包下，换上自己的人，而中国代表团不得不雇佣外人做顾问、当翻译，于是，我中有敌，敌在我中，最后只能稀里糊涂任人宰割。当下也面临类似混乱局面，一位政治学者对这一状况与趋势作了具体分析：

> 当代中国意识形态的主旋律之外，存在着渊源各异、流行范围和影响程度不等的社会思潮。其中对我国意识形态安全构成威胁的社会思潮具体表现为：一是公然反对马克思主义、公然全盘否定中国共产党历史的言论。二是以"超然""普世""公理""人性""共性"等来自西方的似是而非的口号出现，实质是兜售西方的价值观，鼓吹西方的宪政的言论。三是以"马克思主义者""为党说话"和"为改革开放申辩"的面目出现，用所谓"新思维""民主马克思主义""新马克思主义""重新评价""转型"等理论去"重新解释和发展马克思主义和中共党史"。上述三类思潮，大多指向非常敏感的重大现实问题

---

[1] [俄]麦德维杰夫：《苏联的最后一年》，王晓玉、姚强译，北京：社会科学文献出版社，2013年，第204页。
[2] 同上，第205页。
[3] 毛泽东：《中国社会各阶级的分析》（1925年12月1日），载《毛泽东选集·第一卷》，北京：人民出版社，1991年，第3页。

和政治问题，同时涉及重大历史问题和根本理论与制度问题。

对于第一种情况，不难辨认其真实动机，自然应该予以批判。

而其他两类社会思潮，却往往很具有欺骗性和诱惑力……[1]

强世功的《中国香港：政治与文化的视野》通过解剖香港这只"麻雀"，从学术上深刻揭示了文化政治与文化领导权的理论内涵与社会意义。比如，19世纪大英帝国政治家用印度女王的方式，一举三得化解了英国君主体制的危机，而相比之下："我们早期的资产阶级要么忙于废帝制，根本没有意识到由此导致的政治正当性的流失，以及进一步引发的内战；要么忙于镇压工人运动，甘心依附于西方资产阶级，陷中国于半殖民地状态之中。"其实，今天中国新兴阶层依然"勇于私斗，怯于公战"，对爱国主义和民族主义心怀恐惧（就像所谓民粹爱国贼云云），忙于对外与国际接轨，对内剥削压榨同胞大众，"其原因一方面如同当年毛泽东批评中国资产阶级由于天生的软弱性和对帝国主义的依附性，无力承担起民族独立解放的政治领导权；另一方面正如韦伯批评当年德国新兴资产阶级沦为庸俗的市侩主义，政治上鼠目寸光，缺乏政治远见和政治智慧，不明白政治是围绕民族生存展开的永恒斗争，更不明白政治支配权的最高境界是'不战而屈人之兵'的文化领导权"。[2]

这些年来，对中国道路及其新闻学的理论阐述和历史叙事，遭到体制外一波未平一波又起的"文化围剿"，而体制内束手无策，听之任之，局势仿佛当年国共两党的重演，只不过"攻守之势异也"，其症结也在于文化政治在不争论的氛围中，日益失去生命力、创造力、感召力，文化领导权与政治领导权日益徒具其表。原军事科学院副院长秦天将军与记者玛雅对谈时说到一个关键问题值得警醒：

> 玛雅：清华大学汪晖教授讲两个概念，一个"政府公司化"，一个"政党国家化"。他认为，腐败问题就是政府公司化，尤

---

[1] 杨俊：《新中国成立初期的一场思想政治教育课——关于批判〈武训传〉事件的研究与思考》，《政治学研究》2011年第1期。
[2] 强世功：《中国香港：政治与文化的视野》，北京：生活·读书·新知三联书店，2010年，第79页。

其是各级政府直接卷入经济活动导致的。以增长为中心,结果在增长过程中利益关系渗透到国家体系里。而政党国家化,政党越来越像是一个管理机器,不提供政治动力,不提供政治愿景,转化为跟国家一体,进而跟经济利益一体。在这个条件下,由于政党和国家都是在以市场为导向的机器当中运转,就不可避免地倾向于资本一方,甚至被资本俘获。这个事实上已经发生了,连军队、政法委这样的机构都相当程度卷进了腐败浊流,可见问题有多严重。

秦天:所以说危险啊!而且这怪不了别人,只能怪自己。这些年来经济发展的成就巨大,但其他一些重要阵地失守。改革开放30多年,党内很多人,包括有些领导干部,政治意识、立场意识、阵地意识、敌情意识确实薄弱了、淡化了。一些人甚至认为,这样发展下去,中国和西方资本主义还有什么本质区别,意识形态之争、制度模式之争还有什么意义?这些话,他们在正式场合不说,但内心里早已失去了道路自信、理论自信和制度自信,认为所谓"殊途同归"、"世界大同"已成为必然趋势。在这样的背景下,客观上存在着对意识形态工作不想抓、不敢抓和不会抓的问题。

另一个是外部危险——西方对我们的政治、思想和文化渗透已经到了无以复加的地步。对这个问题怎么看?我认为,我们体制内有这么两种人:一种是真傻,一种是装傻。而问题的严重性在于,真傻的越来越少,装傻的越来越多。很多人明明知道西方渗透的后果是什么,但就是不表明立场,或者说立场已经转过去了,这才是最要害的。这个问题如果不尖锐指出,中国迟早有一天会是第二个苏联。[1]

---

[1] 玛雅:《我们的队伍向太阳:新时期中国军队的使命与担当——专访国防大学科研部部长秦天少将》,《红旗文稿》2015年第10期。

2017年，围绕方方的长篇小说《软埋》，郭松民连续发表评论文章，其中针对文化领导权问题也作了精辟辨析。他指出，"伤痕文学"与"新伤痕文学"作品之所以层出不穷，前赴后继，是因为从20世纪80年代开始，我们的文化体制发生断裂，"管理权"与"话语权"出现分离，前者还在"体制内"手中，而后者日益成为"体制外"禁脔：

  上个世纪八十年代之后，中国的文化领导权和体制的管理权是分裂的。体制虽然拥有管理国家的权力，但"文化领导权"（或者叫"价值评判权""话语权"等）却掌握在自由派知识／文化精英手里——其实精英也是代理人，真正的"评判权"掌握在西方手中，通过媒体、诺贝尔奖评审委员会、戛纳电影节评审委员会之类的机构表现出来。

  这样的格局决定了"管理权"是受到"话语权"约束的，它不能和"话语权"迎头相撞，否则就会受到"话语权"的猛烈抨击，被指责为"倒退""走老路""改革逆转""文革复辟"等等，体制在不断受到抨击后丧失了自信，甚至主动向"话语权"献媚以赢得其夸赞。

  于是，在体制的厚爱下反体制——这种看似矛盾仔细想来却毫无违和感的现象就发生了，作协主席创作反体制的《软埋》就毫不奇怪了。在很多时候，我们还会看到"越反体制，体制就越爱你"，"不反体制，体制就不理你"，"只有反体制，才能进体制"，等如太极图一般有趣的现象。[1]

中国人早就懂得：国之大事，在祀与戎，即所谓"两杆子"——笔杆子与枪杆子。自古及今，无论开创新朝，还是永固江山，都离不开这样两杆子。中国文化深入人心的经典，一是儒家的《论语》，一是兵家的《孙子》。近代列强横行中国，也是一手端着火枪，一手举着《圣经》，

---

[1] 郭松民：《东食西宿的奇特现象——三评〈软埋〉》，昆仑策网，2017-03-09，http://www.kunlunce.cn/ssjj/guojipinglun/2017-03-09/114133.html。

就像堂吉诃德高谈阔论："枪尖磨不秃笔尖，笔尖也磨不秃枪尖。"[1]20世纪40年代，毛泽东对周扬谈及政治："政治大体上可以分两方面。一个是政权机构——政党，这是上层建筑里面实的部分。虚的部分是政治思想、政治态度、政治观点。"[2]反思改革开放后三十年，"实"的部分还在"党和人民"手中，而虚的部分则日益"虚化"，直至十八大之后才得到遏制并开始逆转。对此，郑永年用"思想控制"与"思想生产"予以概括，也可谓一针见血，思想控制仅仅解决了一个行政管理权问题，而思想生产才是文化领导权、政治领导权的关键：

> 很多年来，执政党本身在意识形态上尽管也做了一些努力，但基本上可以说处于"沉默"的状态，没有重大的建树。不仅如此，执政党实际上在意识形态领域已经主要依赖思想控制，而没有能力进行思想生产。……现在所谓的"意识形态"至多也就是一些口号的堆积罢了，对这些口号会有多少人信呢？不用说在社会群体中了，就连党内能有多少人信呢？[3]

从改革开放以来，邓小平就不断批评物质文明与精神文明的"一手硬，一手软"问题。一手软自然指文化政治与领导权的软弱无力，细究起来，软的不是行政管理权，而是政治领导权。事实上，多年来各级党政机构以及新闻宣传部门依据"守土有责"的原则，在行政管理方面可谓严防死守，不曾懈怠。然而，由于文化政治领导权的一步步衰落与一点点旁落，管理权越是细密，越是遭到领导权方面的痛批与痛击。三十多年来文化领域包括新闻传播的变异，都体现了"行政管理权"与"政治领导权"的断裂与分离。比如，新闻学中马克思主义日渐"失语""失声""失踪"，欧美新闻话语日渐掌控政治领导权，结果党管媒体、党性原则等越来越成为"落后保守""僵化教条"的东西，日常宣传指令更是被诟病、被嘲笑，以至于一些"敏感"指令都不能留下记录。再如，

---

[1] [西]塞万提斯：《堂吉诃德》，董燕生译，武汉：长江文艺出版社，2011年，第111页。
[2] 周扬：《周扬文集》第5卷，北京：人民文学出版社，1985年，第348页。
[3] 郑永年：《再塑意识形态》，北京：东方出版社，2016年，第109页。

一部影片是否上映，能否引进，最终与观众见面，国家电影局无疑握有决断权，而影片的政治内涵、美学意味、价值导向则由"专家学者评论家"裁量、评判、定夺，包括精英媒体与媒体精英。电影局可以禁止《活着》《色戒》《走向共和》等，而此类影视作品之所以广为流行，却是因为符合了把控文化领导权的精英知识分子及其自由主义意识形态，如普遍的、抽象的、脱离具体社会历史语境的人性，特别是悠悠万事、唯爱唯大的爱情。在批评家李陀看来，这一文化趋势也源于"新小资"全面掌握了文化领导权：

> 二十世纪九十年代以来的中国文化发生了急剧的变化，即使说瞬息万变也绝不过分，但是如果我们追问，谁是这急剧变化的真正推手？在具体地重新绘制中国当代文化地图的时候，谁是具体的绘图员？还有，种种文化上的新观念、新规则、新做法，谁又是最早的创导者和实行者？面对这样的追问，我想凡是熟悉近年文化变迁，并且对幕前和幕后都有一定观察的人，答案恐怕是一样的——这些推手、绘图员和创导者、实行者，不是别人，正是当代的新小资们，特别是新小资中的精英们。中国的"改革"不但养出来一批富豪、富商和富官，而且还养出了一批小资精英，他们占领了文化领域各个层面的领导位置，诸如刊物和报纸的编辑，商业电影和流行歌曲的制作人，各类广告和视频的直接或间接的生产者，网络世界里各个板块的操盘手，形形色色文化企业和产业中的策划人、执行人，新媒体所催生出来的新写作空间中做文字买卖的各类写手，还有在学校、学院和五花八门的准教育机构中握有"育人"权的老师、学者——一句话，身居要津，小资精英们占据了文化领域的所有高地，所有咽喉要道。
>
> 这个情况带来了一个非常奇特的形势：尽管国家和资本非常强大，在中国当代文化的生产中颇为自信地扮演着主导者的角色，并且也都以政策和金钱的直接调控力或间接影响力，按

照各自的需要试图控制文化之河的流向，但是，实际上，由于文化生产的上游下游所有环节都在小资精英的控制之下，不管国家和资本情愿不情愿，承认不承认，在今天，文化领导权在很大程度上已经转移到新兴小资产阶级的手中。这个文化领导权的转移当然带来很多严重的后果，可以预料，这些后果将对中国的今天和未来的改革产生深远的影响。不过，我这里只想强调其中的一个后果，就是中国当代文化的小资特征越来越鲜明，越来越浓厚，如果我们还不能断定这种文化已经是一种成熟的新型的小资产阶级的文化，那么，它起码也是一个正在迅速成长中的小资产阶级文化。[1]

既然文化政治与文化领导权成为挨骂的症结，那么，要从根本上解决挨骂问题，就必须一方面不断完善行政管理权，推动意识形态领域"国家治理体系与治理能力"的现代化，一方面切实掌握政治领导权，占领文化政治"制高点"，彻底扭转一手软即意识形态工作不得力、不得法的颓局。这里，有四条战线关系重大而形势严峻，一是学术思想如历史学，二是文化艺术如影视剧，三是新闻传播如新媒体，四是思想教育如大学生。习近平的哲学社会科学工作讲话、文艺工作讲话、新闻舆论与网络安全工作讲话、高校思想政治工作讲话，也正是针对文化领导权或政治领导权的这四条关键战线。其中，新闻又是现代国家与现代政治的生命线，因为，如果说社会科学、文学艺术、高校教育是用兵作战的大后方，源源不断提供粮草兵秣，那么新闻传播就是短兵相接的最前沿，就像马克思所言每日每时影响人民的利器。

---

[1] 李陀：《"新小资"和文化领导权的转移》，《天涯》2012年第3期。

六、社会主义

　　海外马克思主义学者林春有个论断：中国特色就是社会主义。[1] 换言之，中国特色社会主义归根结底是社会主义。论及中国道路及其正当性与正义性，集中在两个方面，一是理论，一是历史。理论的核心是社会主义，历史的关键在中国革命，也就是社会主义的前世今生。新中国成立之初，梁漱溟对海外人士谈到自己的思想转变，认定跟着共产党走的原因，一是不可否认的事实即历史，一是深耐寻思的理论，[2] 说的正是这两点。

　　中国道路的旗帜是社会主义，目标是共产主义。邓小平在改革开放初就明确指出，"我们干的是社会主义事业，最终目的是实现共产主义"，"现在我们搞四个现代化，是搞社会主义的四个现代化，不是搞别的现代化"。[3] 与之相同，习近平在阐释"中国特色社会主义"时也说："中国特色社会主义是社会主义，不是别的什么主义。"邓小平还特别区分了两种截然相反的改革开放，一种是社会主义制度自我完善的改革开放，

---

[1] Lin Chun. *China and Global Capitalism: Reflections on Marxism, History, and Comtemporary Politics.* New York, NY: Palgrave Macmillan, 2013, p209.
[2] 梁漱溟：《告台湾同胞》，《人民日报》1955 年 2 月 3 日第 2 版。
[3] 邓小平：《一靠理想二靠纪律才能团结起来》（1985 年 3 月 7 日），载《邓小平文选·第三卷》，北京：人民出版社，1993 年，第 110 页。

一种是资产阶级自由化的所谓"改革开放"。2013年1月5日,在新进中央委员会的委员、候补委员学习贯彻十八大精神研讨班开班式上,习近平明确强调,党的十八大精神,说一千道一万,归结为一点就是坚持和发展中国特色社会主义。在开启全面改革开放的十八届三中全会公报中,也明确写道:全面深化改革的总目标,是完善和发展中国特色社会主义制度,推进国家治理体系和治理能力现代化。对此,习近平用两句话概括:改革开放的旗帜必须高高举起,中国特色社会主义道路的正确方向必须牢牢坚持。2016年在庆祝中国共产党成立95周年大会的讲话中,他又重申"不忘初心,继续前进"。何谓初心?共产党成立时为什么叫共产党?他的回答掷地有声:因为我们信仰共产主义!共产主义以及社会主义就是共产党、共和国的灵魂,也是中国道路的灵魂。

既然如此,就得深究什么是社会主义及其本质,中国道路为什么是社会主义而不是其他主义,如资本主义、自由主义。顾名思义,社会主义显然是社会的主义而非个人的主义,或曰社会本位的主义而非个人本位的主义,包括基于私有制与私有财产权利的自由主义或自由至上主义,当然更不是种族本位的主义如法西斯主义。然而,荒腔走板的是,冷战与后冷战的流行话语之一,居然将法西斯主义与社会主义以及共产主义相提并论。20世纪80年代的新启蒙及其新闻学新思潮,在反思一些"极左"问题时也有意无意陷入这一流行思维,话里话外自觉不自觉地将共产党共和国的新闻业与新闻学同法西斯主义扯到一起,仿佛新中国新闻业要么是马克思主义,要么是法西斯主义。时至今日,还有"马工程"教材的初稿,沿用所谓"法西斯新闻理论"概括"文革"时期新闻教训,有人谈习近平新闻思想时,也不断把马克思主义与法西斯主义相互对举——要么是马克思主义新闻观,要么是法西斯主义新闻观。

列宁有句名言:真理多走一小步,马上就会变谬误。[1]将法西斯主

---

[1] 列宁:《共产主义运动中的"左派"幼稚病》(1920年4-5月),载《列宁选集·第四卷》,北京:人民出版社,1995年,第211页。

义与马克思主义混为一谈的思路,同当今红得发紫的"反马(马克思主义)""反共(共产主义)"的逻辑如出一辙,如波普尔及其《历史主义的贫困》、哈耶克及其《通往奴役之路》、阿伦特及其《极权主义的起源》。其实,简单辨析就知道,从形式逻辑上讲,与马克思主义相对的应该是非马克思主义、假马克思主义、反马克思主义,包括极端反马的法西斯主义。从现实的社会政治上看,与马克思主义针锋相对的主要是作为资产阶级意识形态的自由主义,包括后冷战时代的新自由主义及其新闻领域的思想遗传"专业主义"。正因如此,新中国在确立马克思主义的定海神针地位之际,自然把"反马""反共"的自由主义代表胡适及其唯心史观作为不破不立的典型,批判俞平伯的红学研究,实际上是批判胡适的唯心史观。

多少了解一点儿世界史,更不难看到法西斯运动及其主义正是在西方穷兵黩武的历史传统中生成的,特别是与帝国主义、殖民主义的野蛮历史息息相关。而马克思主义以及国际共产主义运动,包括苏联红军解放欧洲的主力军作用,恰恰抗衡与扭转了这一脉历史及其主义。英国一代史学家霍布斯鲍姆在其著名的"年代四部曲"中,条分缕析地揭示了法西斯的历史由来与本质,指出一战后兴起的法西斯属于欧洲极右思潮的高潮,而极右思潮之所以甚嚣尘上,"是对社会革命以及工人阶级势力的壮大的反动",即对1917年俄国十月革命及其社会运动的"逆袭","法西斯清除了(至少击败了)左派的社会革命,事实上等于是抵挡红色浪潮的中流砥柱"[1]。众所周知,德意日法西斯以及信奉法西斯独裁的国民党蒋介石及其中统军统,无不对共产主义和马克思主义深怀敌意,必欲除之而后快,抗战胜利后蒋介石还招降纳叛血债累累的战犯冈村宁次,共同对付共产党。同样,日寇可以招降国民党副总裁汪精卫,与蒋介石眉来眼去,暗通款曲,而始终把共产党及其领导的八路军、新四军

---

[1] [英国]艾瑞克·霍布斯鲍姆:《极端的年代:1914—1991》,郑明萱译,北京:中信出版社,2017年,第149页、155页。

视为不共戴天的仇雠。在欧洲，纳粹集中营一千一百余万死难者中，有三百万苏军战俘与数百万欧洲共产党人、反法西斯战士。总之，与法西斯主义一脉相通的是资本主义而不是社会主义、共产主义。

无论唯物史观还是"长时段""大历史"，无不显示着昭然若揭的事实：法西斯兴起于欧美并非莫名其妙的"文明怪胎"，而恰恰是"西方文明"的自然产物，包括古罗马的"法西斯"一词、中世纪的十字军东征、近代的个人主义、自由主义、帝国主义、殖民主义、反犹主义等。就在海内外自由人士欢呼历史的终结，人类进入所谓千禧年、新世纪不久，阿布格莱布（Abu Ghraib）监狱残酷虐待伊拉克战俘的丑闻震惊世界。美国批判知识分子桑塔格在《纽约时报》愤然著文，将这一系列骇人听闻的反人类罪行比诸法西斯并有过之而无不及：

> 施害者们在无助的战俘头上摆出洋洋得意的姿势。二战中的德军曾拍摄下他们在波兰和俄国所犯下的罪行，然而施刑者把自己置于受害者中间的快照却出奇的少……如果说有什么能和这些照片所传达的东西相提并论的话，那就是十九世纪八十年代至二十世纪三十年代间被处以私刑的黑人受害者的照片，照片上的美国人，身后的树上吊着赤裸的黑人男人或女人的残肢，他们站在下面露齿微笑。[1]

更令人惊骇的是，2017年8月，美国白人至上主义分子在弗吉尼亚州举办"团结右翼集会"，大量右翼、极右翼、三K党、新纳粹和白人民族主义者麇集，游行，示威，赤裸裸打出种族主义、反犹主义的旗帜和标语，呼喊"血与土"的纳粹口号，吼声响彻城市，火把映红夜空，右翼青年甚至驾车直接冲撞人群，造成严重死伤，反动、冷血、狂热令人心悸。也就在同年2月，耶鲁大学教授詹姆斯·惠特曼出版新书《希特勒的美国榜样：美国与纳粹种族法的制定》（*Hitler's American*

---

[1] Susan Sontag, "Regarding the Torture of Others", *The New York Times Magazine*, May 23, 2004; 孙怡译，明迪校，http://www.ideobook.com/147/regarding-the-torture-of-others/.

Model:The United States and the Making of Nazi Race Law）。书中指出,"二十世纪初,美国不只是一个种族主义国家……它还有最先进的种族主义司法制度——就连纳粹德国也问计于美国"。当时,为了保护种族纯洁,美国四十八个州有三十个州立法禁止异族通婚。纳粹法学家以美为师,密切关注和深入研究,以求解决本国"犹太人问题",最终颁行《帝国公民法》和《德意志血统与德意志荣誉保护法》,合称纽伦堡法,为系统迫害与屠杀犹太人奠定了司法基础。当时,美国还有臭名昭著的"一滴血"规定,严格鉴别黑人、亚裔和土著美国人,并据此阻止他们与白人通婚。纽伦堡法虽然仿效此规,将犹太人与雅利安人通婚或性交入罪,但也规定祖父母和外祖父母中有三位以上犹太人的才划归犹太人之列,因此,美国的种族划分规定远较纳粹严厉。当然,后来学生超过了老师,到三十年代时,纳粹欣赏者在美国大有人在,他们反过来将纳粹的美学和宣传艺术引进美国,美德两国反动派互相学习、共同提高的进程,直到二战全面爆发才告停止。[1]

  细究起来,现代法西斯运动的深层背景,恰恰是欧美资本主义的扩张以及所谓理性主义逻辑,纳粹集中营的焚尸炉就是一部基于理性精密计算的高效杀人机器。麦当劳、肯德基等快餐厅的运营机制也如出一辙,社会学家乔治·里茨尔的著作《社会的麦当劳化》对此做了深刻剖析。美国军工联合体源源不断生产的"大规模杀伤性武器",更把血流漂杵、杀人盈野的战争,演绎成没有烟尘、不见血污的精密科学实验,只需在千万里之外轻轻一摁按钮就万事大吉。至于理性及其主义追根溯源又立足于犹太教、基督教不容异端的一神教传统,亦即将一种绝对的、超验的、至高无上的东西奉为最高律令而顶礼膜拜,不管被称作什么——上帝、理念、绝对精神,反正至高至上,唯此唯大,完美无缺,不容置疑,人世间一切所思所想、所作所为最终无不由此衡量裁断。

  相对于理性主义,不管是纯粹理性,还是实践理性,中华文明自古

---

[1] 康凯:《纳粹曾以美国为师》,《中华读书报》2017年8月23日4版。

奉行一种世俗的人文主义，钟情俗世，注重人伦，子不语怪力乱神，一切均以现实生活的和平、幸福、富足为宗旨。中国历史上也曾战乱不已，但没有因为信仰不同而大打出手，必欲灭此朝食，相反，三教九流相安无事，各美其美，美美与共，你拜你的观音菩萨，我敬我的太上老君，你信你的天主，我信我的安拉。对中国人来说，理在事中而非事外，即真理就在活生生的现实生活中而不在冷冰冰的经验世界外：

> 中华文明有其最深刻的特点，即凡俗化的人文主义，它的人文主义不经过宗教来体现，不经过任何外在超越的意识形态。"天人合一"、王道政治、经世济民的理念，全都是深深地扎根在凡俗社会，所以中国不能接受离开凡俗社会、离开日常生活、牺牲人民和牺牲社会而寻求的真理。中国不会围绕一个外在超越的权威来建立自身的文明体系。[1]

李零说，"中国传统的最大特点是国家大一统，宗教多元化，世俗性强。中国文化的最大优点是不立教，不传教，人文精神强"[2]。在探讨传播问题的《理解与接受》一文中，赵汀阳也从这样一脉经验化而非超验化的文明脉络上考察了中国人的传播问题：

> 在典型的西方式对话中，人们认为被假定能够生产真理的逻辑论证是最为重要的，因为它能够澄清"谁对谁错"；而在中国式的对话中，更注重的是取得一种双方都喜欢的或至少是都能接受的互利结果，假如在双方现成的想法中不能有共同接受的结果，那么就共同发明一个新的想法，它无所谓谁对谁错，或者说，对错在这里是不重要的，大家都喜欢才重要。不难看到，只要考虑谁对谁错，就等于承认了有个绝对的标准是存在于对话之外的，不管那个标准是在自然那里还是在上帝那里，总之是高过了对话、高过了人心的标准。而假如不考虑对错，思想

---

[1] 黄万盛：《什么是中国？——轴心文明比较视野下的文化主体性》，《文化纵横》2016年第4期。
[2] 李零：《马克思主义·中国·西方》，载"名家领读经典"课题组编：《人民公开课——中国共产党与国家治理体系和治理能力现代化》，杭州：浙江人民出版社，2017年，第12页。

的标准就被内化在对话这件事情本身中，也就是落实在人心与人心之间的互相期待中，心与心的和谐而不是知识与对象的一致就变成了绝对的要求。[1]

重世俗、讲人伦的中华文明自古奉行社会本位而非个人本位，向往大道之行也天下为公，追求老有所依，壮有所用，鳏寡孤独皆有所养的大同理想，所谓老吾老以及人之老，幼吾幼以及人之幼。正因如此，孙中山的天下为公才如此深入人心，也因如此，在近代传入中国的各种现代主义中，社会主义、共产主义的思想才最终脱颖而出，赢得天下。政治学家徐大同先生说，中国文化本来就有社会主义、共产主义的基因，天然具有社会主义、共产主义生长的土壤，故近代中国人选择共产主义而拒绝自由主义，实为大势所趋，人心所向。[2] 强世功也指出中国古代天下大同的原始共产主义，同马克思的科学社会主义、共产主义一脉相通：

> 共产党理论中最核心的要素不是阶级，也不是民族，而是"国家"和"天下"这样的概念。中国人接受马克思主义的阶级概念，就在于这个阶级概念的背后，有着共产主义的天下大同理想。而这个"国家"也不是现代西方政治理论中的民族国家，而是传统儒家的家—国—天下的差序格局。[3]

国内外许多研究都发现，毛泽东思想的鲜明底色不是蒋介石国民党的民族主义（nationalism），而是马克思一脉的国际主义（internationalism），也就是《国际歌》的理想"英特纳雄耐尔"（international）。毛泽东对"中国"的理解，一向服从于对"世界"或"天下"的理解，"社会主义（共产主义）""国际主义""天下大同"在中国革命中可谓三位一体，有机交融：

---

[1] 赵汀阳：《没有世界观的世界——政治哲学与文化哲学文集》（第二版），北京：中国人民大学出版社，2005年，第93页。
[2] 徐大同：《中国人民拒绝自由主义，接受共产主义的文化基因》，《政治学研究》2012年第3期。
[3] 强世功：《中国香港：政治与文化的视野》，北京：生活·读书·新知三联书店，2010年，第115页。

毛泽东及其领导的中国共产党人之所以坚定地信仰马克思主义，不仅是因为"十月革命一声炮响给中国送来了马克思主义"使得他们看到了拯救中国的道路，而且更重要的是，他们看到了马克思主义开辟了拯救全人类的途径。因此，中国选择马克思主义与其说是出于民族主义或者国家主义的现实动机，不如说基于国际主义和"天下大同"的古典理想。这是共产党与国民党、"旧中国"与"新中国"的根本区别。[1]

现代大儒梁漱溟从新中国的社会主义实践中，概括了社会主义的两个根本属性，一是安顿其身，一是鼓舞其心，前者属于物质层面，后者属于精神层面。在他看来，社会主义与资本主义的区别就在于："一个是个人本位，一个是社会本位。"安顿其身首先就得"废除个人私有制而代以社会公有制"。他说，"现在资本主义的工商业，只是发财之路，而不是养人之路"，"中国从合作这条路走去，是以'人'为本，不同于资本主义之以'钱'为本"。[2] 费孝通在回忆楚图南的《逝者如斯而未尝往也》中，也从这一思路对社会主义与资本主义作了分析：

　　有修养的人，不是在得失之间做选择，而是在对人对世界的贡献上考虑自己的行动。这一点，存在着我们同资本主义文化的一个根本区别。资本主义的价值观念，是以理性的个人的打算为出发点来考虑的，用理性来权衡得失。共产主义的基本思想是从社会的利益来决定个人的行为。从个人出发和从社会出发，是对于人生处事的两种基本不同的看法。我觉得，中国文化的底子是有社会主义的本质内容的。它不倡导从个人出发，而总是以集体为权衡的导向，至少也是从一个家庭为出发点，而要求推之于国家和天下。这种从群体出发的文化生生不息地

---

[1] 强世功：《中国香港：政治与文化的视野》，北京：生活·读书·新知三联书店，2010年，第104—105页。

[2] 钱理群：《1953—1974年间的梁漱溟》，载钱理群：《岁月沧桑》，上海：东方出版中心，2016年，第207—230页。

传下来，它是超越于个人生死的。我们有这个底子，从一个孤立的社会里边向外延伸，到将来扩大到全世界、全人类，这就是共产主义。[1]

回顾历史，反诸传统，不难理解中华文明与社会主义原本具有基因相似、血脉相通的有机联系。天下为公、耕者有其田、先天下之忧而忧、后天下之乐而乐等中华传统，与马克思主义的精神气质与理想境界可谓息息相通，丝丝相扣。李零说："马克思主义传统、革命传统就是以天下为己任的传统。不忘初心，就是不能丢了这个传统，如果丢了这个传统，这就是把心给丢了。"[2] 遵循实事求是而非形而上学的思路，就懂得考古学家、历史学家、社会学者、政治学者对中国道路的基本共识：

> 将"平均"意识置于"集权"体制之中，把原始朴素的共产主义精神纳入有效的社会实践，是"中国古代的圣哲们，在设计社会文化运作法则时，所构拟的最具智慧完美性的基本原理之一。因为其着眼点，是这个社会最广大的基本成员的生存保证问题"。从经济学看，平均主义严重制约了原始资本积累；从政治角度看，它有效地抑制了权力泛滥和财富的两极分化。"平均"与"平等"，一个是古老的分配原则，一个是现代的政治理念，看似遥远，其实有共同的内在基础，只需一个转身（如转向社会主义），就可以很方便地进入现代世界（如社会主义中国）。[3]

由此可见，为什么说亿万中国人走社会主义道路，奔共产主义理想，乃是大势所趋，人心所向。得民心者得天下——自古皆然。所谓社会主义，无非是以人民为中心。如果仅仅把社会主义、共产主义视为李大钊、陈独秀、瞿秋白、毛泽东、周恩来、邓小平、习近平等一代代共产党人的

---

[1] 费孝通：《旧话相应：费孝通人物随笔》，北京：群言出版社，2016年，第152页。
[2] 李零：《我劝天公重抖擞》，《经济导刊》2017年第4期。
[3] 李小江：《对话汪晖：管窥中国大陆学术风向与镜像（1990—2011）》，北京：社会科学文献出版社，2014年，第137页。

追求，可谓一叶障目，不见泰山。毛泽东说，上帝就是人民，人民就是上帝。习仲勋也说，江山就是人民，人民就是江山。千千万万的共产党人以及共产党领袖，无非是在科学的革命理论和先进的思想武装下，深刻认识、准确把握、积极顺应了这一天下大势——只有社会主义才能救中国，只有社会主义才能发展中国。毛泽东说："这是人民群众得到解放的必由之路，由穷苦变富裕的必由之路。"[1] 邓小平把社会主义的本质属性概括为两点，一是公有制为主体，一是共同富裕。从上世纪六十年代的大寨到今天的塘约，从人民群众自觉自愿走社会主义道路的探索实践中，无不彰显着这条"必由之路"的意义。胡鞍钢2017年在清华一次演讲中说道："中国的现代化本质上是以人民为中心的中国特色社会主义现代化。之前主要搞经济现代化，也是为了满足人民日益增长的物质需求和文化、精神需求，今天我们更多强调促进人的全面发展，实现人的现代化。因此，这就构成了中国特有的现代化的四大因素，即现代化因素、社会主义因素、中国文化文明因素以及绿色的自然的因素，或者说生态的因素。这四大因素相互作用、相互推动，成为以人民为中心的社会主义的现代化，也是对以往传统现代化的超越。"[2]

虽说近三十多年来遵循着不争论原则，表面上、理论上也一直回避"姓社姓资"问题，但围绕改革开放的政治方向，也就是奔社会主义还是资本主义的方向问题、道路问题，从官方到民间的大小争论始终不断。同时，由于只讲摸着石头过河，经验有余而理论不足，文化政治与文化领导权日渐孱弱，失去活力，前些年自上而下又很少讲共产主义，或者明里讲主义，心里想生意，以至于大是大非大方向一度模糊混乱。以新闻业与新闻学为例，即使多数记者与学者依然正心诚意信奉社会主义，但日积月累的方向迷失、价值错乱、理想隐遁、理论萎靡，加之一系列类似新中国前三十年的严重失误，如腐化变质、三农危机、国企私有化

---

[1] 毛泽东：《组织起来》（1943年11月29日），载《毛泽东选集·第三卷》，北京：人民出版社，1991年，第932页。
[2] 胡鞍钢：《2050，中国要实现什么目标》，《光明日报》2017年6月18日7版。

以及工人下岗、公共事业市场化、社会两极分化等，也让人难免心生疑窦：究竟什么是社会主义，什么是共产主义？2016年10月号《文化纵横》头题文章《资本逻辑的兴起与当代中国的价值重建》，就直言不讳地触及这些思想困惑：

> 毛泽东对社会秩序建构的最终目标是实现中国人精神的统一，也就是不仅要实现国家制度层面上的强制性统一，而且要实现全国人民精神层面上的统一。在一定意义上可以说，毛泽东完成了这个使命，实现了这个宏伟目标，这是其功绩所在。
>
> 改革开放是中国发展的历史必由之路，这种选择是历史的必然，但是，一个意外的后果是，市场经济体制机制的整体作用，在促进了经济发展的同时，对建立在计划经济基础上的精神秩序也起到了全面解构的作用。
>
> 资本逻辑发展的极端后果是，毛泽东倾心打造的精神秩序与社会秩序合一的生活世界不复存在，很多人尤其是一大批年轻人，在资本的逻辑中盲目的随波逐流，精神无所皈依。这是一种非常可怕的社会精神状况。
>
> ……

当然，什么是社会主义，怎样建设社会主义，新中国前后三十年一直都在不断探索，其间难免出现种种挫折与失误。在纪念毛泽东同志120周年诞辰座谈会上的讲话中，习近平指出："人世间没有一帆风顺的事业。综观世界历史，任何一个国家、一个民族的发展，都会跌宕起伏甚至充满曲折"，[1] "在中国这样的社会历史条件下建设社会主义，没有先例，犹如攀登一座人迹罕至的高山，一切攀登者都要披荆斩棘、开通道路"，所以，我们"不能用今天的时代条件、发展水平、认识水平去衡量和要求前人，不能苛求前人干出只有后人才能干出的业绩来"。[2]

---

[1]《十八大以来重要文献选编》上，中央文献出版社，2014年，第692页。
[2] 同上，第693页。

罗马不是一天建成的，人民当家做主的社会主义新中国不会一蹴而就。任继愈先生所言中华五千年的第二件大事，从孙中山算起也不过百年，出现曲曲折折、风风雨雨实在不足为奇。想想看，当年总书记向忠发都叛变了，参与建党的一大代表陈公博、周佛海、张国焘也相继变节了，张国焘还做了军统特务，陈公博、周佛海甚至当了汉奸，还有党中央副主席叛国远遁，折戟沉沙，相继担任总理、总书记的人也在境外出书，公开宣布背弃共产主义信仰——诸如此类，不一而足。与此同时，新中国的历史大势也越来越不可阻挡，不可逆转，因为，推动这一历史大势的是亿万各族人民争自由、求解放、图幸福、谋富强的意志。撼山易，撼岳家军难，谁能撼动觉醒的中国追求现代化人民民主国家的意志呢，谁又能压抑五千年文明古国浴火重生的蓬勃生机呢。习近平在十九大政治报告最后表达的自信，也正是各族人民的心声：站立在九百六十多万平方公里的广袤土地上，吸吮着五千多年中华民族漫长奋斗积累的文化养分，拥有十三亿多中国人民聚合的磅礴之力，我们走中国特色社会主义道路，具有无比广阔的时代舞台，具有无比深厚的历史底蕴，具有无比强大的前进定力。

七、伟大的中国革命

倘若论资排辈，柯文、史华慈、孔飞力等美国知名汉学家均属费正清的"徒子徒孙"，而作为美国汉学鼻祖，费正清的代表作首推《伟大的中国革命》。

中国革命的伟大意义，可以概括为三句话：共产党领导人民推翻了近代以来陷中华民族于绝境的三座大山——帝国主义、封建主义、官僚资本主义；开辟了中国历史上前所未有的人民当家做主的社会主义现代化道路；同时"为人类四分之三的人口指出了奋斗方向"（邓小平）。习近平在十九大报告中提出两大革命的思想，在庆祝改革开放四十年大会上的讲话又将伟大的中国革命概括为三大飞跃，都体现了这一历史逻辑及其本质。因此，讨论中国特色社会主义道路及其新闻业与新闻学，自然离不开伟大的中国革命。

本来，伟大的中国革命光昭日月，气壮山河，熔铸于共产党、共和国的政治灵魂，融汇于亿万各族人民的精神血脉，纪录片导演左力在长征胜利八十周年时转述的一个情景，就是历史主潮大江东去的一朵浪花。1995年，左力在开国元勋王平家里，听他谈起一段长征往事。老人说，当年中央红军过草地后，彭德怀突然来找他，说有一个营的部队还没有赶到，让他回去寻找。王平带着警卫员一路搜寻，走到班佑河边时，正当黄昏，玫瑰色的夕阳挂在天边，他远远看见一大片红军小战士背靠背在睡觉，他走过去想推醒他们，谁知道推一个倒一个，700多个小战士再也经不起体力透支、饥寒交迫，都在睡梦中全部逝去了。王平将军说起来老泪纵横："你知道那天有多安静吗？鸟都不飞，鸟都不叫。我把他们一个个放平，他们还都是一群孩子呀！"[1]

然而，自20世纪80年代以来，以"伤痕文学"为滥觞，在反思"文革"以及"十七年"（1949—1966）的背景下，一股历史虚无主义的暗流也开始不断涌动，数十年来渐成奔突跳浪之势，日益侵蚀伟大的中国革命及其正义价值。大略说来，这股暗流从八十年代央视热播的《河殇》，到九十年代李泽厚刘再复的海外对谈"告别革命"，从一波未平一波又起的唐突先烈如刘胡兰、董存瑞、黄继光、邱少云、狼牙山五壮士，到法相庄严、峨冠博带的"学术研究"如"延安整风""抗美援朝""三年灾害"，从中学历史教科书到大学的课堂讲坛，从万众瞩目的文学作品到万人空巷的影视大片，你方唱罢我登场，嘈嘈切切错杂弹。同时，在这一过程中，一些另类媒体自觉不自觉成为这一文化政治思潮的桥头堡。

不待多言，所谓历史虚无主义，不是也不可能是虚无古今中外一切历史，而仅仅是或主要是虚无中国革命与中国共产党的历史。进而言之，中国革命与中国共产党的历史同样难以虚无，因为，创立新中国，建设新中国，事实俱在，有目共睹，怎么可能虚无而化为乌有？故国史专家指出：历史虚无主义的本质不在历史而在价值。[2] 换言之，虚无的不是中国革命的历史而是中国革命的价值，即一批批仁人志士赴汤蹈火，一代代李大钊、瞿秋白、方志敏、焦裕禄等共产党人前仆后继、舍生取义的价值理想。这一价值理想既寄寓在《共产党宣言》那段诗意抒发而今往往被断章取义的名言："代替那存在着阶级和阶级对立的资产阶级旧

---

[1] 左力：《一个人的长征：告诉你长征究竟是什么？》，海疆在线，2016年9月3日，http://www.haijiangzx.com/2016/0903/1309244.shtml。
[2] 李小佳：《不能以猎奇的心态读党史——访中国社会科学院副院长、当代中国研究所所长李捷》，《解放日报》2013年10月31日14版。

社会的，将是这样一个联合体，在那里，每个人的自由发展是一切人的自由发展的条件。"[1]也铭刻在毛泽东起草、周恩来手书的人民英雄纪念碑的碑文上：

三年以来，在人民解放战争和人民革命中牺牲的人民英雄们永垂不朽！

三十年以来，在人民解放战争和人民革命中牺牲的人民英雄们永垂不朽！

由此上溯到一千八百四十年，从那时起，为了反对内外敌人，争取民族独立和人民自由幸福，在历次斗争中牺牲的人民英雄们永垂不朽！

数十年来林林总总的历史虚无思潮，不管有心，还是无意，无非在于倾覆矗立在天安门广场也矗立在人民心中的英雄丰碑，然后，"拆了故宫建白宫"。[2]2006年，《中国青年报》"冰点周刊"发表中山大学教授袁伟时的长篇大论，以所谓现代化说辞质疑近代中国人民的反抗斗争历史，被主管部门下令整顿。当时，清华大学新闻学院院长范敬宜说道：按照"冰点"文章的逻辑，人民英雄纪念碑就可以推平了。

如今，俄国已"告别革命"，中国不少人也在忙着"告别革命"，"对'革命'的声讨已经成为中国学界的一个潮流，而且它卷入的不只是一些所谓自由主义的学者，各种立场似乎都对'革命'弃而远之。早几年有《告别革命》，这两年，更有把法国革命和中国文化革命串起来一并清理的作为"。[3]从所谓新历史主义的作品中，也可一窥历史虚无与告别革命

---

[1] 马克思、恩格斯：《共产党宣言》（1848年），载《马克思恩格斯文集·第二卷》，北京：人民出版社，2009年，第53页。

[2] 潘维：《未来30年中国的愿景与挑战》，载玛雅：《道路自信：中国为什么能》，北京：北京联合出版公司，2013年，第258页。

[3] 黄万盛：《革命不是原罪》，桂林：广西师范大学出版社，2007年，第13页。

的思潮，如《丰乳肥臀》。[1]如果说话剧《白鹿原》还只是评论家尚思伽（所思）说的"用春宫笔法描写男女，用漫画手法绘制革命"，[2]那么《丰乳肥臀》等作品则如阎浩岗教授所言："从根本上讲是价值观念的颠覆。这种颠覆涉及道德价值观、政治价值观和美学价值观等各个方面。"[3]2016年，国家话剧院上演的话剧《大先生》，又将这一思潮推向一个热点。如此作品在习近平在文艺工作座谈会上的讲话后"闪亮登场"，还在国家最高艺术殿堂亮相，也进一步验证了《解放军报》2015年元旦献词的判断：意识形态和政治安全领域面临的挑战十分严峻。

如果说，在一定范围或程度上，新闻界形同虚无主义的桥头堡，文艺界搭建大舞台，那么学术界则堪称大本营了。辛亥革命百周年前夕，中国社会科学院某部老生常谈的新书受到媒体"热捧"，开篇就是一番如此宏论：假如当年北京大学图书馆馆长李大钊多付给图书管理员毛泽东几个银元，那么历史就将如何改写云云。这般"漫画手法"，无异于将近代百年的苦难辉煌演绎成博人眼球的网络段子。如此史学史观，既罔顾从鸦片战争到抗美援朝的历史大潮——风云激荡的革命年代、艰苦卓绝的人民斗争、奋力崛起的民族复兴，也罔顾伟大的中国革命及其精神价值——"人民，只有人民，才是创造世界历史的动力"。原本以为告别革命、历史虚无等只涉及一些韦伯所谓"没有灵魂"的专家，直到偶然看到一位大人物作序，才知道历史主潮已经遭到何等扭曲与涂抹，

---

[1] 2018年贾平凹的《山本》又是最新一例。中国艺术研究院研究生池新春，针对其中的中国革命合理性问题说道：小说的历史背景是上世纪二十年代前后，写几股不同的武装力量在涡镇的盘旋、厮杀。陈思和认为这部小说在言说立场的选择上并没有考虑胜利者为维系统治意识形态而写的"官史"，而采用了"民间说野史"形式，是失败者流传到民间乡野的口传史、歌谣史、戏文史，野调无腔……自筑了一套民间话语体系。马明高认为，"人性之中的私欲、权欲与革命内部的宗派之争、山头之争，总是缠绕在一起，融合其中，分不清谁是谁非，都被表面的革命合理性所掩蔽。"这些评论都指向了"革命合理性"问题，将革命混同于军阀、刀客、保安队，认为革命与军阀、刀客等一样，展示的也不过是权力和人性的恶。（见《有山无本 一地鸡毛——关于贾平凹长篇小说〈山本〉》的讨论，载《长江文艺评论》2018年第4期）
[2] 尚思伽：《散场了》，北京：北京大学出版社，2014年，第47页。
[3] 阎浩岗、李秋香：《"反着写"的偏颇——〈丰乳肥臀〉对革命历史小说的彻底颠覆及其意味》，载《河北大学学报》2012年第1期。

中国革命及其价值又遭到何等唐突与亵渎：

> 在冷战时代，我们是封闭的，我们一方面不得不独立自主、自力更生，一方面宣称"我们的朋友遍天下"。那时自顾不暇，谈外谈洋色变；我们自卑又自大，但为什么我们一穷二白呢？朋友在哪里呢？谁在妨碍我们发展呢？……从国家到个人，我们都离世界文明主流相去甚远。
>
> 30年来的改革开放使得我们取得举世瞩目的成绩，我们度过了短缺经济，成为世界第二大经济体……我们个人也不再是计划体制下的灰色人，而是跟国际社会近乎同步的文明的受益者。这一经验只是中外文明交往的一个小小案例，却也雄辩地说明开放成全的可能性，而敌意、紧张等则败坏了文明。事实上，洋务运动、北洋时代、国民政府主政的黄金十年……凡是中国快速发展的时期，都是开放的。[1]

这让人想起潘维所言"自上而下的价值观混乱与媒体从业人员的价值观混乱互为因果，已经危及到了国本"，或汪晖的警世通言："尽管中国革命当中有很多问题，所以现在有一个后革命、反革命的思潮，但是如果任何人忘记二十世纪对这个秩序（即帝国主义、资本主义、殖民主义——引者注）的抵抗，从中重新梳理出里面的那些要素和可能性，我们可能又真的就回到十九世纪的殖民主义当中去。现在这个可能性不是很小，是非常大，很多层面在再造这个秩序。"[2] 以新闻学为例，告别革命的学术潮流与价值追求即重建十九世纪帝国殖民秩序的集体无意识同样触目惊心。比如，一方面是对民国新闻不吝赞誉的推崇，将《大公报》抬上神坛，而无视张季鸾等为蒋家王朝"小骂大帮忙"的铁案[3]，如范长

---

[1] 吴敬琏：《浩浩荡荡的世界文明主流》，载余世存：《一个人的世界史：话语如何改变我们的精神世界（1900—2000）》，广州：广东人民出版社，2016年，"序一"。

[2] 刘禾等：《走出文明的金字塔——关于〈世界秩序与文明等级〉的讨论》，载《读书》2016年第10期。

[3] 青年学者俞凡十年磨一剑的研究成果，对此铁案又提供了更翔实充分的历史证据，足以说明问题。见俞凡《新记〈大公报〉再研究》，北京：中国社会出版社，2016年。

江1946年在《论人民的报纸》一文中的公共认识："《大公报》是属于大地主大资产阶级的报纸，他们是替统治阶级说话的，是替统治者辩护的，不是替人民说话的报纸。"另一方面是对新中国前三十年极尽贬抑的拒斥，包括莫名其妙的"法西斯新闻学"云云[1]，由此建构了一条所谓专业主义逻辑：从民国的专业新闻与新闻自由出发，经过新中国前三十年的曲折顿挫，又回归新闻专业主义的"人间正道"及其"普世价值"。这套唯心论说辞正如郑永年批评的：主导今日世界的自由主义历史观，因为理想而变得天真，因为天真而变得简单甚至愚昧……[2]

不待多言，任何天翻地覆的大革命都难免泥沙俱下，鱼龙混杂，也难免大人先生痛心疾首的暴力现象，就连一向被赞誉为不流血的英国"光荣革命"，其实同样暴行累累，血迹斑斑。针对革命暴力，历史虚无主义往往祭起抽象的人与人性的旗帜[3]，以个体悲剧质疑革命道义，用声讨革命暴力来否定革命的必然性与正当性，尚思伽（所思）对影片《色·戒》的批评就揭示了这一点：

> 从思想层面来讲，《色·戒》巧妙地呼应了当前中国由来已久的主流话语——用个体生命消解宏大叙事，并视之为人的解放。这股思想潮流，本质上就是"不讲政治"，不讲性政治也不讲时代政治，消解历史意识，高扬人性旗帜，认为人性具有先天的超越性，而政治必定局限于一时一地，而且是暴力的、

---

[1] 2018年适逢改革开放四十年，一些著述依然延续"两个三十年互相否定"的思路（主要是否定新中国前三十年），对新中国新闻业缺乏深入、系统、全面、细致的研究，更缺乏同情之理解，自觉不自觉延续20世纪80年代的一些陈词旧调，率性臧否，随意评说，无实事求是之意，有形而上学之嫌。有学者甚至将前三十年的新闻教育与台湾作比，认为前者一无是处而后者长足发展，无视中国人民大学、复旦大学、北京广播学院等为新中国新闻界培养造就了大批"政治坚定，业务精湛，作风优良，党和人民放心"的新闻工作者，其中许多人也成为改革开放年代新闻界与新闻学的骨干与中坚，而同时期台湾却是白色恐怖，报禁森严，血雨腥风，独裁暴虐，不仅共产主义者遭到疯狂摧残，而且殷海光、雷震、李敖等自由主义者也同样饱受迫害。
[2] 郑永年：《最近发生的这两件大事不应忽视》，载《环球时报》2016年8月9日。
[3] 马克思恩格斯在《共产党宣言》中写道："这种人不属于任何阶级，根本不存在于现实界，而只存在于云雾弥漫的哲学幻想的太空。"见《马克思恩格斯选集》第一卷，北京：人民出版社，2012年，第427页。

反人性的。

所谓"人性",不过是另一种形式的政治。在当代中国的文化语境中,它往往指向20世纪乃至近代以来的革命史,通过批判革命暴力,表达个体悲剧,来否认革命这个所谓"宏大叙事"的合法性,并为今日形形色色的利益阶层铺路。[1]

虽然天崩地裂的大革命免不了暴力或武力,然而,古今中外一切革命并非只有暴力,革命的目的更不在于暴力本身,毋宁说革命首先致力于推翻暴政,制止暴力,如汤武革命、大泽乡起义以及"四·一二大屠杀"后的南昌起义等。正是在这个意义上,毛泽东在大革命年代写下了有名论断:"革命不是请客吃饭,不是做文章,不是绘画绣花,不能那样雅致,那样从容不迫,文质彬彬,那样温良恭俭让。革命就是暴动,是一个阶级推翻一个阶级的暴烈的行动。"[2] 也是在这个意义上,鲁迅先生在左联成立大会上的讲话中就提醒:"革命是痛苦,其中也必然混有污秽和血,决不是如诗人所想象的那般有趣,那般完美;革命尤其是现实的事,需要各种卑贱的,麻烦的工作,决不如诗人所想象的那般浪漫;革命当然有破坏,然而更需要建设,破坏是痛快的,但建设却是麻烦的事。所以对于革命抱着浪漫谛克的幻想的人,一和革命接近,一到革命进行,便容易失望。"[3] 从毛泽东到习近平的历代共产党人一直奉为"圣经",包括邓小平平生最后一篇讲话都不忘提及的《共产党宣言》更是堂堂正正宣布:"共产党人不屑于隐瞒自己的观点和意图。他们公开宣布:他们的目的只有用暴力推翻全部现存的社会制度才能达到。让统治阶级在共产主义革命面前发抖吧。无产者在这个革命中失去的只是锁链。他们获得的将是整个世界。"[4] 因此,无论多少告别革命的说辞,都无法改变"革

---

[1] 所思:《只谈风月,不谈风云?》,载《读书》2008年第4期。转引自尚思伽《散场了》,北京:北京大学出版社,2014年,第220—221页。
[2] 毛泽东:《毛泽东选集》第一卷,北京:人民出版社,1991年,第17页。
[3] 鲁迅:《对于左翼作家联盟的意见——三月二日在左翼作家联盟成立大会讲话》,李新宇、周海婴主编《鲁迅大全集》第5卷,武汉:长江文艺出版社,2011年,第181页。
[4]《马克思恩格斯选集》第一卷,北京:人民出版社,2012年,第435页。

命是历史前进的火车头"这一铁律,无论多少控诉革命的悲情,也无法否定"揭竿而起""逼上梁山""替天行道"等革命大义,除非首先消除引发革命的暴政及其暴力,根本改变不合理、不公正的社会经济秩序。黄万盛在《革命不是一种原罪》一书中写道:

> 如果人民受到暴政的压迫,逐级上告,逐级驳回,法律、舆论、政府沆瀣一气集体腐化,人民不选择革命就只有死路一条,假如这种革命都要反对的话,那就真是置人民的死活于不顾,这样的知识分子到底是权贵的喉舌,还是人民的代言?有个例子也许能帮助我们更好地理解这个问题。哈佛的罗尔斯是自由主义的重要学者,一次,他在课堂上讲关于"无知之幕"的理论,那是他的公正理论的逻辑起点,突然,一个学生举手提问:老师,你讲得很好,我都能接受,可是,这套理论如果碰到了希特勒,怎么办?罗尔斯怔住了,他说,让我想一想,这是个重要的问题。他在课堂上沉思,整个教室了无声息静静地等着,十分钟以后,罗尔斯抬起眼来,严肃而平和地给出了一个答复:我们只有杀了他,才能讨论建设公正的问题。[1]

从"古拉格"到"日瓦戈",从"延安"到"文革",在告别革命的各路言说中,常见的笔法就是用琐琐碎碎的细节与悲悲切切的故事,扭曲、掩盖、抹杀人间正道是沧桑的大道,正如李敖《大江大海骗了你》一书对龙应台的批评。[2] 真的历史及其规律不是"白头宫女在,闲坐说玄宗",这种故事一千零一夜也讲不完,讲完了也依然不得要

---

[1] 黄万盛:《革命不是原罪》,桂林:广西师范大学出版社,2007年,第14页。
[2] 刘大先在获得第七届鲁迅文学奖文学理论评论奖的《必须保卫历史》中写道:"细节"的现象学式呈现并不能自动生成对于"细节"的理解,更遑论历史感的生成。真实的细节与材料如果没有坚定的历史观做支撑,不仅不会一叶而知秋,反而导向个人主义的一叶障目不见泰山,这恰恰是现实感的丧失。最典型莫过于在回溯当代革命史的叙事中,所呈现出来的"创伤叙事"和"伤痕即景",历史被呈现为一种无目的、动物本能般的布朗运动,书写者娇娇楚楚地喊疼、叽叽歪歪地冷嘲热讽、湿腻腻地浸泡在你你我我的汁液之中。在抛弃了记忆禁忌(无论任何时代、任何文化中这种禁忌都是必要的)的宣泄之中,读者在其中只能得到颓丧的熏染和仇恨的训练。(载《文艺报》2017年4月5日)

领,借用列宁的论断:"如果不是从整体上、不是从联系中去掌握事实,如果事实是零碎的和随意挑出来的,那么它们就只能是一种儿戏,或者连儿戏也不如。"[1] 刘大先针对告别革命问题也指出,忘却历史的"大义",而斤斤计较于所谓"法利赛人的真实",就会让历史书写变成一堆断烂朝报,就像法的条文规定如果不以正义为旨归,那么教条的律例很可能成为恶的帮凶。[2] 因此,离开唯物史观及其视野下的历史完整性、总体性和目的性,即"大义",津津乐道于"娇娇楚楚地喊疼、叽叽歪歪地冷嘲热讽、湿腻腻地浸泡在你侬我侬的汁液之中",绝不可能把握真的历史及其命脉。因为,从直观的现实层面看,历史是人与人的社会关系及其综合作用的过程,即恩格斯所谓合力及其结果,特别是千千万万劳动者的生产活动与生活实践,构成生产力与生产关系的有机运动,也构成真的历史及其本质,从而体现为常说的大势所趋与人心所向。陈先达就此写道:"社会领域是人的领域。生产力和生产关系的矛盾必然通过人与人的关系表现出来。在阶级社会中,它表现为阶级斗争,而阶级斗争最尖锐的表现是革命。因此,在阶级社会中,阶级斗争和社会革命是不可避免的,它的必然性存在于经济事实之中。"[3] 韩少功的如下发问,体现的正是唯物史观思路:"为什么唐太宗再开明也不可能签署中国的《自由宪章》,为什么拿破仑再强霸也不可能成为法兰西的苏丹,为什么老子再睿智也不可能在竹简上创立后现代主义……"[4] 只要人不是唯心史观人性论所构想的孤立存在、抽象存在,而是具体的、活生生的、普遍联系的存在,只要人与人为了生存必然发生不以个人意志为转移的经济社会关系以及政治法权关系,而在私有制条件下,这种关系不可避免地一再导致矛盾冲突,

---

[1] 列宁:《列宁全集》第28卷,北京:人民出版社,1986年,第364页。
[2] 刘大先:《必须保卫历史》,载《文艺报》2017年4月5日。
[3] 陈先达:《走向历史的深处——马克思历史观研究》,北京:中国人民大学出版社,2016年,第235页。
[4] 韩少功:《革命后记》(修订版),香港:牛津大学出版社,2014年,第18页。

直至最终走向不可调和,就像中国历代农民起义无不源于豪强兼并而流民遍野的现实,那么,反抗压迫欺凌、争取生存权利、追求天下公理的革命就无法告别。一切雅人深致与岁月静好的墨写文字,都无法掩盖哪里有压迫、哪里就有反抗的血写事实,伟大的中国革命及其价值理想在马克思主义旗帜下,进一步昭示着"革命无罪"的人间正道。据此,清华大学解志熙教授对中国革命及其历史意义作出实事求是的阐述:

  近代以来,老中国在频仍的外忧内患逼迫下,经过了富国强兵的洋务运动和维新改良的政治变法,却都无济于事、没有出路,于是才有了辛亥革命推翻帝制、建立民国,是为第一共和;然而辛亥革命匆草之极,随即便是接连的复辟闹剧和不断的军阀混战,于是才有了国共合作的北伐战争,结果是国民党分共、重建了中华民国,是为第二共和,它至少使中国获得了表面上的统一;但重获权力的国民党转向保守和反动,第二共和成了既得利益者的禁脔,分赃不均导致新军阀的混战,中国的外忧内患并未解决,于是便产生了中共独立领导的革命,这场革命着眼于中国社会政治经济的根本难题,经过二十余年艰苦卓绝的奋斗,终于建立了中华人民共和国("民国"则偏安台湾),一个真正独立而且有力的现代国家,也可称为真正党国一体的第三共和。

  这个新共和国在一贫二白、百废待举的起点上起步,且面临着严峻紧张的国际环境,所以几乎"必然"地走上集体化 - 国家资本化之路并采取了"抓革命、促生产"的急进手段,"只争朝夕"地在短短二十年间完成了现代资本的"原始积累",为落后的中国奠定了坚实的现代经济基础;然而到了上世纪七十年代,这个党国一体的新共和国的一切积极势能都发挥殆尽,不可避免地走向物极必反的极端和绝境,尤其是集体主义的经济效能已近于失效、极端的政治意识形态控制则让人再难忍受，于是逼出了七十年代末的解放思想、改革开放之转型，中国由此迈入了所谓的新时期，其实也可以说是第四共和时期，这是一个走向务实的改良主义和渐趋开明专制的新时期。中国近现代史的起承转合大体如是。[1]

京剧有白脸，有红脸，一反一正，一唱一和。同样，虚无历史的大戏，也有白脸和红脸，白脸唱衰毛泽东以及毛泽东时代，红脸唱响蒋家王朝民国范儿，二者相反相成，如出一辙，近期一个典型案例就是《无问西东》。这部走红的文青片，将旧中国演绎得如此有情有义、重情重义、诗情画意，而新中国尤其毛泽东时代则被涂抹成一片巫山巫峡气萧森、秋风秋雨愁煞人。影片的主题如同曾被主流舆论高调赞誉，后被有司禁播的影片《色戒》，在貌似"人性""审美"的迷人包装中，解构中国革命这一"宏大叙事"："我们看到的是对反抗的质疑，因为它是被青春热血和宣传文艺鼓动起来的幼稚情怀；我们看到是对暴力的恐惧，因为它把人引向更大更盲目的暴力；我们看到的是对政治的批判，因为它冷血地把人当作工具并导致最终毁灭……这一切，在中国当代的文化语境中，难道不是熟悉得令人倍感'亲切'吗？"[2] 所以，针对《无问西东》，中国人民大学青年学者孙柏撰文指斥：

> 影片完全被一种个人主义的贵族精英意识所笼罩，而且充斥着乏味无聊的人性论和美国式的普世主义。中国的救亡、革命、民族解放和社会主义事业，无论谱写了什么样的历史篇章，如果不能归置到这普世主义的"真实"里面便无以自立；而与之不相契合的种种，既然不符合那种精神的本质，则大可以尽数删蔽。
>
> 特别是发生在毛泽东时代的那个故事段落，彻底暴露着影片创作者对历史的无知，以及基于这种无知的对那个时代的诬

---

[1] 解志熙：《新版〈丁玲传〉序：与革命相向而行的丁玲》，澎湃新闻，2015年6月24日，https://www.thepaper.cn/newsDetail_forward_1344714。

[2] 尚思伽：《散场了》，北京，北京大学出版社，2014年，第219页。

蔑。[1]

上述红白脸的内在逻辑一目了然：一方面，毛泽东是中国革命与中国共产党的领袖与象征，集中全力推翻了毛泽东以及毛泽东时代，那么，中国革命及其开辟的道路自然不攻自破，如同苏联解体前甚嚣尘上的思潮；另一方面，确立了民国的历史正当性与政治合法性，翻了两大主题（反帝反封建）、三座大山、四大家族的铁案，则共产党、新中国的大道之行也就不知所以。依据习近平提出的"三大飞跃"思想，毛泽东时代的这一飞跃恰似一根扁担，一头担着前一个飞跃，另一头担着后一个飞跃，如果这根扁担折了，那么，哪个飞跃都提不起来了，所谓中国特色社会主义道路也就"此路不通"。这也是从邓小平到习近平坚持中国道路，"不忘初心，继续前进"之际无不捍卫毛泽东，五花八门的虚无思潮无不否定毛泽东的关键所在。邓小平说过，毛泽东思想这个旗帜丢不得，丢掉了实际上就否定了党的历史。[2] 2013年在纪念毛泽东诞辰120周年座谈会上，习近平对毛泽东的丰功伟业再次做出高度评价："毛泽东同志是伟大的马克思主义者，伟大的无产阶级革命家、战略家、理论家，是马克思主义中国化的伟大开拓者，是近代以来中国伟大的爱国者和民族英雄，是党的第一代中央领导集体的核心，是领导中国人民彻底改变自己命运和国家面貌的一代伟人。"[3]

如果实事求是地看待历史，即全面地、辩证地、联系地看待历史，

---

[1] 孙柏：《〈无问西东〉的青春叙事和历史书写》，《电影艺术》2018年第2期。
[2] 邓小平：《对起草〈关于建国以来党的若干历史问题的决议〉的意见》(1980年3月—1981年6月)，载《邓小平文选·第二卷》，北京：人民出版社，1993年，第172页。
[3] 2017年知乎网上有个问题引发热议："你认为谁是有史以来最伟大的中国人？"有位"帽子先生"的回答颇受关注，可以说代表了民心所向。他分析了数千年来真正称得上伟大的只有寥寥数人，秦始皇、汉高祖、唐太宗等皆有卓越成就，但真正最伟大只有毛泽东。除了根本解决了近代亡国灭种的巨大危机，毛泽东在内政外交上的举措可谓惊天地泣鬼神，包括军队建设、妇女解放、民众教育、工业化、独立自主。以上五点任意一点放在历朝历代都是万中无一的成就，而毛泽东还有三点是历朝历代任何人都做不到的：基层的掌控、著作、真正的还政于民。最后结论是：毛泽东就是中华文明历史长河中最伟大的人。参见《谁是有史以来最伟大的中国人？人民会回答毛泽东，毛泽东会回答人民》，观察者网，2017年8月4日，http://www.guancha.cn/history/2017_08_04_421414_s.shtml。

那么，不难对毛泽东一生功业以及毛泽东时代作出基本判断。[1]除了领导中国人民建立新中国，开辟社会主义道路，为当代中国一切发展进步奠定首屈一指的政治前提和制度基础，也为改革开放提供必不可少的物质条件、理论准备与国际环境，毛泽东时代尤为令人振奋的是，既解决了一百年来亡国灭种的挨打问题，又打破了帝国主义、霸权主义对新中国的封锁与围剿，既使中国人民在现实中站起来了，更使百年"东亚病夫"在精神上站起来了，胡适"事事不如人"的自卑心结一变而为意气风发。哥伦比亚大学与清华大学双聘教授刘禾就此说道，只有在毛泽东领导下的社会主义革命时期，中国人才不再为自己的文明地位低下而感到耻辱，新中国的所谓"扬眉吐气"肯定包含这一层意思。[2]总之，新中国七十年，无论前三十年还是后三十年，抑或十八大开辟的新时代，不仅一举解决近代百年困扰国人的"国家能力"问题，也就是晚期民国常常忧惧的"国将不国"问题，而且以中国特色社会主义的理论与实践不断提升国家治理体系与治理能力，不仅彻底扭转近代中国任人宰割、瓠离分裂的命运，而且使中华民族日益强大地屹立于世界民族之林。

毋庸讳言，毛泽东一生以及毛泽东时代也难免大小失误，但只要不带政治偏见，就不能不承认毛泽东的盖世之功。曾任国民党少将，在延安与毛泽东有过交往的台湾新儒家徐复观说过："我们虽然身在海外，虽然反对共产党，但是我们非常爱我们自己的国家，非常希望共产党做得好。我们的国家，现在不错，是站起来了。这个站起来，

---

[1] 胡鞍钢在清华的一次演讲中，论及"国家（中国）生命发展周期"时谈到，1978年之前是中国的"准备成长期"而之后是"迅速成长期"，前一阶段完成了如下基本建设："首先是发动了工业化，建立了比较独立、完整的工业体系和国民经济体系；第二是建立了比较独立、比较完整的现代国民教育体系、现代科学技术体系；第三特别是建立了一个以中国共产党为领导的现代国家制度体系。从而，才使得中国在极低收入水平条件下进入到第二个阶段，即改革开放阶段，这都与前30年所奠定的人力资本基础、物质资本基础、工业化基础以及制度基础，是紧密相关的。"见胡鞍钢《2050，中国要实现什么目标》，《光明日报》2017年6月18日7版。

[2] 刘禾：《国际法的思想谱系：从文野之分到全球统治》，见刘禾主编《世界秩序与文明等级》，北京：生活·读书·新知三联书店，2016年，第89—90页。

在我们的脑子里面,当然第一功劳,是毛泽东。没有他的气魄,没有他的号召力,没有他组织的能力,那是不可能的。"[1] 与此相似,许多身经政治运动冲击的知识分子如梁漱溟、潘光旦、范敬宜等对毛泽东始终钦佩有加,也在于他们从不汲汲于个人得失与一己恩怨,而是心系国家民族的千秋大业。经历新旧社会两重天的人更懂得基本事实:"当毛泽东接过国民党留在大陆的烂摊子时,中国还不能生产一辆汽车、一架飞机、一辆坦克、一辆拖拉机,而当他撒手人寰时,中国不仅能够制造这些东西,而且造出了火车的蒸汽机头、内燃机头、万吨轮船、万吨水压机、几十万千瓦的发电机组和'两弹一星',并建立了门类基本齐全的工业体系。"[2] 故金一南直言:"毛泽东这个人的名字,永远与中国共产党、中国人民解放军、中华人民共和国紧紧相连。除非你解散这个政党,打败这个军队,颠覆这个国家,否则你永远抹不掉他的丰功伟绩。"[3]

与否定中国革命及其价值追求一唱一和,鼓瑟鼓琴的是所谓"民国范儿"。

不知起于何时,源于何人,如今民国俨然成为幸福美好新世界的象征,正所谓"比西施还美,比王昭君还美,还比得上杨贵妃"!放眼望去,书肆里,荧屏上,课本中的民国时代,真真假假,虚虚实实,一片莺歌燕舞,鸟语花香,诗情画意,山高水长,让人恨不早生一百年,来世托生到北洋。对落花流水春去也的朝代深入研究,鉴往知今,进而有所偏爱偏私是一回事;对其顶礼膜拜,五体投地,乃至走火入魔则是另一回事。当然,后者有"真傻",也有"装傻"。装傻者大抵有头有脸有学识,不至于不知道北洋军阀、民国政府的黑暗腐朽,不清楚哀鸿遍野、民不聊生、国难当头、国将不国的惨痛命运,那么,

---

[1] 转引自朱鸿召:《延安缔造》,西安:陕西人民出版社,2013年,第410页。
[2] 朱佳木:《毛泽东与中国工业化》,载《毛泽东邓小平理论研究》2013年第8期。
[3] 金一南:《从"东亚病夫"到民族复兴》,载"名家领读经典"课题组:《人民公开课——中国共产党与国家治理体系与治理能力现代化》,杭州:浙江人民出版社,2017年,第125页。

为什么还起劲儿鼓吹所谓民国范儿呢？项庄舞剑，意在沛公也。说白了，民国范儿与其说在讲历史，不如说在讲政治，讲中国何去何从的道路——民国既然那么美妙动人，花团锦簇，那么共产党、新中国岂不"无事生非"，人民当家做主的中国特色社会主义现代化道路岂不"胡作非为"。[1]

对此，严肃言说从来不屑一顾，仅看相距近半世纪的两篇文章就足矣。一是梁漱溟的《告台湾同胞》（1955），一是李存葆的《沂蒙匪事》（2000）。对比新旧社会之际，梁漱溟写道："一个老年人谁不是一生下来就看见中国受外国的欺侮，事事落后，百不如人，而盼望着'自强'，盼望着有吐气伸眉那一天？一个中年以上的人谁不是一生下来就看见四方混战，民不聊生，变乱相寻，没有了局，而盼望着有一天终止了这局面呢！"[2] 至于李存葆笔下那些令人窒息，毛骨悚然的民国匪事，[3] 相信谁看了都不会巴望着梦回民国，托身那个周有光所谓"最好的年代"。别的不说，仅看一点，从鸦片战争到第一面五星红旗升起，无论有多少文人雅士的闲情逸致，多少大户人家的风流韵事，多少民国教授的"学术自由""思想独立"（不提鲁郭茅巴老曹等左翼文学，仅钱锺书《围城》就不难一窥民国文人的真相），都无法回避一个普遍现实——战乱。大大小小的战乱、没完没了的战乱、一波未平一波又起的战乱！与此相反，新中国在时贤眼里无论多么不堪，都无法否定一个基本事实——和

---

[1] 事实上，现在已经有人在畅想"变天"的方案了。比如，除了成千上万名流签字的《零八宪章》，某名校法学教授在一部新作中，也开始规划"中国解体"后的"政治清算"：

过去东欧转型，中国感到很惊愕。东欧各国采取休克疗法以后，经济滑坡、社会动乱，一度被中国当作反面典型。然而，包括俄国在内，它们陆续走出转型困境，恢复常态，而且经济发展很快。虽然其经济结构仍有问题，但从东欧来讲，其转型相对平稳，没有流血牺牲，苏联也基本没有多少流血牺牲，基本算是和平转型。

中国人可能有一种担心，即一旦政权丧失就会面临政治清算。可是我相信，以中国文明的谦忍和中国现有的政治成熟度，所谓清算应当是"政治清算"、"思想清算"。即凡事要分是非，讲清对错，但并不一定要进行"人身清算"。（许章润：《政体与文明》，北京：法律出版社，2016年，第190—191页）

[2] 梁漱溟：《告台湾同胞》，《人民日报》1955年2月3日2版。
[3] 李存葆：《沂蒙匪事》，《十月》2000年第1期。

平。七十年的和平，告别战火硝烟的和平，远离蔡美儿所谓"起火的世界"的和平，千千万万老百姓再不必忍受列强侵凌、军阀混战、土匪横暴的和平，为龙应台"大江大海"吞噬的和平！一次，聆听业师方汉奇先生讲述身世，谈到三十年代转学西安，在古城大街随处可见卖儿鬻女的场景。小姑娘头上插块牌子，只求好心人家领走，给口饭吃就行了。那种生离死别的情景，想一想都令人揪心，凄然不已。

当然，和平不可能凭空而来，也不可能只有坐享其成而无任何代价。新中国前三十年固然付出巨大代价，正如后三十年的发展同样代价不菲，但是，如果没有共产党领导亿万人民在一穷二白基础上，自力更生，艰苦奋斗，"出大力，流大汗"，没有新中国七十年风风雨雨，一路上"深一脚，浅一脚，左一脚，右一脚"（王绍光），又如何走出一条中国特色社会主义的道路。前人栽树，后人乘凉，这本是每个普通人家都懂得的常识，而在精英及其心有戚戚的媒体中，却总爱用父辈的艰难困苦反衬当下的美好幸福，仿佛不把父辈损得一无是处就无法显得儿孙出色了得。其实，从毛泽东时代到邓小平时代，再到习近平新时代，均属中国特色社会主义道路的历史实践与探索，并面临着不同的历史条件与使命。习近平在全国党校工作会议的讲话中指出，党带领人民就是要不断解决"挨打""挨饿""挨骂"三大问题。不首先解决挨打问题，没有毛泽东时代艰难打拼的和平环境，改革开放以及一切美好愿景都无从谈起。陈晓律说道："狮子和猛虎或许可以心平气和地商谈不必动武而和平地分享动物世界的资源，以免造成不必要的浪费；而绵羊侈谈热爱和平则只能使人感到可悲，因为，一只绵羊如果不热爱和平，它又能热爱什么呢？同理，一个懦弱的民族是没有资格谈论热爱和平的，只有自己有足够的实力，是世界强手之林中的一个，才有资格谈热爱和平的问题。……换言之，一个民族的兴旺发达必须有一个安定的外部环境，它必须为自己的安全支付代价。如果一个民族缺乏保卫自己财富的决心和手段，那么，它就只能接受更为强大的民族为它安排的命运。"[1]

探究中国道路新闻学，既离不开任继愈所谓中国历史的"两件大事"，即建立多民族、大一统的封建国家和建立现代化的人民民主国家，更离不开现代历史的"两个百年"。没有对伟大的中国革命及其大关节、大脉络、大规律的科学认识、准确把握、深刻理解，甚至错乱历史，混淆是非，那么，中国新闻学的学科体系、学术体系和话语体系只能是沙滩上起高楼，噫吁嚱，危乎高哉，看上去再漂亮，听起来再美妙，早晚会被历史大潮涤荡一空。2016年《中华读书报》以整版刊发人文学者陶东风的文章，最后结论同样值得新闻学深思：

> 中国20世纪是一个革命（主要是社会主义革命）的世纪，而革命的最大遗产就是新中国的建立，包括新中国的制度建构、社会实践和关于它的理论表述。这是中国对世界独特"贡献"……我们可以扪心自问，什么是特属中国、其他任何国家不可替代的东西？大约也就是中国的社会主义革命和实践……因此，不管是中国的人文社会科学研究，还是中国的文学艺术创作，都必须研究/书写这段历史、认识并反思这段历史，才有可能对世界社会科学人文科学、对世界文坛做出创造性的贡献。

> 但不得不承认，相比于20世纪中国社会主义革命和实践的波澜壮阔、举世无双，20世纪和21世纪的中国文学相形见绌。其中一个重要原因，就是中国20世纪的革命史，特别是解放后的社会主义实践史的书写和研究，还存在很多不足。很多作家回避这段历史，穿越到遥远的古代或虚拟世界去寻找灵感；或者就是热衷于对当下中国消费主义的浅表化书写，而唯独避开既非遥远得虚幻、又非贴近得媚俗的共和国30年的历史。

---

[1] 陈晓律：《从"无兵的文化"到"竞逐富强"——从雷海宗先生〈中国文化与中国的兵〉谈起》，载雷海宗：《中国的兵》，北京：中华书局，2016年，第123—124页。

> 我坚信：如何理解和书写这段历史，无论是对一个作家个人，还是对整体的中国文学而言，都至关重要。回避这段历史书写，当代中国文学决不可能成就自己的伟大。[1]

无独有偶，2016年社会学者应星发表长文《"把革命带回来"：社会学新视野的拓展》，揭示的问题与前景也适用于新闻学，诸如过于狭隘的经验取向和对专业分工的偏执；对国家与社会关系范式的滥用，似乎改革前的中国是没有社会的国家，而改革后的最大的变化就在于社会的兴起；研究越来越规范化，也越来越碎片化，越来越看似精巧，也越来越小家子气等，其中尤其令人深思的是：

> 围绕共产主义文明的渊源及流变，理应诞生出黄钟大吕般的社会学作品。这也许就需要对中国社会学来一次重新的奠基，需要大大拓展社会学的研究视野，需要展现出焕然一新的研究格局。就其本性来说，社会学不过是关于现在的历史学，历史学则是关于过去的社会学。因此，在这次重新奠基中，历史研究是重新焕发我们的社会学想象力的一个关键引擎。这个引擎的三个部件是：重新思考中国传统文明，重新思考现代中国形成的思想变局，以及重新思考中国共产主义文明的源流。

---

[1] 陶东风：《戏中人看戏——从杨绛〈干校六记〉说到中国革命的文学书写》，《中华读书报》2016年6月8日13版。

八、马克思的幽灵

以才情纵横、气象雄廓的诗文著称而有时不免恃才傲物的周涛,与《中华读书报》记者畅谈之际言及马克思。他说,自己家里有两套马恩全集,都是父辈留下的,平时在书柜里摆样子,有一天随手翻开,第一篇就让他震住了:

> 不要说认真读过全部马恩——不可能读完,浩瀚如海。就第一篇,看完以后五体投地。那才叫才华横溢。我从未见过像马克思、恩格斯这么伟大的人物,他们确实是人类社会有史以来最伟大的天才,确实没有人可以相提并论。我甘愿以这两个人做偶像。[1]

一位清华新闻学院的博士生,读完十卷本的《马克思恩格斯文集》也由衷赞叹:马克思无愧"千年第一思想家",不仅思想博大精深,而且警言妙语也应接不暇。2016年,一首《马克思是个90后》的歌曲风行一时,词作者是北京大学一位九零后研究生,她在歌中唱到:马克思是个九零后,共产主义甜如蜜。

一个幽灵,马克思的幽灵,一百年来在中国大地游荡,并一步步从思想展现为活生生的现实。2000年,金一南访学英国皇家军事科学院,

---

[1] 舒晋瑜:《周涛:纵情傲物三十年》,《中华读书报》2016年9月28日18版。

为了向各国同行说明中国道路及其社会政治制度、意识形态等，用心构思了两张幻灯片支撑的课堂报告，一张是八国联军太和殿阅兵，一张是当代中国和平崛起，而连接这一横跨百年图景的是一句话：马克思主义改变了中国（Marxism changed China）。心存偏见的英国教授听了报告，也不得不承认：你讲出了你们制度的合理性。[1]

面对当代中国，无论解放思想，实事求是，还是践行中国道路，发展中国学派，无论坚持社会主义，传承中国革命及其价值，还是把握文化政治与文化领导权，包括推进新闻业与新闻学，马克思主义都是我们的思想旗帜与精神高地。2016年5月17日，习近平在全国哲学社会科学工作座谈会上强调：坚持以马克思主义为指导，是当代中国哲学社会科学区别于其他哲学社会科学的根本标志。具有鲜明意识形态色彩的新闻学更不例外。也正是在这篇"5·17"讲话中，习近平把新闻学提到了前所未有的高度，与文史哲等十大学科相提并论，统称为"具有支撑作用"的学科。新中国新闻学"左一脚，右一脚，深一脚，浅一脚"的风雨历程也表明，只要遵循社会主义现代化道路，正心诚意建设中国新闻学及其学科体系、学术体系、话语体系，对马克思主义及其立场、观点和方法就不能不坚持之，否则就背弃之，恰似李零直言的："凡是拿资本主义当天经地义的，肯定反对马克思主义；凡是反对和批判资本主义的，也往往要回归马克思主义。"[2] 面对博大精深的马克思主义，我只是不预流的小学生，但三十多年的治学经历使我不能不日渐认同韩毓海的判断："面对我自己所关注的课题——从长时段去描绘中国的改革与革命，倘无马克思的视野，倘无马克思的理论做基础，是绝不可能有任何建树和进益的。"[3]

与新时代对新闻学的期许相比，当下新闻传播学科的现状显然不容

---

[1] 玛雅：《道路自信：人类史上大国兴盛新模式》，北京：外文出版社，2014年，第183—187页。
[2] 李零：《马克思主义·中国·西方》，载"名家领读经典"课题组：《人民公开课——中国共产党与国家治理体系和治理能力现代化》，杭州：浙江人民出版社，2017年，第4页。
[3] 韩毓海：《一篇读罢头飞雪，重读马克思》，北京：中信出版社，2014年，"前言"第2页。

乐观。诚然，应该看到改革开放四十年，新闻传播的教学与科研取得一系列长足进展，仅专业点就从竹外桃花三两枝——人大、复旦、北广，激增到千树万树梨花开，[1]为新闻业平稳运行提供了必要的人力智力支撑，也涌现了一批与时代同行、为人民立言的中国记者与新闻学者。与此同时，更应清醒看到一些日益突出的隐患，特别是马克思主义的边缘化与自由主义或新自由主义的主流化。赵鼎新的不刊之论发人深省：媒体精英与国家精英只有"利益认同"而无"价值认同"，一旦经济出现问题，政治出现动荡，媒体精英就会毫无心理障碍地站到对立面，为政治危机添砖加瓦。[2]学界状况同样堪忧，"不讲政治""唯洋是举""漠视人民"等问题尤为突出，以至于马克思主义的指导地位很长一段时间差不多名存实亡。[3]如今，尽管已见"马克思归来"，但名归实至尚需时日。[4]

所谓不讲政治，是指不讲马克思主义政治，也不讲家国天下政治，从而对社会主义道路和共产主义理想或敬而远之，或口是心非，同时对民国政治美国政治往往情有独钟。至于各种"反体制"，人们早就习以为常，屡见不鲜，乃至成为一种时尚与潮流：有的一目了然，有的拐弯抹角，微信群千姿百态，朋友圈争奇斗艳。个别掌握话语权的"异见者"

---

[1] 截至2019年，全国开设新闻传播专业的高校有681所，本科教学点1244个，新闻传播学一级学科学术硕士授权点126个，专业硕士授权点119个，一级学科博士学位授权点26个，在校学生23万人。另据吴锋、王学敏《2018年中国大陆新闻传播论文发表产出的最新进展与趋势前瞻》，全国高校新闻传播专业师资约一万五千人，年均发表论文五万余篇（载《新闻与写作》2019年第1期）。

[2] 赵鼎新：《社会与政治运动讲义》，北京：社会科学文献出版社，2006年，第285页。

[3] 逄先知在2017年指出："当前意识形态领域的情况非常复杂，相当严峻。多少年来，邓小平同志批评的一手硬一手软的问题仍没有解决。马克思主义、反马克思主义之间的斗争，从来没有停止过。有这样一种趋势，资产阶级自由化的势头，不但没有减弱，反而在增强。马克思主义者常常处于守势，处于被动地位，甚至失掉话语权。右的势力越来越猖狂，矛头直指共产党、党的领袖和社会主义制度，达到肆无忌惮的程度。有人竟敢于冒天下之大不韪，公开发表汉奸言论，称汪精卫为'真正的英雄'，把爱国主义者称之为'爱国贼'。我们有些思想阵地并不巩固，甚至在一个一个地丢失。高校的问题应当引起高度注意。有些高校教师居然在讲堂上公开发表反对马克思主义、反对共产党的言论，经济学、政治学、社会学等等只讲西方的。这样下去，很危险。"参见逄先知：《关于意识形态问题的一些看法》，《文化软实力》2017年第3期。

[4] 有位学者提出一个简单而不无道理的检验标准，看是否真懂真信马克思，就看文章著述中引不引马克思、毛泽东的论述。古人云：蓬生麻中，不扶而直；白沙在涅，与之俱黑。俗话说：到什么山，唱什么歌。

已经毫不掩饰离心离德，司马昭之心路人皆知。更堪忧的还在于，现行学术体制机制仍以"学术成就""专业地位"等，不断赋予其高高在上的地位，使之愈发成为所谓"大佬""大咖"，从而凭借获取的学术资源、社会资源、政治资源，进一步主导教育的办学方向，引领研究的政治取向，并生息繁衍"徒子徒孙"（不见得都追随"大佬""大咖"），使得"门生故吏"遍天下。"至今天，他们已经有梯队有层次有钱有权，领导潮流了。只是，他们不讲山河二字"[1]。于是，学界屡屡出现如下情况就不足为奇了：

> 在一个马克思主义是官方意识形态的国家，有学生因为选择批判传播政治经济学理论和方法，而在学术论文开题和评审中，不得不面对在实际上"占主导地位"的自由主义学者在意识形态层面的敌意。对于一些接受《报刊的四种理论》基本理论框架，并且希望传播的商品化和市场化能带来中国民主化的学者来说，如果还有一个马克思对中国有意义，这就是那位挑战普鲁士新闻审查制度的马克思，一位自由主义框架中的新闻自由斗士。[2]

如此状况日甚一日，除了数十年"一手硬，一手软"的问题，也源于新闻学及其学科体系、学术体系和话语体系日渐西化的趋势，即唯洋是举。所谓唯洋是举，乃指一方面共产党、共和国的新闻道统数十年来不断遭到消解，一方面"自由主义""新自由主义"等新闻道统不断取而代之。比如，一方面"阶级""帝国""革命""人民"等原本有着丰富内涵和政治意味的理论概念一步步销声匿迹，一方面具有鲜明政治价值的西方学说与研究范式，如新闻专业主义被冠以"进步""现代化""国际化"而大行其道。于是，时至今日，中国新闻学可谓濒临沦陷，话语体系的"转基因工程"差不多基本完成：比如，"受众"取代了"人民"，

---

[1] 张承志：《无援的思想》，《花城》1994年第1期。
[2] 赵月枝：《网络时代的马克思主义与传播研究——<马克思归来>导读》，载[瑞]福克斯、[加]莫斯可编：《马克思归来》，"传播驿站"工作坊译，重庆：重庆出版社，2017年；转引自《传播与权力学术研讨会暨批判传播学年会》（2017）"会议手册"，第19页。

"（资产阶级）公共领域公共性"取代了"党性"，"（抽象）人性"取代了"人民性"，"新闻生产"取代了"新闻采写"，"文人论政"取代了"政治家办报"，"社会公器"取代了"党和人民的耳目喉舌"，等等。一句话，混淆视听的专业主义新闻观取代了马克思主义新闻观（仿佛马克思主义与自由主义新闻观的根本分歧不在于政治价值而在于专业与否）。其实，所谓专业主义不过是欧美商业媒体的核心价值新闻观，而这套已然掌控了文化领导权"主流"新闻观，不说与社会主义核心价值观及其新闻观背道而驰，分庭抗礼，至少也是各行其是，格格不入。张承志反思当代中国学术思想的变异轨迹，也像是对新闻学的精确刻画："中国知识分子忙碌的，大体上只是一个介绍、追撵、甚至取悦西方的过程。欧洲在一种仰视的目光里被中国人琢磨。欧洲列强的思想、方法论、世界观，被中国知识分子视为圣经，刻苦攻读，咀嚼再三。欧洲的东方学，在被学习的过程中锤炼得博大，也日益富于优越感。"[1]当然，这里的问题需要具体分析，不可一概而论。大致说来，有两种情况，借用秦天与玛雅对谈中的比喻：我们体制内有两种人，一种"真傻"，一种"装傻"。[2]真傻属于认识问题，[3]经过学习、实践、历练等有可能醒悟，而装傻问题则如同唤醒一个装睡的人。

对于唯洋是举，问题的严峻性还在于一些现行评价体系以及运行机制也在推波助澜。比如：从上到下的教育部门"以洋为尊，以洋为美，唯洋是从"，学科建设对标欧美，推崇洋学位、洋论文，不少高校甚至明确要求，没有英文论文或一年欧美访学经历，不得晋升教授。南方某所名校的一位学者访学美国，由于提前回国，评教授时被卡下，不得不重返美国，从头开始，待足一年。如此二十年目睹之怪现状愈演愈烈，

---

[1] 张承志：《常识的求知：张承志学术散文集》，北京：生活·读书·新知三联书店，2012年，第214—215页。
[2] 玛雅：《家国大义：共和国一代的坚守与担当》，北京：人民出版社，2016年。
[3] 如前些年央视报道曼德拉去世时的立场偏差。近日，某中央媒体在名牌栏目评论一个火爆视频《小猪佩奇》时也犯了类似毛病，侈谈人道主义人性论而无视"佩奇"等文化象征的意识形态问题。

不说与道路自信、文化自信、制度自信南辕北辙，即便在世界各国也是闻所未闻。在这种大趋势下，许多学者特别是青年学者势必"两耳不闻中国事，一心只读洋人书"，如毛泽东延安时批评的"言必称希腊，死不说中国"。即使说到中国，也往往以中国问题作为验证西方理论的案例，不惜削足适履地把中国问题纳入西方框架。所谓"主义可拿来，问题需土产，思想要自立"，也只是这一流行思维的委婉表达。一位专家来清华，以一种天经地义、理所当然、不容置疑的语气谈及新闻学研究：用中国案例嫁接西方理论，就是善之善也的世界一流学问。这也验证了赵月枝为《马克思归来》一书所撰导言中论及的学科问题：

> 不可否认的是，中国新闻传播学是受冷战意识形态影响最深的领域。1980年代以来，中国社会内部意识形态和学术政治发展态势的内因，以及西方反共意识形态影响外因相互作用的结果是，国内在引进国外传播学的过程中，出现了忽视甚至排斥西方马克思主义传播学术，一边倒地接受美国冷战传播学术的现象。中国传播学发展史的叙述中，达拉斯·斯迈思在1970年代对中国的两次访问被历史"虚无"。1982年，作为冷战意识形态斗士的威尔伯·施拉姆访问中国，不仅以美国传播学之父的身份受到中国新闻学界的膜拜，而且得到一位时任副总理的接见；相比之下，赫伯特·席勒这位美国文化帝国主义的批判者直到2000年去世也无缘访问中国大陆。一方面，深受冷战意识形态和各种"去马克思主义"甚至反马克思主义思想影响的中国传播学界与作为官方意识形态的马克思主义新闻观产生了强大的张力，并且以前者在学术话语中实际上的主导地位，边缘化了中国化马克思主义新闻传播学在改革开放时代的发展；另一方面，马克思主义新闻传播学内部的教条化、僵化、知识断层、"马工程"的形式主义化及其对改革开放时代的中国现实缺乏解释力和批判力的问题，也使马克思主义传播学在中国

的发展陷入尴尬的境地。[1]

所谓漠视人民，是指日益疏离为人民服务、为社会主义服务的宗旨，日益疏远马克思主义"以人民为中心"的价值，同时日益趋近精英阶层及其智识阶层的立场，且不说泛滥的小资趣味、小资文化、小资潮流。某所名校博士生受国家资助，赴美留学，竟选如下题目作为学位论文：研究美国某社区一群中国达官贵人的太太小姐如何在网上传递各种信息，如购物、逛街。当被问及研究意义时，答曰：为以后赴美的太太小姐提供参考。一叶知秋，见微知著。随着 20 世纪 90 年代以来的传媒市场化、文化产业化一浪高过一浪，新闻学界也日益强调新闻传播的"商品"属性、"企业"定位、"市场"行为、"盈利"目标，而新闻的党性与人民性、社会主义的公共性与公益性日趋淡化，不断弱化，逐步虚化。与此相应，漠视人民与人民主体地位的状况在新闻教育新闻学中也日渐突出，此起彼伏的"媒体精英"讲习班、趋之若鹜的"媒体领袖"研讨会等就是习见征候。从国家治理体系与治理能力的角度看，可以想象满脑子精英意识与经营思维的学子一旦走上工作岗位，能够理解的大概只有成本、利润、客户、市场。缺乏政治觉悟与历史意识的如此"精英""领袖"，如何指望承担党和人民的新闻大任，又如何满足党和国家急需的

---

[1] 赵月枝：《网络时代的马克思主义与传播研究——<马克思归来>导读》，载[瑞]福克斯、[加]莫斯可编：《马克思归来》，"传播驿站"工作坊译，重庆：重庆出版社，2017年；转引自《传播与权力学术研讨会暨批判传播学年会》（2017）"会议手册"，第 19 页。

传播治理人才。[1]

漠视人民的症结，在于"人民意识"淡漠而"精英意识"浓重。由于当代学者的成长环境越来越优裕，即使来自乡镇基层，也在后来的求学历程中，从校门到校门，从城市到城市，从纽约到巴黎，从而与大地和人民在现实中和精神上都渐行渐远。加之布尔乔亚意识形态日复一日的启蒙、召唤、熏染，在徐志摩、张爱玲、无问西东等精神迷幻中，自然对精英意识、精英文化、精英生活方式情有独钟，而对亿万各族人民的喜怒哀乐难免缺乏敏感，更不用说"念白云深处万千家，情难抑"。从"学术共同体"的流行语中，也可窥见这一症候。如果说在资本主导的西方社会，学术共同体还有特定积极意义，至少初衷在于隔绝资本、商家、企业对学术及其"神圣地位"的侵扰，那么以人民为中心的新中国，追求人民当家做主的现代化，祭起学术共同体旗号则势必将学术变成象牙塔，"名正言顺"地去政治化、去人民化、去主流化。其间情形大致有二，一是自娱自乐，不痛不痒；一是追攀欧美，装神弄鬼。结果自然导致日益弥漫的学术殖民化、意识精英化、研究八股化。翻翻学术期刊，听听学术论坛，就不难察觉这种"天下大势"。另外，还有一种高大上趋势也在业界学界遥相呼应，即"高张理想"，"替天行道"，如前些年一度影响广泛的"新两报一刊"、《穹顶之下》。这里，乍看俨然在伸张新闻理想，但这种"风流高格调"与"党和人民的耳目喉舌"

---

[1] 美国《时代》周刊记者白修德（Theodore Harold White）回忆抗战期间在重庆的日子时，谈到的蒋介石政府就是一个值得深思的反例：

在全球，你再也找不到重庆国民政府这样被"研究美国的学者"渗透得如此彻底的政府……民国政府的所有官员，无论男女，并不是被美国人征召，供其驱使了，是他们自己主动追求美国的思想和方式。

这种渗透是自上而下的，位于顶端的是中华民国总统蒋介石的夫人……哈佛毕业生在蒋介石重庆政府高官中占比之重，是他们在约翰·F.肯尼迪华盛顿政府高官中都达不到的。

当然，现在再回头去看，才会发现这一切就是一场大悲剧。在这里待了一年多，我才发现，这个"国家"政府中所有说得一口流利英语的中国高官都与自己国家的人民严重脱节，他们不了解自己的国民，甚至都不了解脚下的这座古城，因此根本无法帮助我了解中国真正的现状。除了蒋介石以外，这批人无论生活、做梦、思考、交流用的都是英语。（见白修德《追寻历史：一个记者和他的20世纪》，北京：中信出版社，2017年，第82—83页。

往往不可同日而语，充其量不过是布尔乔亚的小资情怀，如列宁批评的"共产主义的左派幼稚病"。曾经写下《总有一种力量让我们泪流满面》的记者后来沦为阶下囚，从"新闻圣徒"成为"新闻囚徒"，就是一个典型案例。

当下中国新闻学之所以口将言而嗫嚅，足将进而趑趄，唯欧美马首是瞻，视专业主义为灵，归根结底还在于马克思主义的"失语""失声""失踪"。与此同时："马克思主义在新闻和传播学界的边缘地位，恰恰是与基于资产阶级新闻自由概念的'占统治地位'的思想对苏联和中国新闻传播制度的诋毁相关，或者是建立在这一学术意识形态工作之上的。"[1]2016年过世的百岁老人、新中国新闻学的先驱甘惜分，改革开放初招收第一届新闻学研究生时，曾要求童兵、郑保卫等弟子先通读一遍马恩全集。如今，别说一年成千上万的新闻传播研究生，就是数百博士生能把几万字的《共产党宣言》通读一遍者都已寥寥无几。而数十年来，一整套欧美新闻学的学科体系与专业思想却大规模"进课堂、进教材、进头脑"。京城一所一流大学新闻学院指定的20种博士生必读书目，一度只有一部国人与一部海外华人的著作，其余全是欧美大学的经典之作与通用教材，甚至"非马""反马"的东西。事实上，这种情况在全国新闻院系普遍存在，甚至有过之而无不及。2017年童兵就撰文谈到："更有甚者，某些新闻院系的专业综合考试规定的必读书目中，竟然连一本马克思主义新闻观的基本著作都没有列入。这已经不是马克思主义新闻观研究深入的问题，简直到了被取消的程度。"[2]

关键问题还不在于具体书目，而在于马克思主义的立场、观点和方法。如果说欧美新闻学以及一切私有经济基础上的新闻学无不高扬"自由主义"旗帜，尊奉唯心史观的立场、观点和方法，如抽象人性论、新

---

[1] 赵月枝：《网络时代的马克思主义与传播研究——<马克思归来>导读》，载［瑞］福克斯、［加］莫斯可编：《马克思归来》，"传播驿站"工作坊译，重庆：重庆出版社，2017年；转引自《传播与权力学术研讨会暨批判传播学年会》（2017）"会议手册"，第19页。
[2] 童兵：《把马克思主义新闻观教育落到实处》，《新闻与写作》2017年第9期。

闻趣味论、普世价值论，那么中国新闻学的灵魂则在于马克思主义的世界观、方法论，如辩证唯物论、阶级分析法。如果说自由主义及其历史观、价值观、新闻观的核心要义在于"人间正道私有化"，从而导致傅里叶所谓每个人对每个人的战争，那么马克思主义的理想则在于追求人类的自由、平等、解放，摆脱人对物、人对人的依附关系，实现每个人自由而全面的发展。

面对日甚一日的混乱局面，本应守土有责的一些有关方面相当一段时期要么听之任之，不闻不问，要么闭目塞听，自说自话，仿佛触目惊心的问题属于无足轻重的尘埃，早晚可以自己跑掉，既不敢也不会对错误思潮开展斗争，又在思想理论建设上乏善可陈。久而久之，新闻教育新闻学自然失去马克思主义的存在感与生命力，也日渐失去马克思主义理论解释世界与改变世界的生机与活力，只剩下一些僵化刻板的本本与条条，以至倡导者也未必真懂真信真践行。某中央大报的一位总编辑就曾一边发表文章，同编辑记者谈党性原则，一边浑然不觉或自然而然地称道"媒体公器论"。一部"马工程"教材的初稿，也曾一本正经地讲新闻媒体既坚持党性，又保持独立性、自主性，将"社会公器"等西方新闻观与"耳目喉舌"马新观混为一谈。诸如此类的学术乱象以及思想价值的模糊混乱俯拾即是，不一而足。比如，将"传播信息"归结为新闻媒体的"本质属性"（应是"专业属性"，"本质属性"还得从社会政治方面把握），将新闻价值视为新闻的"本质规律"（应是"重要规律"之一）；将真实、客观、公正、全面等视为"普遍价值"，忽略两种新闻观的差异（马克思主义与自由主义新闻观在真实、客观、公正、全面等方面不可同日而语）；一方面将"真实性"奉为"普世价值"，无视"我是谁、依靠谁、为了谁"等主体方面的社会属性与历史语境，一方面对"现象真实与本质真实"的有机关系予以批驳，从而近于机械唯物论而非辩证唯物论（习近平在新闻舆论工作座谈会上谈到："既准确报道个别事实，又从宏观上把握和反映事件或事物的全貌"）等。

类似问题并非突如其来，而是日积月累，由来已久，犹如温水煮青蛙。大略说来，20世纪80年代以降至十八大之前，一方面具有鲜明中国特色与马克思主义色彩的新闻学不断消褪漫漶，另一方面去政治化、去阶级化、去历史化的西方新闻学日渐浸润盛行；一方面以斯迈思、席勒、马特拉等代表的马克思主义学统备受冷落，一方面以冷战斗士施拉姆为代表的传播学大行其道；一方面砥柱中流的"战士"越来越少，一方面爱惜羽毛的"绅士"越来越多。久久为功，一套与马克思主义的科学精神与价值追求往往圆凿方枘的学科体系、学术体系、话语体系，即一套自由主义或新自由主义的新闻学，就自然而然地成为学界乃至业界的主流了。

在这种背景下、潮流中，甘惜分的"立足中国土，回到马克思"就远非政治宣示，而确是关乎国本与新闻命脉的宏图远虑。回到马克思，首先需要理解马克思，对青年学者与学子更需亲近马克思，破除笼罩在马克思身上的层层神话、童话、鬼话（有位知名学者在中央媒体马新观的讲座中竟侈谈所谓马克思的"私生子"——此类子虚乌有的流言早被戳穿）。历史上，人世间，青春时代一向有理想，有追求，有改变世界的光明憧憬，而马克思主义就是当今世界与中国充满理想，洋溢诗情，向往光明的青春哲学。听听马克思17岁高中毕业时的志向，看看马克思写给燕妮的诗句，何等浪漫又大气："让整个诗的世界在人类历史上出现！"中国共产党成立时的一批五四新青年，也多是八零后（陈独秀生于1879年、李大钊生于1889年）、九零后（毛泽东生于1893年），当年跋山涉水，不畏艰险，冲破重重阻挠，义无反顾奔赴延安的，也是一腔热血，满怀理想，甚至富有浪漫情怀的少男少女（如甘惜分22岁去延安），以至韩少功写道："其中不乏梦幻翩翩的小资。他们不过是冲着法语和俄语去的，冲着黑格尔和普希金去的，冲着自由恋爱和废除多妻制去的，冲着版画、话剧、手风琴以及周末舞会去的，冲着官兵一致和各种民主生活会去的，冲着'彻底打倒孔家店'和月光舞会上畅谈世界理想去的……"[1]

2008年资本主义世界又一轮空前的危机席卷全球，作为英国文化研究学派宗师威廉斯的剑桥弟子，也是当代西方数一数二的马克思主义思想家，伊格尔顿在《马克思为什么是对的》（2011）一书中，再次为马克思辩诬，代马克思立言：

> 他认识到，被牢牢控制着的世间男女的观念都源于他们日常的实践，而不是哲学家或辩论协会之间的交流。如果你想要了解人们的真实想法，就得留心观察他们做了什么，而不是听他们说了什么。
>
> 的确有一种充满敌意的乌托邦主义正在毒害当代社会，但它的名字不是"马克思主义"。这种危害甚大的乌托邦主义痴迷地认为，可以用一种称作自由市场的单一全球体系让全世界的不同文化和经济都拜倒在它脚下，并寄希望于通过这种方式治愈世界的疾患。
>
> 如今，马克思最忠实的信徒似乎反而是那些对马克思的历史理论不屑一顾的人们。这些人包括银行家、金融顾问、财政官员、公司管理人员等等。他们的所作所为无不证明他们坚信经济的重要性。他们全部都是自发的马克思主义者。
>
> 由于知识分子不需要像砌砖工那样劳作，他们就可以认为他们自身以及他们的思想是独立于社会其他部分而存在的，而这是马克思主义者所说的"意识形态"一词涵盖的众多事物之一。
>
> 资本主义是巫师的学徒：他召唤出了强大的力量，但却对其失去了控制，现在我们已经感到毁灭的威胁了。[2]

他还引用导师威廉斯的名作《传播学》（1962），对比了媒体发展

---

[1] 韩少功：《革命后记》（修订版），香港：牛津大学出版社，2014年，第53—54页。
[2] [英]特里·伊格尔顿：《马克思为什么是对的》，李杨等译，北京：新星出版社，2011年，第72、108、123、138、232页。

的社会主义道路和资本主义私有化媒介的致命症结：

> 实际生产文化产品的"工厂"——包括广播电台、音乐厅、电视台网、剧院、报社等等——将收归公有（公有制也包含多种形式），这些机构的管理层也将通过民主选举产生，选举出的管理机构将包括普通民众和媒体或者艺术机构的代表。
>
> 这个体制最明显的好处在于，可以避免让一群权欲熏心、贪得无厌的商人政客利用他们掌握的媒体资源给我们洗脑——或者更直白点说，向我们灌输他们自私自利的观点，让我们支持他们所支持的体制。
>
> 在资本主义制度下，大多数媒体都尽可能回避那些艰巨、具有争议或是创造性的工作，因为这些会妨碍媒体盈利。相反，他们满足于各种陈词滥调，追求哗众取宠，并从不以展现赤裸裸的偏见为耻。与之相反，社会主义的媒体将对全部文艺作品开放……[1]

应该说，资本主义及其文化包括新闻的问题不在于发达的物质文明，而在于唯利是图的拜物教，如商品拜物教、资本拜物教。一切拜物教都以物为中心，而非以人为中心，更不是以人民为中心。以人民为中心是马克思主义的根本立场与价值关怀。当然，以人民为中心不等于空泛的人道主义、抽象的人性论，就像时下不少文艺作品以及新闻报道所体现的倾向，而是基于科学世界观、方法论的真切历史实践。尽管马克思曾把法国大革命看成是人的复活，但后来发现，政治解放一方面把人变成公民，一方面又把人变成利己的、独立的个人。这不是整个社会的解放，而是市民社会中部分人的解放；这不是使人全部占有自己的本质，而是使人丧失自己的本质，正如当今社会一方面"原子化"，一方面"逐利化"。所以，看待历史及其新闻传播，首先不能不判明唯物史观与唯心史观的基本分野：

> 每一个人都可以根据自己对人的本性的理解，设想一种完

---

[1] [英]特里·伊格尔顿：《马克思为什么是对的》，李杨等译，北京：新星出版社，2011年，第32页。

美的制度，完全排除了对历史的客观研究。至今西方仍然有些人坚持这种看法。他们认为资本主义私有制的进步作用，正在于它符合、承认和肯定人的自私本性，充分发挥了人的自私本性，极大地激发了人们追求私利的激情。从而推进了生产力的发展和科技的进步。这实际上是把人的所谓本性（自私的情欲），看做社会发展的动力。在他们看来，不是私有制产生私有观念，而是私有观念产生私有制；资本主义的历史进步性不在于它符合生产力的发展要求，而是符合人的自私本性；不是由于资本主义的商品生产产生资本主义竞争，而是人的自私情欲激励他们舍命拼搏。其实，竞争是商品生产的规律。资本主义的竞争是资本主义商品生产的规律，是不以人们的意志为转移的经济规律，而不是人性的规律。资本主义私有制及其商品生产支配人们的行为，反映在人们的意识中，表现为对私利的追求。[1]

令人多少欣慰的是，十八大以来，在推进社会主义制度自我完善与国家治理体系与治理能力现代化之际，马克思主义也迎来复兴新局面，特别是习近平新时代中国特色社会主义思想正本清源，拨乱反正，矫正了方向，驱散了迷雾，点燃了不忘初心的火炬。借用毛泽东《新民主主义论》的一段话："大家以为有了出路，愁眉锁眼的姿态为之一扫。"当下，马克思主义及其新闻观的主导地位日渐凸显，学界健康力量也开始汇聚，正在壮大，新闻学的春天似乎已如草色遥看了。

---

[1] 陈先达：《走向历史的深处——马克思历史观研究》，北京：中国人民大学出版社，2016年，第125页。

九、新闻话题

　　本书核心关切在于中国新闻学及其学科体系、学术体系和话语体系,而这是一个庞杂工程或曰宏大叙事。所谓中国新闻学或曰中国特色新闻学,虽说内在于五千年文明史与近两百年近现代史,但主体无疑在于新中国七十年的新闻实践与理论求索。换言之,新中国七十年的风雨历程,是中国新闻学的命脉所系与价值所归,包括马列主义理论、中国革命遗产、社会主义道路探索以及一代代新闻工作者和理论工作者的汗水心血。李零引述《汉书·天文志》中的"天运三十岁一小变,百年中变,五百年大变",指出现代世界五百年一大变,现代中国一百年一中变,新中国三十年一小变。[1] 借用此说,新中国新闻学的学科体系、学术体系与话语体系也仿佛三十年一变:三十年河东,三十年河西,三十年再河东。赵月枝以隐喻方式提出类似三段论:"看山是山"——"看山不是山"——"看山还是山"。[2] 大略说来,以甘惜分为标志的三十年河东新闻学属于国际共产主义运动背景下,对马克思主义与社会主义新闻学的探求、摸索与贡献;三十年河西新闻学则在新自由主义以及后冷战背景下,随

---

[1] 李零:《茫茫禹迹:中国的两次大一统》(我们的中国·第一编),北京:生活·读书·新知三联书店,2016年,第9页。韩毓海曾以五百年为时间段,考察近代以来世界局势的变迁,参见韩毓海:《五百年来谁著史:1500年以来的中国与世界》(第3版),北京:九州出版社,2011年。
[2] 赵月枝:《全球视野中的中共新闻理论与实践》,载《新闻记者》2018年第4期。

着社会主义一度陷入低潮而一步步趋向于新自由主义并趋奉于所谓新闻专业主义；三十年再河东的新闻学在否定之否定的辩证法中，在中国道路即中国特色社会主义日益展现正道沧桑之际，重归马克思主义及其新闻学，即甘惜分晚年倡导的方向——"立足中国土，回到马克思"。当然，这种三段论的中国新闻学演进轨迹只是大致倾向与总体趋势，实际状况错综交织，纷繁复杂，往往因人、因事、因时而千变万化，还需"具体情况具体分析"。

三十年河东——看山是山

以张友渔、萨空了、恽逸群、甘惜分、王中等一代新闻理论家为代表，新中国第一个三十年的新闻学及其学科体系、学术体系和话语体系，在三条源流即马克思主义与国际共产主义、中国革命与中国共产党、奠基于延安整风的党报理论与实践的有机融合中，经过一代人正心诚意的耕耘，曾经达到高度的理论自洽与学术自信，也形成历史与逻辑有机统一的思想体系，从而既推进了中国的社会主义革命与建设事业，又促进了世界范围的民主进步的新闻业与新闻学，既为中国新闻业立心、立命、立法，又培养造就了成千上万脚踏实地为人民服务、为社会主义服务的新闻工作者，如2019年迎来九十年华诞的复旦新闻教育之"两典一笔"。

若以讲究学术规范、追求精雕细琢而不免于有识者批评的"精致的平庸"之时新标准衡量，上述一脉三十年河东新闻学貌似粗放、粗疏、粗浅，不如时新学术那么精致、精巧、精细，但其中的元气沛然、正气凛然、大气浩然，却如关西大汉，执铜琵琶、铁绰板，高歌大江东去，也是窸窸窣窣的学术流行语望尘莫及的，至于其中蓊郁蓬勃的道路自信、理论自信、文化自信，更与人民共和国的历史风云休戚与共，血脉相通。赵月枝一篇新作再次谈及1989年问世的四卷本《传播学国际百科全书》（*International Encyclopedia of Communications*）——世界传播学术的第一部百科全书。这一历时六年的大型学科建设项目，由时任宾夕法尼亚大学安南堡传播学院院长的格伯纳（George Gerbner）从1982年开始推动。作为"美国批判传播学者主导，同时有效整合美国国内各学术流派和国际批判学术资源的集大成工具书"，《传播学国际百科全书》既是第一部传播学科国际百科全书，"也是批判传播学术曾一度从边缘走向中心的一个里程碑。它所确立跨学科历史视野和全球视野的传播知识体系，为其后类似工具书所难企及"。在赵月枝看来，书中三个涉及中国的条目，今天尤其值得关注。其中第一个条目"马克思主义传播理论"，包括"起源与发展"和"第三世界取向"两篇文章，而后者正是国际知名的批判学者阿芒·马特拉撰写的。他的文章开篇指出，马克思主义传播理论包含多元取向和批判理论，许多来自第三世界，而毛泽东新闻思想堪称范例之一。马特拉用更宽泛的传播概念代替中共党报理论的新闻概念，指出毛泽东对传播理论的几方面贡献：

> 一是基于人民战争和群众路线，强调传播在教育、鼓舞和组织人民斗争中的作用，包括毛泽东如何致力于建立知识分子与其他社会阶级的有机联系和如何不同于格瓦拉"把传播放在更普遍的文化背景中"；二是毛泽东与国际共运中的经济主义传统和阶级化约论的分野（Mattelart, 2:480）；三是他和甘地倡导的"自力更生"（self-reliance），认为这一思想指导了无数关于先进传播技术的扩张的批判研究和对文化认同和多样性的要求[1]。

对此，20世纪70年代来华调研中国社会主义文化经验以及传播经验的批判学者斯迈思固然做出独一无二的学术贡献，而提出创新扩散理论的美国主流传播学者罗杰斯也在同时期针对新中国的"现代化奇迹"（miracle of modernization），开始对西方传播范式进行反思。[2]然而，颇为吊诡而错位的是，正当国际学界日益青睐中国新闻传播实践及其理

---

[1] 赵月枝：《否定之否定？从中外传播学术交流史上的3S说起》（未刊稿）。另见赵月枝：《全球视野中的中共新闻理论与实践》，载《新闻记者》2018年第4期。
[2] 李彬、官京成主编《马克思主义新闻观十五讲》（第二版），北京：清华大学出版社，2018年，第69页。

论建树之际，三十年河东新闻学却在"后文革""后革命""后冷战"的反思与解构思潮中，开始一步步遭到自身一浪高过一浪的否弃与瓦解。

诚然，三十年河东新闻学及其学科体系、学术体系和话语体系囿于历史条件与自身局限难免存在种种缺憾，如同中国道路从来不是一帆风顺，尽善尽美，尤其其中一些过度政治化、日趋教条化、最终八股化等问题，更同社会主义建设时期的"极左"偏差不无关系，从而在所谓告别革命的时代语境中貌似失去思想活力与学术魅力。然而，即使如此，熔铸其中的马列主义、社会主义、共产主义之灵魂，立足中国革命、建设及其新闻实践之格局，心口如一追求真理之气象，今天看来依然正大光明，理直气壮。特别是这一代新闻学者如甘惜分、王中、康荫等毕生追求真理，相信真理，而马克思主义既是他们心目中救国救民、至高至大的真理，也是人类新闻摆脱异化、走向自由解放的真理，故而他们创立的新闻学看似没有那么雅致，那么从容，那么文质彬彬，温良恭俭让，但在一派浑厚朴拙中却不掩"英特纳雄耐尔"的精神光辉。试举一例，可见一斑。今天，一提起新闻自由，俨然就剩下一套自由主义与专业主义的说辞，除了"社会公器""公共领域""第四等级""无冕之王""文人论政"，以及青年马克思的"普鲁士书报检查令"等，就不知道再说什么了，而对比当年义正辞严的无产阶级新闻自由话语，思想格局与精神境界真是不可同日而语：

> 中国共产党本来是有一套新闻自由理论的，就是基于马克思主义阶级理论的新闻自由观。这个理论认为，新闻自由是有阶级性的。回顾历史，中华人民共和国的立国过程包括了共产党领导的中国革命以"人民"的名义剥夺"资产阶级新闻自由"的过程；包括了在宪法序言中所言的"工人阶级领导的、以工农联盟为基础的人民民主专政，实质上即无产阶级专政"的基础上，建立起"无产阶级新闻自由"的过程。在这一语境中，"无产阶级新闻自由"首先被定义为，新闻机构摆脱国内外私人资

本控制的自由。[1]

长风几万里，吹度玉门关。这一脉新闻理论以及新闻自由话语，同样以马克思主义与伟大的中国革命及其新闻实践为源泉，以马列主义的阶级、政党、国家等思想为基石。事实上，"阶级论"以及一脉相承的"革命""斗争""无产阶级专政"等话语，既是中国新闻学立论的核心，也是前三十年哲学社会科学的世界观、方法论。正是基于这种革命话语，如《共产党宣言》所言迄今一切社会的历史都是阶级斗争史、无产阶级的革命与资产阶级的灭亡都是不可避免的等真理话语，形成三十年河东新闻学的主导性思想——"报刊是阶级斗争的工具"。应该说，基于阶级分野与革命实践的新闻学在人民当家做主的时代，在社会主义建设全面开启的时期，曾经促成"阶级斗争扩大化"之势，一路高歌猛进中也导致令人叹惋的顿挫与曲折。所以，"无产阶级文化大革命"结束后，断然放弃"阶级斗争为纲"，明确以经济建设为中心，就成为社会主义四个现代化及其新闻业的大势所趋，人心所向。不过，放弃阶级斗争为纲是一回事，放弃马克思主义阶级论是另一回事，不讲阶级斗争为纲不等于不讲阶级论，更不等于不讲马克思主义阶级分析法。[2]至于"报刊是阶级斗争的工具"等新闻观，早在民国时期就是进步知识分子以及

---

[1] 赵月枝：《被劫持的"新闻自由"与文化领导权》，载《经济导刊》2014年第7期。
[2] 逄先知2017年撰文《关于意识形态问题的一些看法》(《文化软实力》2017年第3期)，提到几个应当澄清的混乱概念，其中第一个就是马克思阶级分析法与阶级斗争为纲：

把马克思主义的阶级观点、阶级分析方法同"阶级斗争为纲"混淆起来。现在，谁讲阶级斗争、阶级分析，就给你扣上"阶级斗争为纲"的帽子。这个问题要澄清。在社会主义社会里，阶级斗争还将在一定范围内长期存在，在某种条件下还可能激化。既要反对把阶级斗争扩大化的观点，又要反对认为阶级斗争已经熄灭的观点。这是上了宪法和党章的，写进了第二个《历史决议》。从邓小平同志到江泽民同志、胡锦涛同志也一直是这样讲的。阶级斗争，特别是意识形态领域里的斗争，必将长期存在。这是客观事实，不是哪个人主观想出来的。害怕讲阶级斗争的人，有一些可能是因为过去受过不公正待遇、受到过阶级斗争扩大化的冲击。但有一些人，恰恰自己就是搞阶级斗争的。他天天在那里搞阶级斗争，却不许别人讲阶级斗争。承认阶级斗争在一定范围内存在，同"阶级斗争为纲"是有原则区别的。"阶级斗争为纲"是把阶级斗争作为社会主义社会的主要矛盾，同以经济建设为中心的政治路线相对立；而且把阶级斗争扩大化、绝对化，把不属于阶级斗争的问题也当作是阶级斗争。这是完全错误的，应当批评。坚持以经济建设为中心毫不动摇，同时又承认在一定范围内将长期存在阶级斗争，这样的认识和提法才是全面的。

新闻学者的共识，如一代新闻学家、法学家张友渔，其中彰显的恰恰是古今中外新闻业与新闻学的核心命题——新闻舆论领导权（如同葛兰西所谓文化领导权）。[1] 既然现实社会由生产资料、生产关系、经济基础等区分为不同的阶级、等级、阶层等，那么与之息息相关的新闻舆论与新闻媒体就势必自觉自愿或不情不愿地听从于、屈从于、服务于马克思恩格斯所谓"统治阶级"的意志以及占统治地位的意识形态，这是不以任何人的意志为转移，更不以任何天真善良的意愿为转移的历史现实。奉行阶级论的三十年河东新闻学，始终把握的正是这一基本现实，在鲜明阶级意识中始终追求并捍卫"无产阶级"即人民大众或工农大众的文化领导权。因此，放弃阶级斗争为纲而一并放弃阶级论，就像主张和平、反对战争而一并放弃国防一样。[2]

当然，共产党的党章、共和国的宪法始终尊奉马克思主义的阶级理论与阶级政治，宪法总纲始终宣示我国是"工人阶级领导的、工农联盟为基础的"社会主义国家。同时，毋庸讳言，在新自由主义影响的现实文化政治中，马克思主义阶级论已被有意无意淡化、边缘化，甚至污名化，共产党、共和国的阶级主体也被有意无意遮蔽而几近销声匿迹。2014年，中国社会科学院院长王伟光的一篇文章及其遭遇就是典型一例。这篇《坚持人民民主专政，并不输理》的文章，无非讲了马克思主义的"老生常谈"，包括邓小平提出的"四项基本原则"，甚至文章标题都是邓小平的原话。然而，由于马克思主义"阶级论"已经长期失落，而自由主义与新自由主义的抽象"人性论"汹涌澎湃，蔚为主流价值，王伟光的文章既在意外、又在意中地被流行思潮归入"极左""文革思维""斗争哲学"。既然以"无产阶级"为标志的话语落花流水春去也，同时以"小资""中产""白

---

[1] 参见张友渔：《新闻的性质和任务》（1933年），载《报人生涯三十年》，北京：新华出版社，1982年，第119页。
[2] 2002年，中国社会科学院社会学家陆学艺出版了《当代中国社会阶层研究报告》。2018年，中国社会科学院副院长、新一代社会学家李培林出版了《当代中国阶级阶层变动》，并被评为社科文献出版社的年度"十大好书"之一。

领"为标志的话语恰似一江春水向东流，那么就不难看到，新闻学界及其受其影响的新闻实践一边是马克思主义新闻学如"人民自由精神的千呼万应的喉舌"日益漫漶，一边是欧美新闻专业主义如貌似不讲阶级属性的所谓"新闻自由"日益盛行。

如今，王中、康荫、甘惜分已经相继作古，他们代表的三十年河东新闻学也已渐行渐远，人渐不闻声渐消，多情却被无情恼。[1]虽然在摆脱某种僵化教条的羁绊，激活学术的想象力、创造力、生命力之际，三十年河西新闻学有其历史必然性和理论合理性，也为三十年再河东的新闻学提供了他山之石的学术资源和理论准备，但而今蓦然回首也不难看到80年代新启蒙对新闻业与新闻学的反思和批判，在矫枉过正的方向上又日益陷入另一种更加僵化、愈发教条、日益保守的思路，尤其对前三十年一系列重大政治理论命题以及新闻命题的简单否弃，轻薄为文，率尔操觚，更是严重窒息了中国新闻学的理论活力与思想生机。应星论及的阶级斗争命题及其政治性与伦理性内涵，显然也不在八十年代新闻学新潮中：

> 阶级斗争概念在战争年代主要表现出来的是夺取政权的政治内涵，但这往往使人忽略了阶级斗争概念所具有的更为重要的伦理内涵。夺取政权只是革命的手段，通过阶级斗争谋求社会平等，塑造社会主义"新人"和"新世界"，才是革命的真正目的。也正因为此，列奥·斯特劳斯(2002：228、231)才批评施米特那种将划分敌友界定为政治概念的做法是肯定了政治而否定了道德，并没有真正解决现代社会"非政治化"的问题，究其实，"对政治的肯定最终无非是对道德的肯定"。从西方现代性伦理来说，共产党人企图通过阶级斗争所提出的平等问题与自由主义关切的自由问题构成了张力。从中国近代社会来说，从太平天国运动到科举制废除等一系列重大历史事变带来了社会夷平的局面(孔飞力，1990)，传统中国的德治秩序和双

---

[1] 十多年前，有一次某研究生见新闻书架上摆着《王中文集》，脱口问道："'王中文'是谁？"

轨政治格局被破坏，需要重新建立一个新的伦理秩序。中共早期领导人在接受马克思主义时就已经赋予了自己通过阶级斗争再造"新德治"秩序的使命，只是这一使命后来被紧张的政治、军事斗争所遮蔽，直到延安整风时才开始展露出来，并在1949年后得以全面铺开。[1]

三十年河西——看山不是山

俞可平论及近四十年中国政治学的总体状况，同新闻学相比如出一辙。一方面，在他说的学术逻辑与政治逻辑的双重驱动之下，学科与学术的发展呈现七个主要趋势：一，从理论译介到本土研究；二，从意识形态到政治科学；三，从规范研究到经验研究；四，从偏重定性研究到日益重视定量分析；五，从单一学科到交叉学科；六，从政治制度到政治行为；七，从阶级统治到国家治理。在他看来，这些发展趋势从各个侧面反映着中国政治学，同时也是新闻学的"知识化程度、专业化程度、独立化程度、科学化程度和现实化程度"。与此同时，另一方面，政治学包括新闻学又面临一系列严峻挑战："纵观近40年的发展历程，谁也不会否认中国政治学在学科建设、人才培养、知识传承、理论创新、决策咨询和学术交流等方面所取得的显著成就，但同样没有人会否认这门学科所存在的严峻挑战。知识体系相对陈旧，基础理论研究相当薄弱，研究方法比较落后，研究课题重复雷同，原创性成果严重稀缺，应用研究明显压倒基础研究……"[2] 他未提及而又广泛存在的"学术江湖化"问题，恐怕更严峻、更致命，看看当代一些新儒林外史，如《活着之上》（阎真）《应物兄》（李洱），就知一二了。应星曾在一篇《且看今日学界"新父"之朽败》中痛陈其病，"许多圈子都具有或浓或淡的江湖气息"，

---

[1] 应星：《"把革命带回来"：社会学新视野的拓展》，载《社会》2016年第4期。
[2] 张禹、王俊：《中国政治学向何处去——专访北京大学俞可平教授》，见《北大政治学评论》（第五辑），北京：商务印书馆，2019年。

"自觉不自觉地把世俗的那套手腕和心机带到圈子中,带进学术中"[1],十年后进一步直言:

  先天的营养不良决定了他们学问的底气虚弱,而进入学界成名太快又使他们的精力早早地陷入会议、派系和资源的泥潭。他们太晚地奠定为学的地基,又太早地陷入戴维·洛奇所谓的"小世界"。他们在同行评审的外衣下所真正熟稔的是黑箱操作,所认同的是"内举不避亲"、近亲繁殖的裙带作风,所沉醉的是利益均沾、互惠交换的权力游戏。由此就形成今天学界专业化与江湖化并存的景观。[2]

  无论如何,新中国第二个三十年的新闻学及其学科体系、学术体系和话语体系相对于第一个三十年,总体看来可谓名副其实的"三十年河西",一路风尘仆仆西行取经中,也不知不觉或有知有觉丢弃了共产党共和国的精神价值与新闻传统,以至于如今新生代的新闻学者与记者不免言必称、心必念"普世价值""专业主义""文人论政""四不主义"等。虽然改革开放之初,也就是当年所谓"开放搞活"之初,随着思想解放与全面开放,新闻界一边反思前三十年的某些"极左"问题,希望正本清源汲取无产阶级新闻学的正统——从马克思到毛泽东,一边不失主体性地汲取欧美新闻学的养分,使新闻学一度焕发生机,春意盎然,乃至"中国特色新闻学"仿佛呼之欲出,如1986年第二届全国传播学研讨会的主题是开创"中国特色传播学体系"。遗憾的是,历史的"幸运女神"与我们擦肩而过,随着八十年代初的"精神污染"、八十年代中的"资产阶级自由化"、八十年代末的"政治风波"三次大规模文化政治潮流一波未平,一波又起,加之一些肉食者真傻装傻不作为,更不说施拉姆及其"冷战传播学"大举渗透,开疆拓土,以及随后苏东剧变、

---

[1] 应星:《且看今日学界"新父"之朽败》,载《文化纵横》2009年第8期。
[2] 应星:《"科学作为天职"在中国》,李猛编《科学作为天职:韦伯与我们时代的命运》,北京:生活·读书·新知三联书店,2018,第194页。应该指出,江湖化问题不仅仅在于个人的修养与品行,从更广泛的社会背景看还在于学界从"参化天地"的真理到"谋利计功"的学术之变异。前者旨在为天地立心、为生民立命、为往圣继绝学、为万世开太平,故往往弹在社会历史绷得最紧的弦儿上;后者则近乎韦伯所谓"价值无涉",姑妄言之、姑妄听之、不痛不痒、可有可无之际著书则为稻粱谋。

世界社会主义运动一度陷入低谷，新闻学也同其他哲学社会科学一道日渐沦为欧美的思想跑马场与学术殖民地。

于是，一方面马克思主义道统与中国道路在三十年河西新闻学中日益虚化边缘化，一方面欧风美雨的学科体系、学术体系、话语体系日渐成为新闻教育新闻学的主导态势或主流趋势，正如张承志对中国当代学术的总括性评价："正确的标准，不是与茫茫现实的依存程度，而是与西方话语的磨合程度。"[1] 时下学界自上而下推行的所谓"国际评估"就是典型。九十年代以来，随着媒体市场化、商品化、资本化大潮涌起，以及美国一套传播学的学科体系、学术体系与话语体系的广泛确立，三十年河西新闻学同马克思主义以及共产党、共和国的新闻实践及其价值追求日益貌合神离。借用《红楼梦》的话说，外面的架子虽未甚倒，内囊却也尽上来了。八十年代末的政治风波后，就有学者指出，"我国十年改革存在着坚持还是否定社会主义方向之争，新闻改革也不例外。对于这次主要发生在北京的严肃的政治斗争，新闻工作者有的支持、有的反对，新闻机构的舆论导向有的正确、有的错误；这种截然相反的态度，正是新闻理论争论、新闻改革方向分歧的反映"。[2] 然而，这种理论分歧不仅没有得到根本解决，而且从小弦切切到大弦嘈嘈，日渐形成各行其是的"两张皮""两面人"问题。就业界而言，一方面不断强调马克思主义新闻观，始终主张党性原则、把握舆论导向、正面宣传为主，一方面一些记者的政治立场与新闻观念日益模糊混乱，陷入张炜所谓"精神恍惚"，其中精英更如赵鼎新所言：只有"利益认同"而无"价值认同"[3]。2018年两会前夕那场一度沸沸扬扬的新闻风波，就是这种状况的冰山一角。就学界而言，虽然学术研究日益活跃，学术视野不断扩大，学术成

---

[1] 张承志：《常识的求知：张承志学术散文集》，北京：生活·读书·新知三联书店，2012年，第340页。
[2] 林枫：《新闻理论争论的若干重要问题——1989年11月22日在全国省、市、自治区党报总编辑新闻工作研讨班上的讲话》，载《新闻业务》第15期，1989年12月25日。
[3] 见赵鼎新《社会与政治运动讲义》（第二版），第十二章《新闻、大众舆论和社会运动》，北京：社会科学文献出版社，2012年。

果纷至沓来，但是为谁著书、为谁立说的学术方向，也在习近平提到的"去价值化""去历史化""去中国化""去主流化"新潮中日渐迷失。

这些问题用邓小平的说法，既有大环境的因素，又有小环境的因素。大环境在于社会经济结构发生丕变，主流文化政治难免遭遇利益多元化与社会思潮多元化的冲击、侵蚀、瓦解，就像逄先知分析的：

> 意识形态问题不是孤立的。它既密切联系政治问题，又密切联系经济基础问题。意识形态领域的斗争，往往发展成为政治斗争，最后会导致政权的争夺。意识形态对经济基础有重要的反作用，但归根到底决定于经济基础，适应经济基础。有什么样的经济基础，就有什么样的上层建筑、什么样的意识形态，并为经济基础服务。这是不以人们的意志为转移的客观规律。现在各种错误思潮泛滥，固然同我们的思想宣传工作不力有关，但更重要的是经济基础发生了重大变化。拿国有经济来说，它的总产量只占经济总量的25%，只占出口贸易额的11%，非国有企业反而成为外贸出口的主力军。国有经济是不是处于主导地位都成问题，又怎能保证公有制的主体地位。一些人还在极力鼓吹"民进国退"，谁不赞成就受到围攻。也有人想把"混合经济"这种合法形式，作为推行私有化的途径。另一方面，则拼命抹黑国有企业，把国企说得一无是处。……邓小平同志从实行改革开放那天起，就一直强调必须以公有制为主体。这是非常重要的，必须坚持。现在我们国家的国企经济所占比例，还不如有些西方资本主义国家。经济基础发生了重大变化，加上西方文化、价值观的大量涌入，就出现了今天思想领域的情况。[1]

至于小环境则在于前述新中国新文化的建设数十年来不断虚化空心化，邓小平一再批评"精神文明建设一手软"，同时又遭遇国内外各路精英不断挑战，一位学者所述的经济学状况何尝不是新闻学局面：

---

[1] 逄先知：《关于意识形态问题的一些看法》，载《文化软实力》2017年第3期。

一方面，思想意识上宣称要遵循马克思主义政治经济学的基本原理；另一方面，具体实践中普遍采用西方经济学的分析框架，而貌似独树一帜的"有中国特色的社会主义经济学"则以具体个别来代替理论一般，以研究对象的特殊性来否定理论本身的普适性……

如此一来，"中国经济学向何处去"这一本来不是问题的问题却成为中国经济学界的现实彷徨：传统政治经济学的研究者偏安一隅，孤芳自赏，耽于训诂考证和引经据典，越来越远离丰富多彩的、正在创造着历史的社会现实；而更多经济学子则在气喘吁吁地追逐着西方经济学的时尚最新前沿，从公共选择理论、交易成本理论、制度变迁理论、产权理论、博弈论到……从布坎南、科斯、诺斯、张五常、纳什到……这一幕幕，似乎都在印证着马克斯·普朗克的一句名言："新的科学不是通过说服反对者而获胜，它的最后胜利是由于反对者们终于死去而赞同它的年轻一代成长了起来！"[1]

如果说马克思主义阶级论是三十年河东新闻学的立场、观点和方法，那么三十年河西新闻学的立场、观点和方法就是资产阶级的抽象人性论。由于抽象人性论总以所谓普世面目示人，故往往遮蔽其中隐含的资产阶级意识形态及其阶级属性。说起来所谓人性论或抽象人性论，原是欧洲现代初期市民社会为了反抗宗教禁锢和封建压迫而形成的意识形态，体现了资本主义发展的现实诉求和资产阶级的阶级意志。作为一套思想理论体系，其立论基础是撇开人的现实社会条件，剥离具体的、现实的、不以人的意志为转移的经济关系、政治关系、社会关系、权力关系等，进而抽象出一种可以放之四海而皆准的普遍人性，结果说起来振振有词而落下来不着边际。这种意识形态在特定历史阶段有其进步性、革命性，相对于压抑人的中世纪及其神学体系无疑具有解放人的历史意义。不过，这种没有现实着

---

[1] 戴天宇：《新范式经济学》，北京：清华大学出版社，2017年，第2—3页。

落的抽象人性，既忽略了人生在世活生生的现实基础，更遮蔽了社会经济关系及其所属的阶级关系，只能存在于思维世界，栖身于爱丽丝梦游仙境的童话幻境，而在人类社会与现实生活中难觅踪迹。对此，马克思以及各路思想家、哲学家、理论家早有深刻论述，三十年河东新闻学也多有批判。比如，马克思在《〈黑格尔法哲学批判〉导言》中写道："人不是抽象的蛰居于世界之外的存在物，人就是人的世界，就是国家，社会。"[1]然而，人性论思潮从20世纪80年代重新泛起，经过思想界、学术界、文艺界与新闻界一些人不断推波助澜，从周扬、王若水的"异化论"到胡绩伟的"人民性"，逐渐成为一种压抑唯物史观阶级论的社会思潮，并逐渐成为普遍的文化潜意识。从《色戒》到《无问西东》等历史虚无与价值虚无的作品之所以畅行无阻，也在于这种抽象人性论的日益流行。[2]

由于新闻学的根基从马克思主义的阶级论变为抽象人性论，一系列理论与实践问题也随之失魂落魄，无所适从，随波逐流，无问西东。拿新闻理论流行语如信息论、公器论、专业论、自由论等来说，都是在普遍人性的基础上言说的，其中不涉及具体的社会政治语境和历史文化背景，放在美国说是如此，放在中国说同样如此。再如，新闻起源、新闻价值、新闻本质、新闻功能等论断，也无不围绕着普遍的、永恒的、抽象的人性展开，即使胡绩伟对"人民性"的讨论，貌似讲共产党共和国的政治，深究起来也不脱人性与人性论的幽灵。因为，离开先进政党以先进文化的启蒙召唤，如马克思主义党性原则，离开现代中国波澜壮阔而错综交织的历史实践与社会运动，所谓人民性如同人性一样，不过是漂亮空洞的说辞，就像《共产党宣言》揶揄的，"根本不存在于现实界，而只存在于云雾弥漫的哲学幻想的太空"[3]。依据向芬的考察分析，[4]在延安

---

[1]《马克思恩格斯选集》第一卷，北京：人民出版社，2012年，第1页。
[2] 参见所思《只谈风月，不谈风云？》，载《读书》2008年第4期；孙柏《〈无问西东〉的青春叙事和历史书写》，载《电影艺术》2018年第2期。
[3]《马克思恩格斯文集》第2卷，北京：人民出版社，2009年，第58页。
[4] 向芬：《理论回响：从"党性与独立性问题"到"党性与人民性之争"》，载《新闻与传播研究》2018年第10期。

时代新闻传统中，同党性相对的不是人民性，而是资产阶级、小资产阶级的所谓"独立性"，事实上党性人民性在共产党与共和国的理论与实践中始终血脉相连，从毛泽东到习近平从无异议，正如常说的"党和人民的耳目喉舌"。换言之，党性就是人民性，人民性就是党性。分割党性与人民性是八十年代的新动向，也是邓小平严厉批评的思想倾向。[1] 由于这一分割，既导致逻辑上"党性与人民性"的分离或对立，更自觉

---

[1] 1983年邓小平在《党在组织战线和思想战线上的迫切任务》的讲话中，针对"精神污染"包括党性人民性方面的错误思潮所谈的一些问题，至今仍然具有现实意义：

有相当一部分理论工作者，对于社会主义现代化建设实践中提出的种种重大的理论问题缺乏兴趣，不愿意对现实问题进行调查和研究，表示要同现实保持距离，免得犯错误，或者认为没有学术价值。在对现实问题的研究中，也确实产生一些离开马克思主义方向的情况。有一些同志热衷于谈论人的价值、人道主义和所谓异化，他们的兴趣不在批评资本主义而在批评社会主义。人道主义作为一个理论问题和道德问题，当然是可以和需要研究讨论的。但是人道主义有各式各样，我们应当进行马克思主义的分析，宣传和实行社会主义的人道主义（在革命年代我们叫革命人道主义），批评资产阶级的人道主义。资产阶级常常标榜他们如何讲人道主义，攻击社会主义是反人道主义。我没有想到，我们党内有些同志也抽象地宣传起人道主义、人的价值等等来了。他们不了解，不但在资本主义社会，就是在社会主义社会，也不能抽象地讲人的价值和人道主义，因为我们的社会内部还有坏人，还有旧的社会渣滓和新的社会渣滓，还有反社会主义分子，还有外国和台湾的间谍。我们的人民生活水平和文化水平还不高，这也不能靠谈论人的价值和人道主义来解决，主要地只能靠积极建设物质文明和精神文明来解决。离开了这些具体情况和具体任务而谈人，这就不是谈现实的人而是谈抽象的人，就不是马克思主义的态度，就会把青年引入歧途。至于"异化"，马克思在发现剩余价值规律以后，曾经继续用这个说法来描写资本主义社会中工人的雇佣劳动，意思是说工人的这种劳动是异己的，反对工人自己的，结果只是使资本家发财，使自己受穷。现在有些同志却超出资本主义的范围，甚至也不只是针对资本主义劳动异化的残余及其后果，而是说社会主义存在异化，经济领域、政治领域、思想领域都存在异化，认为社会主义在自己的发展中，由于社会主体自身的活动，不断产生异己的力量。他们还用克服这种所谓异化的观点来解释改革。这样讲，不但不可能帮助人们正确地认识和解决当前社会主义社会中出现的种种问题，也不可能帮助人们正确地认识和进行在社会主义社会中为技术进步、社会进步而需要不断进行的改革。这实际上只会引导人们去批评、怀疑和否定社会主义，使人们对社会主义、共产主义的前途失去信心，认为社会主义和资本主义一样地没有希望。既然如此，干社会主义还有什么意义呢！马克思主义要发展，社会主义理论要发展，要随着人类社会实践的发展和科学的发展而向前发展。但是，上面这样的观点，不是向前发展，而是向后倒退，倒退到马克思主义以前去了。人道主义和异化论，是目前思想界比较突出的问题。其他类似的问题还不少。比如宣传抽象民主，直至主张反革命言论也应当有发表的自由；把民主同党的领导对立起来，在党性和人民性的问题上提出违反马克思主义的说法，等等。有些同志至今对党提出坚持四项基本原则仍然抱怀疑态度。有一个时期，有少数同志认为，我们这个社会是不是社会主义社会，该不该或能不能实行社会主义，以至我们党是不是无产阶级政党，都还是问题。有些同志又认为，既然现在是社会主义阶段，"一切向钱看"就是必然的，正确的。这些错误的观点大都写成文章公然在报刊上发表，有些一直没有得到澄清。可见理论界的一部分同志思想混乱到什么程度。

不自觉促成"独立性"的"暗度陈仓",结果无论在理论上,还是实践上,核心问题已经不是党性人民性与独立性的对立,而成为党性与人民性的对立。因此,当年胡乔木坚决反对分割"党性人民性"的提法,坚持党性就是人民性的立场。然而,随着20世纪80年代以来党性人民性的认识错乱,2016年送审的一部"马工程"教材已经坦然而赫然写道:新闻媒体既坚持党性,又保持相对独立性!这里,把"党性(人民性)与独立性"相对,恰恰自觉不自觉显示了向芬犀利指出的,延安时代确立马克思主义新闻观之际所着力清除的非马克思主义新闻观——独立性(当年甚至极而言之"一个字也不许闹独立性")。

虽然三十年河西的新闻学沟壑纵横,河岔交织,但大方向、大脉络却如群山万壑赴荆门,万水朝东奔向这一"独立性",并集中体现于所谓专业主义。尽管专业主义与八十年代以来肆行全球的新自由主义之关联还需科学论证,但双方相伴相行的演进态势却一目了然。如果说改革开放进程难免受到主导当代世界格局的新自由主义思潮之影响,那么当代中国的新闻业与新闻学也无法置身事外而免受新闻专业主义的渗透与浸润。当然,作为欧美媒体通行的新闻范式,新闻专业主义有其有效性、普适性的内涵,包括讲故事的艺术、用事实说话的技巧、设置议程机制、引导舆论策略等,但其中预设或隐含的一整套核心价值新闻观却俨然与资本主义道路若合一契,如第四等级、无冕之王、(资产阶级)公共领域与新闻自由等。尊奉这套话语势必与中国道路以及党性人民性有机统一的新闻业形格势禁,圆凿方枘。童兵教授2017年在一篇文章中指出:西方新闻学著述这些年几乎悉数出版,广泛传播,对中国的新闻教育与新闻事业虽有一定积极作用,同时也应看到,"这些著作以及一部分外籍学者在中国高校的自由演讲,也产生了相当消极的作用。比如美国的新闻专业主义理论,不可避免地留有美国社会和意识形态的印记,因而它对中国的新闻教育、中国新闻从业者的职业理想指引,甚至对相关主管部门的执法理念都带来一定的负面影响"[1]。

三十年再河东——看山还是山

1962年，毛泽东在七千人大会上谈到："从现在起，五十年内外到一百年内外，是世界上社会制度彻底变化的伟大时代，是一个翻天覆地的时代，是过去任何一个历史时代都不能比拟的。处在这样一个时代，我们必须准备进行同过去时代的斗争形式有着许多不同特点的伟大斗争。"[2]2012年，十八大报告重提这一论断："发展中国特色社会主义是一项长期的艰巨的历史任务，必须准备进行具有许多新的历史特点的伟大斗争。"这是习近平主持报告起草工作时主张写入的一句话，五年后十九大政治报告再次强调这一点。不仅如此，近年来习近平在不同场合都不断重申这句话，包括2014年在纪念邓小平诞辰110周年的座谈会上的讲话："在前进道路上，我们将进行许多具有新的历史特点的伟大斗争。"

从文化建设与意识形态方面看，"必须准备进行具有许多新的历史特点的伟大斗争"离不开中国新闻学及其学科体系、学术体系、话语体系，也就是三十年再河东的新闻学。罗志田指出的一种历史学状况，对此不无启发："还有一种可能，那也很可怕，就是那些基本不变的教科书其实是对的，而我们这么多年的研究其实没什么进步。"[3] 比如，"反帝反封建"的近代史主题其实是对的，而前些年忙活半天的"现代化范式"其实没什么长进。当然，新时代新闻学及其学科体系、学术体系、话语体系，既不可能是对三十年河东新闻学的简单回归，也不可能是对三十年河西新闻学的简单否定，而只能是也应该是辩证取舍基础上的整体性

---

[1] 童兵：《把马克思主义新闻观教育落到实处》，载《新闻与写作》2017年第9期。
[2] 毛泽东：《在扩大的中央工作会议上的讲话》（1962年1月30日），见《毛泽东文集》第八卷，北京：人民出版社，1999年，第302页。
[3] 罗志田、赵妍杰：《在世界历史中研究近代中国》，载《读书》2017年第2期。

超越与综合性创新。苍天已死，黄天当立。随着中国道路及其愿景——两个百年中国梦日益显现，三十年河西新闻学也日益面临三十年一变的历史命运，无可奈何地陷入日暮途穷的理论困境，同时三十年再河东的新闻学，即体现中国特色、中国气派、中国风格的新时代新闻学则可谓千呼万唤待出来了。

在此"正反合"进程中，以赵月枝的《为什么今天我们对西方新闻客观性失望？——谨以此文纪念"改革开放"30周年》（2008）为先声，以王维佳的《作为劳动的传播》（2011），蔡惠福、顾黎的《关于中国特色新闻传播学术话语体系自主建构的几点思考》（2013），胡钰、虞鑫的《构建中国特色新闻学：何以可能与何以可为》（2016），向芬的《新闻学研究的"政治"主场、退隐与回归——对"新闻论争三十年"的历史考察与反思》（2017），王润泽、谭泽明的《沟通：百年中国新闻实践的核心理念》（2019）等一系列著述为代表，更不用说童兵、郑保卫、刘建明、丁柏铨等一批前辈学者的坚守、奋斗与贡献，越来越多学者意识到，中国新闻学的蓬勃生机离不开中国大地，即中华文明、现代历史以及新闻传播的丰富实践，新闻不仅是专业问题，更是"治国理政，定国安邦"的政治问题。同时，一大批业界有识之士早就意识到现有新闻理论体系与教育模式同新闻实践明显脱节，甚至背道而驰，从而强烈呼吁建立"中国特色"新闻学，包括原人民日报总编辑、清华大学新闻学院首任院长范敬宜，原新华社总编辑、郑州大学新闻学院院长南振中，原人民日报副总编辑、复旦大学新闻学院院长米博华，原安徽省委宣传部部长、英年早逝的曹征海等。[1]

与此同时，2004年中共中央马克思主义理论研究与建设工程即"马工程"启动，提出重点推进九大学科，已经包括新闻学：哲学、政治经济学、科学社会主义、政治学、社会学、法学、史学、新闻学和文学。2015年，

---

[1] 参见陈芳：《再谈"两个舆论场"——访新华社原总编辑南振中》，载《中国记者》2013年第1期；曹征海《中国特色社会主义新闻传播理论的建构》，载《光明日报》2015年7月2日1版；柳斌杰《发展中国特色新闻学　重构理论实践教育体系》，载《光明日报》2016年3月28日2版。

中办国办发出《关于进一步加强和改进新形势下高校宣传思想工作的意见》，又提到九大学科：马克思主义理论、新闻传播学、法学、经济学、政治学、社会学、民族学、哲学与历史学，并决定实施两门学科"卓越人才培养计划"：一是新闻，二是法律。2016年，习近平在哲学社会科学工作座谈会上发表讲话，更将新闻学提到前所未有的高度，与十门兵强马壮的基础学科并称为"具有支撑作用"的学科：哲学、历史学、经济学、政治学、法学、社会学、民族学、新闻学、人口学、宗教学、心理学。不言而喻，新时代如此推重新闻学一方面固然显示新闻舆论在治国理政、定国安邦中的地位日益突出，一方面也表明新闻学同"党和人民"的期许颇有距离。

探讨中国新闻学，即与中国道路及其新闻实践息息相关的新闻学，并非故步自封，更非闭门造车，而是"不忘本来，吸收外来，面向未来"。一切哲学社会科学都是特定历史文化的产物，特定精神文化活动归根结底都是特定社会实践的体现并能动地作用于社会实践。因此，作为一门学科，任何时代、任何国家、任何新闻实践的新闻学，既具有钱锺书所言"东海西海，心理攸同；南学北学，道术未裂"的共性与规律，更具有与生俱来独具特色的"天然属性"，从而与自身的社会历史与文化传统血脉相连，声气相通。如果说中国道路的探索可以为全球人类提供更有价值的选择，那么中国新闻学也应该具有同样的学术抱负，"打造具有中国特色和普遍意义"的学科体系、学术体系和话语体系。哲学上讲，特殊性寄寓一般性，一般性蕴含特殊性。事实上，现实社会与新闻实践中确实见不到一般意义的新闻学，只有具体实践的新闻学，如欧美新闻学、拉美新闻学等，但各种具体实践的新闻学又无不具有相通的普遍意义与共通内涵，如真实性、客观性、时效性等，哪怕对此理解各不相同，见仁见智，但没有哪家新闻学会说新闻不真实，不客观，不追求时效。更不用说新闻的公共性、公益性、公开性等社会政治层面的内涵，哪怕对此理解千差万别，甚至针锋相对，但没有哪家新闻学主张新闻媒体理应充当利益集团的喉舌，为有钱有势的精英服务而不为公众服务。

既然新闻学如同其他哲学社会科学一样属于特殊性与一般性的统一，归根结底属于特定历史文化的产物，那么有些人奉若神明的美国新闻学就同样与其政治制度、文化传统、社会生活、阶级关系等密不可分。如果想走美国道路，而且能走美国道路，比如以其"三个代表"即犹太集团、军工联合体集团、华尔街金融集团替换中国的"三个代表"，那么我们全盘照搬美国新闻学自然顺理成章。反之，如果我们想走中国道路，而且只能走中国道路，那么就不能不在中国的社会历史实践中，特别是在共产党、共和国的新闻实践中探寻新闻学之道——包括道统与道理。若把新闻视为一把乐器，如所谓"时代的号角"，那么，新闻学除了探究乐器本身性能即专业问题，还不得不关注与之相关的乐队、指挥、作曲、演奏的场所、聆听的群众、当时的反响、历史的评价等。尤为重要的是，乐器自身是无法演奏发声的，一人一把号，各唱各的调，谁在操纵乐器才是关键。北京雁栖湖会议中心的一架钢琴，原本只是普通乐器而已，养在深闺人未识，中天月色好谁看，之所以一度引来世人目光，是因为俄罗斯总统普京参加"一带一路"首届高峰论坛时，忙里偷闲用它弹奏了一曲《毛主席走遍祖国大地》。同样，媒体所有权问题以及谁在说、谁能说、谁有话语权问题，也是新闻学的核心问题，正如中国媒体一直强调"党和人民的耳目喉舌"，为党和人民所有，为党和人民所用，而绝不允许任何私人势力操控。古今中外的新闻历史也无不表明，私人势力如商业资本一旦渗入媒体，就势必通过有形无形的手，支配、主导、左右社会舆论。这是马克思主义及其新闻学的基本原理，也是古今中外新闻实践充分验证的社会历史。而专业主义新闻学、自由主义新闻学等，一直有意无意回避的恰恰是这一核心问题、根本问题，仿佛这个问题不存在，也不重要，只有媒体的所谓独立性最重要。柳斌杰在清华大学新闻学院谈到：西方的独立主义、自由主义、工具主义、专业主义新闻学既缺乏原理、学理，也回避了媒体有"老板"这一核心问题。

立足中国土，请教马克思，一代马克思主义新闻学家甘惜分提倡的方向，是三十年再河东新闻学的人间正道。只有立足中国实践，讲好学术的中国故事,把论文写在大地上,中国新闻学才有生命力、想象力、创造力。为此,就不能不重新激活政治意识、问题意识、自觉意识,不能不摆脱去政治化、去主流化、去历史化、去中国化的流行思维流行语,如不痛不痒,如装神弄鬼,如躲进小楼成一统、管他冬夏与春秋。而一旦直面中国道路及其新闻业的历史与现实、理论与实践,就会发现许多真问题、大问题,也才可能有真学问、大学问。举例来说,2019年是新中国成立七十年,七十年来中国新闻业如同中国道路的探索一样,"左一脚,右一脚,深一脚,浅一脚"(王绍光),既创造了数不胜数的历史业绩,也留下了错综复杂的专业遗产,只待有志者、拓荒者深入其中,开展历史与逻辑有机统一的研究,开掘解释世界与改变世界有机统一的理论。再如,当下新闻界一个突出问题和现实危险在于,"党和人民耳目喉舌"事实上已被私人资本渗透,需要引起高度关注和警觉。如果像郑永年说的继续"鸵鸟政策","你说你的,我做我的",那么总有一天会"酿成社会和政治的双重危机"。[1]李良荣2017年在《新闻大学》撰文,以翔实的事实与分析揭示了这一突出问题与现实危机,同年又在武汉大学新闻学院以马克思主义新闻观,解读了这一不容回避也无法回避的"新生态与新业态":

  目前影响中国新闻传媒新业态与新生态有四大变量:(1)政府规制;(2)技术力量;(3)资本介入;(4)社会变迁。在这些变量的复杂组合与作用之下,又形成了新闻传媒业的四种基本表征:

  第一,以混合所有制为标志的传媒新体制已经成型。以前,报刊广播电视都是公营,现在,资本巨头加快布局新闻业,大量的外资、民资涌入传媒业,公私合营、民营、个体经营等新形式不断出现。国有资本的垄断地位不再,混合所有制已然成型。

  第二,以互联网为中心的传播新格局基本成型。新媒体成

---

[1] 郑永年:《再塑意识形态》,北京:东方出版社,2016年,第111页。

为主导，传统媒体全线收缩，沦为配角；新媒体中，民营新媒体成为主导，国有新媒体沦为配角，社会影响力不可同日而语。

第三，新的运行模式：新闻生产和分发分离。当前，全球最大的信息平台是美国的 Facebook，而中国最大的新闻平台是今日头条。这些平台是真正的"信息超市"和"观点自由市场"，按照"算法分发"精准推送。新闻的私人定制成为趋势。

第四，新的生产与传播模式：新闻生产的"去中心化"和传播媒介的"去边界化"。

与此相应，新闻传媒业的新生态、新业态呈现六方面的特征：资本大鳄进军传媒业引发新变动；中产阶级的崛起和舆论新生态；新生代和传媒的新生态；"后真相"时代到来；众媒时代的自媒体转型；视频时代已经来临。其中首屈一指的是资本大鳄进军传媒业引发新变动：

世界各国互联网在过去20年里，基本不涉及新闻。但近几年来，资本裹挟技术大举入侵媒体，通过三种模式"跑马圈地"：

一是收购兼并，将知名传统媒体买入麾下。

二是打造网络平台，吸纳媒体入驻。Facebook 把大量媒体都打包进来，今日头条也几乎将所有中文媒体纳入麾下。是否进驻平台，甚至成为传统媒体评判新闻内容优劣的标准。新闻媒体仅获得微薄的利润，而社会影响全归平台所有。

三是打造自己的原生媒体。例如，苹果公司的"苹果新闻"、Facebook 的"即时新闻"、Google 的"新闻实验室"。在中国，传统媒体的报网融合收效甚微，于是纷纷组建自己的平台，出现澎湃等五家知名新闻平台。这些平台背后都是各类资本大鳄。另据2017年关于 App 阅读量排名的最新统计，腾讯新闻第一，今日头条第二，腾讯旗下的天天快报排名第三。大量粘性用户都聚集于大平台，新闻垄断时代即将出现。

于是，问题来了：坚持"党管媒体"不动摇的前提下，党该如何管媒体？毕竟资本大鳄如阿里巴巴、腾讯等都在纽交所上市，与党报党刊性质完全不同。这个问题值得深思。[1]

学科体系、学术体系、话语体系

2016年，新中国新闻学先驱甘惜分与世长辞，享年百岁。他的一生是革命奋斗的一生，也是为中国新闻学开拓创新的一生，如同其前辈同乡"革命军中马前卒"——邹容。进而言之，从邓拓到穆青，从范长江到甘惜分，一代新闻大家首先是革命人，然后才是新闻人，故其一生恰似"落日照大旗，马鸣风萧萧"。对此，任何去政治化、去历史化、去主流化、去中国化的言说，都无法把握他们秋风萧瑟、洪波涌起的烈士情怀，以及他们在新闻方面的非凡作为，包括一套新中国新闻学的话语体系。

关于话语体系，甘惜分与费孝通虽然学科不同，成就有别，但立足中国、心系天下、造福苍生的大视野、大格局、大贡献则如出一辙。中国社会科学院学部委员景天魁对费孝通学术之路的概括，也完全适用于甘惜分一代新闻学者。这条学术之路概括起来，一是坚持从"中国故事"中提出"中国问题"，一是坚持用中国话语回答"中国问题"。景天魁说，之所以坚持提出并回答中国问题，是因为一方面中国社会的历史变迁并非西方现代化过程的"复制"，它要解决的问题与西方提出的问题本来就是不同的。如果硬把中国案例套到西方问题上，尤其是套到人家已经提出甚至解决的问题上，那么，中国故事就只能充当西方理论的注脚，从而根本无助于解决中国问题。费孝通的老师、英国人类学家马林诺斯基也曾说过："当学者被迫以事实和信念去迎合一个权威的教义需要时，

---

[1] 李良荣、袁鸣徽：《中国新闻传媒业的新生态、新业态》，载《新闻大学》2017年第3期。另见武汉大学新闻与传播学院网站，"李良荣教授以马克思主义新闻观解读中国传媒业的新生态与新业态"，2017年3月27日，http://journal.whu.edu.cn/academic/news/20170327s90q。

科学便被出卖了。"[1]针对上世纪八十年代的学术思潮，社会学家曹锦清更明确提出"返回国情、返回实证、返回历史"。在"影响中国十大法治图书"的《法治及其本土资源》中，北京大学苏力教授也写道：

> 尽管西方学者和前辈学者已经提供了大量的视角、理论、模式、命题和概念，但是假如没有一个全知全能的上帝，假如人类历史不是重复往返的，假如具体的现实生活具有无限丰富的可能性，假如每个人的体验都具有某种不可替代性，假如人的生命是有限的，那么我们就可以说到目前为止的一切知识都是阐释学意义上的"偏见"，每一种知识体系都是一种地方性知识，昔日的学者、思想家他们没有、也不可能穷尽一切知识。[2]

另一方面，之所以坚持提出并回答中国问题，是因为只有回答中国问题才更适合运用中国话语，包括逻辑、思维、表达、语气、情感等。故曰"中国人在自己的土地上，面对着有血有肉的中国生活，用中国人的语言、中国人的体验，写中国自己的历史，这是最大优势"[3]。如果我们研究的问题以及问题意识是西方的，在当今西方学术居于支配地位的情况下，所用概念或话语自然而然也得是西方的，就像中国传播学用西方概念，操西方话语，看中国问题，说中国事理，结果往往不是雾里看花，隔靴搔痒，就是张冠李戴，指鹿为马。这里，费孝通、甘惜分等始终反其道而行之，景天魁以《江村经济》为例写道：

> 它本来是写给外国人看的博士论文，即便如此，作者刻意坚持用最贴切的中国表达方式，中国本土语言，讲述中国故事，表现中国风格。除了使用已经一般化的概念和词语，如社会结构、社会功能、社会组织再生产等外，作者还使用了"香火""上山丫头""回乡丫头""上首"等饱含乡土气息的词语，有些

---

[1] 费孝通：《江村经济》（修订版），上海：上海人民出版社，2013年，"序"第7页。

[2] 苏力：《法治及其本土资源》（第三版），北京：北京大学出版社，2015年，"什么是你的贡献（自序）"，第3页。

[3] 李零：《放虎归山》（增订版），太原：山西人民出版社，2008年，第236页。

甚至是苏南方言。而且，作者明明知道外国人难解其意，却仍然坚持不用西方概念解释中国概念，而是坚持用中国话语、中国故事解释中国概念。[1]

由于时下中国新闻学往往既不能从"中国故事"中提出"中国问题"，又不能用中国话语回答"中国问题"，于是也不得不舍近求远，避重就轻，放着眼前说天边，不远万里，跋山涉水，绕道纽约、伦敦、巴黎等，转一大圈儿，生拉硬搬一套西方理论，用来"肢解"中国实践，"强解"中国问题。[2] 伊索寓言有篇故事，说古希腊有个爱说大话的人，在跳远等五项竞技中，由于缺乏勇气，屡遭责难。一次，他出外旅行回来，向人吹嘘说，他在罗德斯跳得很远，没有一个奥林匹克选手赶得上他，在场观看的人都可以给他作证。于是，有人对他说："朋友，你不需要什么证人，这里是罗德斯，你就在这里跳吧！"这个故事也可用于中国新闻学：权当这里是罗德斯，有能耐就在这里跳吧。2016年，应星发表长文《"把革命带回来"：社会学新视野的拓展》，引发关注和热议。联系新闻学研究，许多地方何其相似乃尔，也使今人更加深切理解甘惜分一代人的学术追求与贡献："中国革命的主题却很少在中国社会学界得到正面呈现"，"过于狭隘的经验取向和对专业分工的偏执，造成了诸多的社会学研究有社会而无国家、重现实而轻历史、重生态而轻心态的问题"等。[3] 应星提到的如下问题更是点中新闻学的死穴：

> 我们今天的研究越来越规范化，却也越来越碎片化；越来越看似精巧，实则越来越小家子气。可以说，中国社会学目前的研究格局与我们身处的历史巨变所激发出来的思想空间是远远不相称的。
>
> 对中国革命的社会学研究，要做到理解的贴切性和深入性，就不宜直接搬用西方的理论概念，也不宜自行发明理论术语，

---

[1] 景天魁：《中国学术话语体系创新三部曲——费孝通先生的足迹》，载《探索与争鸣》2017年第2期。
[2] 朱学勤：《思想史上的失踪者》，广州：花城出版社，1999年，第245页。
[3] 应星：《"把革命带回来"：社会学新视野的拓展》，载《社会》2016年第4期。

而是要从中国共产党的基本文献和组织结构入手，将那些原本被视为意识形态的术语及规则转化为学术分析对象。[1]

奠基于延安时代的中国共产党新闻学，也就是成熟的党报理论向有所谓"四性一统"之说，即党性、群众性、战斗性、指导性而统一于党性。根据新时代的要求，如今可否提出新的"四性一统"之说，即政治性、实践性、历史性、人民性而统一于人民性。政治性是一切新闻学与新闻业的共性，所谓专业主义也不例外，去政治化不过是改头换面的另一种政治——"去政治化的政治"。除了一般意义的政治蕴含，这里所谓政治性更指马克思主义的精神道统，如社会主义与共产主义的政治立场、政治觉悟、政治价值、政治理想等。至于实践性，也主要针对共产党与新中国的新闻传播与社会实践，正如历史性主要针对五千年的文化传统与文明源流。[2] 而所有这一切无不指向人民性——以人民为中心，也就是人民当家做主的新中国及其价值追求，包括人类解放的政治理想、中国革命及其历史遗产、中华文明天下为公天下大同的悠远传统。可以说，如此"四性一统"的新闻学与新闻业既属于新中国，也将有益于人类命运共同体及其新闻传播。正如天安门城楼两边的有名宣示：中华人民共和国万岁，世界人民大团结万岁。[3]

那么，如何建设中国新闻学，具体从何入手呢？清华大学艺术博物馆有个展区，是梁思成林徽因当年主持营造学社的内容，如他们辛苦考察中国多地经典建筑后，精心绘制的各种建筑模型与图纸。看到如此细致入微的工作和风尘仆仆的行程，不能不令后人由衷敬佩。比如，他们为了绘制一幅古建筑的建筑图纸，连续多日起早贪黑，爬高上低，一点点丈量，一点点绘制，直到每一部位都纤毫无遗地落在图纸上。他们脚

---

[1] 应星：《"把革命带回来"：社会学新视野的拓展》，载《社会》2016 年第 4 期。
[2] 如潘祥辉对"宣"字及其传播意味的知识考古，参见《宣之于众：汉语"宣"字的传播思想史研究》，载《新闻与传播研究》2018 年第 4 期。
[3] 吕新雨用"公共性"表达了类似的意思，参见《试论社会主义公共传播》，载《开放时代》2019 年第 1 期。

踏实地而专心致志地做这些事情有什么意义呢？展区有句话画龙点睛，让人茅塞顿开：当这些事情做完了、做好了，中国建筑学的学科体系与学术体系也就水到渠成确立起来了。这正是习近平在哲学社会科学工作座谈会上谈到的："只有以我国实际为研究起点，提出具有主体性、原创性的理论观点，构建具有自身特质的学科体系、学术体系、话语体系，我国哲学社会科学才能形成自己的特色和优势。"

事实上，时贤心目中"先进的"美国新闻学不也是这样建构起来的吗？一批批、一代代美国新闻学者不也像梁思成林徽因及其营造学社，孜孜矻矻，勤勤恳恳，把美国新闻实践掰开说，揉碎说，正着说，反着说，把每个犄角旮旯的事情都说遍了，一套学科体系与学术体系不就确立起来了嘛。由此也可见美国的一套新闻学话语，其实须臾不离美国道路及其实践，字里行间无不关乎美国新闻"那些事儿"，从李普曼到舒德森莫不如此。想想看，美国新闻学不讲这些事儿，还能讲什么事儿呢？脱离美国道路及其新闻实践还有什么可讲呢？难道讲英国、法国、德国或俄国吗？同样道理，中国新闻学也离不开实践的源头活水，扎根中国大地，立足中国实践，把中国新闻的事儿说清了，说透了，说好了，尤其把共产党、共和国的新闻实践由此及彼、由表及里说遍了，中国新闻学的学科体系、学术体系、话语体系也就瓜熟蒂落，呼之欲出了。

由此可见，我们是否有学术的想象力、创造力与生命力，主要就看能否将前辈与今人留下的丰富实践经验去粗取精，去伪存真，提升到历史与逻辑有机统一的理论高度，达到概念化、理论化、知识化的学术水平。其中，从梁启超到张季鸾的新闻传统固然需要认真总结，但更重要的还是从毛泽东到习近平，从陆定一到胡乔木，从范长江到范敬宜一脉的新闻道统。回避这脉新闻实践及其书写，沉迷于去政治化、去主流化、去（新）中国化，则叠床架屋的研究势必成为空中楼阁，而汗牛充栋的成果也难免沦为自娱自乐，新闻学不可能有多少生命力与创造力，既无法同业界对话，又无法同学界对话。

赵月枝在首届中国特色新闻学高级研讨班上曾经提出八条构想，把

共产党共和国的新闻理论与实践归纳为八条规范性内涵,为新时代新闻学提供了颇有启发与深意的总体思路:

第一条是传播和舆论的重要性。

中共及其领导人历来重视新闻传播和舆论工作的重要性,这点毋庸置疑。不过,如果要对这一点有更全面的认识,就应当超越拉斯韦尔式的功能主义,把它提升到文化领导权的重要性,精神生活的重要性的高度。

第二条是媒体的非资本所有与控制原则和传播的社会效益第一原则。

新闻媒体的非私人资本所有和控制原则以及传播的社会效益第一原则,应该是社会主义新闻传播业的根本原则,中国特色新闻学不容许私人资本拥有新闻媒体,尤其不能让跨国资本家在中国拥有媒体,应该是中国共产党需要守住的底线。

第三条是以正面报道为主的社会运动媒体和倡导性新闻理念。

要建设一个新的社会主义社会,就必须用社会主义的价值观引领社会,用社会主义的新人新事促进社会主义建设。也就是说,只有在建设一个新社会或在一个现有的社会里倡导改革之际,才需要倡导性新闻,需要进行正面宣传。放在西方的批判传播理论里面,社会运动媒体也一定是倡导性媒体,而不是所谓的客观和中立的媒体。

第四条是政党的作用和群众路线作为政治传播模式。

第五条是全党办报、全民办报。

全党办报、全民办报是中国共产党新闻学的重要内容与独特传统。用西方传播学话语来解释,这一传统就是参与式传播。相对于精英主义和专业主义,参与式传播在所有传播模式中是最民主的,也是得到互联网时代证明的、支撑的。这一理念并不排斥新闻专业工作者的角色,但它强调新闻事业不只是专业人员的事业、知识分子的事业、精英的事业,而是全体人民的事业。

第六条是强调"传输传播模式"和"仪式传播模式"的结合。

凯瑞从文化的角度，将传播模式分为两种："传输传播模式"和"仪式传播模式"，中共的新闻理论和实践就包含了传输传播模式和仪式传播模式的有机结合。理解中国的新闻、中共的传播，意义和文化认同共同体的构建而不只是信息的传输才是最重要的内涵。这又回到中国传统文化中对仪式和"礼"的强调。第七条是讲究新闻传播中情与理的结合。

舒德森在《发掘新闻：美国报业的社会史》里说到两种新闻概念，一是作为信息的新闻（news as information），一是作为娱乐的新闻（news as entertainment），在主导的西方新闻观里，前者是高级的，后者是低级的。在中国共产党的新闻传统中，新闻报道固然重要，而有声有色、有情有理的通讯体裁同样占据非常重要的地位。对哈贝马斯理论和舒德森两种新闻观的扬弃，还可与传统中国的传播思想和实践连在一起。比如"动之以情，晓之以理"，就是中国传播实践的最高智慧之一，这里，情与理相提并论，同等重要。

第八条是知行合一，理论和实践相结合——在认识世界中改造世界，改造自己。

理论和实践的结合，知和行的结合，既是马克思主义的精髓，也是中国传统文化的精髓。如果前面七条是相对于新闻机构及其新闻理论和新闻业务的话，那么这一条更是相对于新闻工作者而言的。对于新闻工作者和学者来说，这是唯一的不会产生"异化"劳动的传播和知识实践。在作为社会主义运动一部分的新闻传播实践中追求知行合一，不是封建士大夫的"先天下之忧而忧"的救世主式劳动，而是"无产阶级只有解放全人类,才能最后解放自己"的事业。[1]

以上八条从历史到现实,从中国到世界,从理论到实践,从新闻到传播,浩浩汤汤,汨汨滔滔,体现了颇富政治意识、问题意识、创新意识的理论眼光与学术洞察。只要真正秉持马克思主义的立场、观点、方法,立足中国大地与新闻实践,特别是共产党一百年与共和国七十年的新闻实践,正心诚意,正本清源,就一定能够开辟新时代的中国新闻学,构建历史与逻辑有机统一、解释世界与改变世界有机统一、中国特色和普遍意义有机统一的学科体系、学术体系、话语体系。

---

[1] 李彬、宫京成主编:《马克思主义新闻观十五讲(第二版)》,北京:清华大学出版社,2018年,第71—75页。另见赵月枝:《全球视野中的中共新闻理论与实践》,载《新闻记者》2018年第4期。

十、方法问题

近代以来,在内忧外患、国将不国的颓势下,中国现代学术包括新闻学曾经追求以中国为中心、以西方为方法,也就是所谓中体西用;随着半殖民地半封建的危机加剧,慌不择路之际转而以西方为中心、以西方为方法,如当年胡适的全盘西化,甚至中共党内的"二十八个半布尔什维克";经过延安时期整顿学风和文风,以中国为中心、以中国为方法又成为认识中国与世界的主导范式,并在新中国七十年独立自主的发展进程中一以贯之,尽管并非一帆风顺,如以西方为中心、以西方为方法的思潮又借"普世价值"而一度大行其道。无论如何,伴随中国和平崛起以及道路自信和文化自觉的精神觉醒,以中国为中心、以中国为方法又开始不断明确,日益自觉,必将成为中国道路践行者自上而下的共识。

世界观与方法论

如果说新中国前三十年的新闻学奉行马克思主义的世界观与方法论,那么后三十年的新闻学在不断趋附西学并以西方为中心、以西方为方法之际,也日渐尊崇实证主义或实用主义的世界观与方法论。换言之,三十年河东新闻学不离唯物辩证法,由此及彼、由表及里地在事物相互联系的总体运行中把握内在规律;而三十年河西新闻学迹近形而上学,难免抓住一点不及其余，一叶障目不见泰山之嫌。具体说来，前者审视新闻现象、研究新闻规律、发展新闻理论、指导新闻实践，往往少不了矛盾分析法、阶级分析法、科学抽象法、历史与逻辑有机统一法等。而后者先逐渐以"量化"与"质化"的二分法，将变动不居并错综交织的社会历史与新闻实践人为"划江而治"，形成一种互不相属甚至彼此对立的"南北朝"：一边是调查法、相关法、实验法，一边是民族志、个案、文献研究；一边涉及计算、测量、统计、量表、问卷、操作化变量与指标，一边涉及文献、田野、照片、录音、访谈，等等。继而，又往往自觉不自觉抬举"量化"，贬抑"质化"，据说量化更加科学，而质化是前科学、浅科学等。应该看到，如此"划江而治"固然有助于对方法的把握与深化，量化统计等在一定意义上也确有其实用性与科学性，并推动新闻学从经验性研究与思辨性分析一步步走向科学实证，对以往"宏大叙事"及其方法不无纠偏与补充。不过，如此研究社会问题包括新闻传播的方法论，相对于大千世界潮起潮落、社会人生云卷云舒的实情又难免于形而上学之弊，走出书斋和书本，跳出实验与测试，不难理解孤立的、静止的、片面的知人论世看问题，同联系的、变动的、总体的世界不说是风马牛不相及，至少也是只得皮毛而难得要领。看看如今每年数万篇新闻传播学论文，能够深刻解释世界、进而能动改变世界的成果寥寥无几就清楚了。曹锦清在影响广泛的《黄河边的中国》一书中，从社会学视角对这一套形而上学的研究方法也有专门论述与批判，指出问卷统计一类方法在中国社会情景中的局限与弊端。[1]2018 年，《文化纵横》杂志创刊十周年之际举办论坛，来自不同学科的专家学者也对此类方法进行了反思，对新闻传播研究及其研究方法颇有启发：

> 美国的社会科学研究是一套基于理性选择的行为科学，遵循一套假设检验的思维方式：学生从书本里学到一些理论，针

---

[1] 参见曹锦清：《黄河边的中国》（增补本），上海：上海文艺出版社，2013 年，"前言"第 1—4 页。曹锦清另有一本专门讨论方法问题的文集，见曹锦清：《如何研究中国》，上海：上海人民出版社，2010 年。

对研究问题设想可能有什么答案，提出假设，然后收集材料，用统计学来验证一下对不对。今天中国的社会科学基本都是用这套美国范式来做研究的。美国的这套研究范式在美国有道理，但拿到中国就没有道理。中国传统上不是这么理解"学问"的。中国的文化传统是在现实的生活里，以内在的体悟和亲身的践行来做学问。但在美国化的影响下，现在的学问与生活越来越没有关系了。[1]

作为对比，不妨看看名副其实的"社会学大师"毛泽东如何对社会问题进行调查研究的。1930年古田会议后不久，毛泽东写下《反对本本主义》，提出"没有调查，没有发言权"的有名论断。文章最后翔实阐述的调查研究程序，既体现实事求是的世界观与方法论，也堪称"中国特色"社会研究方法之典范：

（1）要开调查会作讨论式的调查

只有这样才能近于正确，才能抽出结论。那种不开调查会，不作讨论式的调查，只凭一个人讲他的经验的方法，是容易犯错误的。那种只随便问一下子，不提出中心问题在会议席上经过辩论的方法，是不能抽出近于正确的结论的。

（2）调查会到些什么人？

要是能深切明了社会经济情况的人。以年龄说，老年人最好，因为他们有丰富的经验，不但懂得现状，而且明白因果。

---

[1] 王儒西：《全球变局下的公共知识危机——〈文化纵横〉十周年论坛综述》，载《文化纵横》2019年2月号。严耕望在《治史经验谈》里谈到中国的学问之道及其方法："方法论对于我的治史不无相当影响。不过当我在中国历史方面工作了几十年之后，总觉得文科方面的研究，固然也要讲方法，但绝不应遵循一项固定的方法与技术。只要对于逻辑学有一些基本观念，如能对于数学有较好的训练尤佳，因为数学是训练思考推理的最佳方法，而任何学问总不外是个'理'字。此外就是要多多的仔细阅读有高度成就的学者的好著作，体会作者探讨问题的线索，然后运用自己的心灵智慧，各出心裁，推陈出新，自成一套，彼此不必相同。至于方法理论，不妨让一些专家去讲，成为一项专门之学，但实际从事历史事实探讨的人只能取其大意，不能太过拘守。太过拘守，就太呆板，容易走上僵化的死路上去；或者只是纸上谈兵，并无多大用处。"见严耕望：《治史三书》（修订版），上海：上海人民出版社，2017年，第3页。简言之，中国的学问之道追求的是"究天人之际，通古今之变，成一家之言"（司马迁）。

有斗争经验的青年人也要，因为他们有进步的思想，有锐利的观察。以职业说，工人也要，农民也要，商人也要，知识分子也要，有时兵士也要，流氓也要。自然，调查某个问题时，和那个问题无关的人不必在座，如调查商业时，工农学各业不必在座。

（3）开调查会人多好还是人少好？

看调查人的指挥能力。那种善于指挥的，可以多到十几个人或者二十几个人。人多有人多的好处，就是在做统计时（如征询贫农占农民总数的百分之几），在做结论时（如征询土地分配平均分好还是差别分好），能得到比较正确的回答。自然人多也有人多的坏处，指挥能力欠缺的人会无法使会场得到安静。究竟人多人少，要依调查人的情况决定。但是至少需要三人，不然会囿于见闻，不符合真实情况。

（4）要定调查纲目

所谓"调查纲目"，要有大纲，还要有细目，如"商业"是个大纲，"布匹"，"粮食"，"杂货"，"药材"都是细目，布匹下再分"洋布"，"土布"，"绸缎"各项细目。

（5）要亲身出马

（6）要深入

初次从事调查工作的人，要作一两回深入的调查工作，就是要了解一处地方（例如一个农村、一个城市），或者一个问题（例如粮食问题、货币问题）的底里。深切地了解一处地方或者一个问题了，往后调查别处地方、别个问题，便容易找到门路了。

（7）要自己做记录

调查不但要自己当主席，适当地指挥调查会的到会人，而且要自己做记录,把调查的结果记下来。假手于人是不行的。[1]

这里,作为一种知人论世的调查研究及其方式方法,毛泽东的经验更重要意义还在于提示科学研究的价值导向,也就是张承志说的"学问方法的第一义,就是学会和底层、和百姓、和谦恭抑或沉默的普通人对话"。[2] 正是借助此类实事求是的研究方法,毛泽东完成了《湖南农民运动考察报告》等一系列中国研究的经典著述,不仅科学地解释了世界,而且极大地改变了世界,不仅深刻把握了现代中国社会的主要矛盾及其内在规律,而且唤起工农千百万,彻底改变了"中国之命运"。实际上,如同社会科学不可能"价值无涉",就像人们不可能揪着自己的头发离开地球,社会研究方法也同样势所必然地体现着特定的价值取向。杨耕对社会科学特殊性的分析,就揭示了社会研究方法论的这一特质与精髓:

> 社会科学的研究对象不是物质实体,而是社会关系,倍数再高的显微镜看不透社会关系,再好的望远镜看不到社会关系,再敏感的化学试剂测不出社会关系,再先进的计算机也算不出社会关系……更重要的是,与自然事件不同,历史事件不可重复,历史过程具有不可逆性。无论是英国资产阶级革命,还是法国资产阶级革命;无论是日本的"明治维新",还是中国的戊戌变法;无论是美国的独立战争,还是中国的辛亥革命……都是不可重复的,都具有不可逆性。因此,社会科学不可能运用实验室方法,只能运用科学抽象法分析典型。所谓典型,是指某种社会关系发展的最为充分、最为成熟的单位。分析典型可以使我们"窥一斑而知全豹",可以看到这种社会关系发展的"未来的景象"[3]。

---

[1] 毛泽东:《反对本本主义》(1930年5月),见《毛泽东选集》第一卷,北京:人民出版社,1991年,第116—118页。
[2] 张承志:《谁是胜者》,北京:中国社会科学出版社,1999年,第119页。
[3] 杨耕:《社会科学的特殊性》,载《光明日报》2017年4月24日11版。

理论与方法

按照时下通行章法，对待学术研究的"规范"程式总是先理论，后方法，理论则指欧美的主流理论，方法也主要指数据统计、调查问卷等"量化"方法。除此之外，好像既无理论，也无方法。各种学位论文如果遵循如此程式，即便得出不足为奇的常识看法，也是有意义的，甚或意义非凡。因为，据说其意义不在于发现问题、研究问题、解决问题，也不在于揭示某种科学规律，而仅仅在于研究过程本身，如学术规范、研究方法、文章修辞等，借用修正主义鼻祖伯恩斯坦的话说："运动就是一切，而一般所谓的社会主义的最终目的，实际上是算不得什么的。"[1]与之相反，不管论文有什么问题意识，也不管研究有什么发现，论点有什么新意，如果没有遵循这套程式，没有套用人云亦云的西方理论，采用一套A变量到B变量的研究方法，就上不了台面，入不了法眼，甚至有可能通不过论文评审与答辩。难怪八股的学风、八股的学术、八股的研究方法，越来越成为异化的铁律，从博士生到本科生、从论文开题到论文答辩往往亦步亦趋，否则就将面临灭顶之虞。

何谓理论？简言之，理论是对人类社会各种实践活动进行系统总结与理性概括的知识，相对于感性的、片段的、常识性的个人认识，具有一种公共知识的形态。无论个人知识即常识，还是公共知识即理论，归根结底无不来自实践并指向实践，无不遵循从实践中来、到实践中去的认识法则。因此，理论虽然形成于大脑，即由此及彼、由表及里的思维，但并非发源于大脑，甚至大脑的大脑，只在古今中外的大脑中或书本间穿梭旅行，如同宫崎市定形象描绘的抽象物，不仅自成一家，自说自话，而且还会谈情说爱，生儿育女。[2]这里，毛泽东提出的那个哲学问题发人深思：人的正确思想是从哪里来的，是从天上掉下来的吗？是人的头

---

[1] [德]伯恩斯坦：《社会主义的前提和社会民主党的任务》，北京：生活·读书·新知三联书店，1958年，第4—5页。
[2] [日]宫崎市定：《中国史》，焦堃、瞿柘加译，杭州：浙江人民出版社，2015年，第9—10页。

脑里固有的吗？当然不是。人的正确思想即各种科学理论，只能来自活生生的现实世界，如社会政治、生产实践和科学实验。毛泽东说，他的文章都是"人民革命斗争的产物，不是凭自己的脑子空想出来的……有了大革命失败的经验，十年内战根据地缩小的经验，才有可能写《新民主主义论》"。[1]

何谓方法？一句话，探究社会运行即种种实践活动包括新闻传播及其规律的手段、途径、工具等。如果说过河有桥梁，远行有车马，跳伞有降落伞，冲浪有冲浪板，那么桥梁、车马、降落伞、冲浪板就相当于各擅胜场的研究方法，借以达到不同目的。罗丹说，生活中不缺乏美，缺乏的只是发现。同理，实践中不缺乏规律，缺乏的同样是发现。比如，牛顿的经典物理学也好，爱因斯坦的现代物理学也罢，揭示的科学规律本来就深藏在万事万物的运行之中，只待科学慧眼去发现。再如，中国道路的规律就蕴含在共产党百年、共和国七十余年的历史实践之中，内在于不同时期的政治建设、经济建设、社会建设、文化建设等，也有待人们不断去发现、去揭示。至于如何发现，如何揭示，就需要借助各种适用的研究方法。面对不同的情况、研究不同的问题需要采用不同的手段、途径、工具等，就像木匠根据情况用锯子、刨子、斧子等。没有一成不变的问题，自然没有一成不变的方法。因此，方法并非一种，亦非两种，如所谓质化量化，而是八仙过海，各显神通：

> 可以说，人们社会行为和社会现象的复杂性，既决定了社会研究方式的多样性，同时也在一定程度上决定了不同研究方式的适应性。这种研究方式与研究问题、研究目的之间的关系，可以用交通来做比喻：定量研究的方式就像飞机航行和机场、铁路线和火车站、轮船航线和码头、高速公路线路和汽车站，它们往往可以最直接、最快速的方式让我们迅速地到达许多地

---

[1] 陈晋：《文章千古事——毛泽东在新中国成立后对自己著述的评价》，载《人民日报》2017年3月30日24版。

方，特别是遥远的地方；但是社会生活中更多的地方光靠这些交通工具仍然到达不了，还要靠其他的交通工具才能到达。比如大城市中的小街小巷、小院弄堂，就要靠自行车甚至靠双腿步行才能到达；在乡村、山区、水乡，就要靠拖拉机、马车、牛车、小木船，还有索道、吊桥等才能到达；而在冰天雪地的北方就需要靠雪橇、爬犁，在干旱的沙漠则要靠骆驼才能到达一样。[1]

实际上，学术研究也如用兵作战，除了探求真知、探求真知、解释世界、改变世界等基本原则，从来没有一定之规，水无常势，兵无常形，"只要胜利，就师出有名"。比如，应星的博士学位论文《大河移民上访的故事》（2001），为了把握并透视研究对象的实际状况，突破社会学研究方法的通行套路，采用更切合实际、也更有助于立体鲜活地解剖事物运动及其矛盾关系的研究方法，虽被视为"大逆不道"，但如今却成为中国社会研究的范例。反之，且不说汗牛充栋的学位论文，即便把研究方法"玩"得炉火纯青的时兴学术，对人们认识世界和改变世界究竟有多少实际推进呢？离开具体的问题及其所由产生的实践环境，就方法谈方法难免纸上谈兵，甚至成事不足，败事有余，如历史上的赵括、马谡。

因此，没有哪种方法先验地高于或优于其他方法，所谓质化量化的人为分野也是似是而非。如今盛行的"方法拜物教"不仅把方法推向圣坛，一事当前，先谈方法，兵马未动，方法先行，而且好像一旦掌握了那套自然科学似的量化工具与方法，新闻传播的神秘黑洞就訇然中开，豁然开朗，宛若阿里巴巴念起咒语"芝麻开门"，藏经洞的宝库就顿时开启。殊不知，"数据化的客观性是逼迫事实向表现为一组组数据的主观观念的趋近，它其实是一种更为彻底的主观主义的表现方式"。[2] 即便量化，也并非越复杂、越精细越好，相反，越简单越有力，越简练越得当，如

---

[1] 风笑天：《定性研究：本质特征与方法论意义》，载《东南学术》2017年第3期。
[2] 夏莹：《"后真相"：一种新的真理形态——兼与吴晓明、汪行福等教授商榷》，载《探索与争鸣》2017年第6期。

同哲学上的"奥卡姆剃刀"。经济学家白暴力就以数学方法为例说道：

> 在经济学中使用数学方法，要坚持"解决同样问题，方法越简单越好"的原则。数学在经济学研究中是一种方法，是为研究经济问题服务的。使用数学方法应该使对问题的认识和分析过程简单化，而不是使问题复杂化。在能解决同样的经济问题的前提下，简单的数学方法可以使研究过程简化，所以这种方法相对于更复杂的数学方法，就是一种更好的方法。如果对可以用简单方法解决的问题使用过于复杂的数学方法，将不仅不能达到简化研究过程的目的，有时反而会使对经济问题的认识走入误区，甚至得出错误的结论。因此，我们在使用数学方法时要尽量选择简单的方法。[1]

方法与价值

如前所述，方法因事而异，为事而用，条条大道通罗马。同时，方法及其选用，都关联着特定的价值取向。如果把研究方向视为建筑物，那么研究方法就是设计图以及施工方案。换句话说，方向是战略目标，方法是用兵方略。打倒蒋介石、解放全中国的战略目标，自然需要武装斗争、统一战线、放手发动群众、壮大人民武装的用兵方略。与此相似，皇家园林的设计图显然不同于人民公园，庭前泳池、屋后草坪的豪宅别墅也有别于宜居工程。故研究方向与研究方法、价值关切与知识生产如影随形，形同一体，世上没有纯粹"价值无涉"的研究及其方法。即便看上去纯属科学的物理学，追根究底也无不关乎征服自然、人类中心等现代文明的价值取向。人文社会科学研究更是须臾离不开、少不了自觉不自觉的价值定位。以新闻传播也日渐关注的田野调查民族志为例，就

---

[1] 董宇坤、喻敏：《数学方法与马克思主义经济学——白暴力教授访谈》，载《国外理论动态》2005年第4期。

难掩其中的预设：

> 当田野调查变成一种必备的研究方法之后，欧美人类学家纷纷赶往亚非拉殖民地或本国原住民保留区做田野，然后在此基础上撰写民族志，进而在社会和文化理论的探讨中建构人类学的话语。在其民族志中，田野调查对象往往被称作"野蛮的""未开化的""原始的"民族。不难理解，人类学家做出这些界定，参照的乃是欧洲的社会与文化，也即人们心目中"文明的""开化的"和"现代的"标杆。在欧洲中心主义的作用下，空间上不同区域的"他者"被理论抽象处理为时间差异，"现代"人类学的田野调查对象被当作欧洲人的"过去"，其"科学性"俨然无须再论证。欧洲中心主义像个"幽灵"一样，隐藏在人类学话语的字里行间，靠非理性的"迷信"力量，而不是理性的逻辑推理，模糊掉了空间与时间相互置换的逻辑裂缝，并宣称自己说服力十足。[1]

民族学者刘大先多年来屡次去新疆调研，运用常见的人类学、社会学、民族学等田野调查方法，包括"参与式观察、个别人物的（深度）访谈、系谱或文本采集、文献与实物搜集、拍摄影像、搜集口头资料、介入式地方评估、回访式调查"。在此期间，有个问题长期困扰着他，"以我的观察、体验和经历所撰写的那些关于不同人群的报告，似乎并没有实质性的知识生产和思想更新"。他渐渐发现，问题不在于这一套方法是否恰如其分，是否足够科学，也不在于自己对这些方法的运用是否得当，如田野作业的可靠性、阐释与表述的真实性、地方性知识的深描、自我与他者的融合与博弈等，而在于"这种方法自身存在的先验性问题"[2]。这种先验性缺陷说到底就源于西方现代社会科学体系中先天的、根深蒂固的文明等级结构，从而使研究主体与研究对象、知识生产与现实社会

---

[1] 谭同学：《作为人类学方法论的"文史哲"传统》，载《开放时代》2017 年第 3 期。
[2] 刘大先：《中国人类学话语与"他者"的历史演变》，见刘禾主编：《世界秩序与文明等级：全球史研究的新路径》，北京：生活・读书・新知三联书店，2016 年，第 471 页。

始终摆脱不了"我与他"的失衡,而无法企及马丁·布伯"我与你"的境界。说白了,民族学、人类学等学科及其研究方法,归根结底属于西方殖民主义文化的产物:

> 研究落后民族,欧洲有民族学(ethnology)。这门学问有很深的殖民烙印。欧洲人把考察记录落后民族的资料叫民族志(ethnography)。这种志跟植物志、动物志差不多,很多都是一块儿搜集。博览会上,非欧种族,可以拿活人展出,跟动植物标本一个样。现在,美国叫人类学(anthropology),好听一点。但植物不等于植物学,动物不等于动物学,人类不等于人类学。你别以为你是鱼,就跟观鱼者或鱼类专家是同一概念。[1]

费孝通在回忆吴文藻的文章《开风气,育人才》中谈到,他毕生致力于"社会学中国化",认为"'社会学中国化'就是着重研究工作必须从中国社会的实际出发。中国人研究中国社会(本社会、本文化)必须注意中国特色,即中国社会和文化的个性"。这里,费孝通谈到的一个问题,特别值得今天关注和反思。近一百年前,中国社会学界出现两种不同倾向:"一是用中国已有的书本资料,特别是历史资料填入西方社会和人文科学的理论;另一种是用当时通行于英、美社会学的所谓'社会调查'方法,编写描述中国社会的论著。"对于这两种学术倾向与研究方法,吴文藻都表示怀疑,因为,"它们都不能充分反映中国社会的实际",而恰恰"反映了当时中国大学里所讲的社会学走上了错误的路子,成了'半殖民地的怪胎'",它们"仍不脱为一种变相的舶来物"。与之相反,吴文藻、潘光旦、费孝通等一代学者,一生的学术志业与理想一言以蔽之就是:"学术的用处就在为人民服务。"[2]

其实,即便如此具有文化自觉、学术自觉和方法自觉的先驱者,同样也难免受制于特定时代,就像吴文藻的博士论文、费孝通的《江村经

---

[1] 李零:《我劝天公重抖擞》,载《经济导刊》2017年第4期。
[2] 费孝通:《开风气,育人才》,见费孝通:《师承·补课·治学》,北京:生活·读书·新知三联书店,2002年,第41—57页。

济》、林耀华的《金翼》等中国社会学的先驱之作,"与其说是关注中国,不如说是以西方视角观察中国,更关注的是西方问题"[1]。正因如此,1980年费孝通进一步提出"迈向人民的人类学"。赵旭东归纳费孝通的学术路径发现,无论学以致用的传统,还是洋为中用的主张,他晚年都清醒觉悟到学术研究的目的在于"服务于人民"。这样一脉的学术追求自然呼唤相应的学术路径,如方法与表述、学风与文风。换言之,学术研究的终极关怀既有知识论,更有价值论。显而易见,受西方学术一系列先天预设的制约,加之市场化条件下的学术功利化以及江湖化趋势,以人民为中心、服务于人民的学术包括新闻学日益深陷南其辕、北其辙的境地,赵旭东批评的两种取向尤其严重扭曲为人民著书立说的知识论、价值论,值得格外警醒:

> 一种是成果取向,另一种是交换取向。有些从事社会学研究的人(新闻学同样如此——引者注)不是从人民大众的需求考虑所要研究的问题,而是先看国际上(主要是欧美)流行研究什么课题,自己也仿效着去做,文章一篇接一篇地发表,所谓的"学术成果"是有了,但对中国本土社会的认识并没有增加什么真知灼见,这是属于前一种取向的人。而后一种取向的研究者喜欢拿着各种各样的调查问卷去让被调查者作答,这中间的媒介就是金钱,做一份问卷给多少被试费,如此交易,双方都觉得合算,一方得到实惠的钱,另一方拿到能够编书写论文的资料。先抛开这种问卷调查法的弊病不谈,单就这种以纯粹金钱关系为基础所获得的调查资料而言,有多少是可信的呢?而且这样的学术作为在助长着一种什么样的风气呢?这都是值得深思的问题。[2]

---

[1] 刘大先:《中国人类学话语与"他者"的历史演变》,见刘禾主编:《世界秩序与文明等级:全球史研究的新路径》,北京:生活·读书·新知三联书店,2016年,第485页。
[2] 赵旭东:《不为师而自成师——围绕费孝通教授的一些作品的阅读与联想》,见赵旭东主编:《费孝通与乡土社会研究》,北京:社会科学文献出版社,2010年,第60页。

在《人文地理概念之下的方法论思考》中，张承志不仅强烈质疑这一套学问及其研究方法的殖民胎记，他们"离开宾馆姗姗来到'田野'时，皮包里表格的背后，有一个舶来的方法论体系"，而且也明确批判了其中隐含的傲慢与偏见：

> 一个叫作"调查"的词正在流行。是的，这个词汇已是天经地义的科学术语，无论它怎样与文化的主体，即民众，从地位到态度都保持着傲慢的界限。与之孪生的另一个词是"田野"。把人、文化主体、人间社会视为"田野"，是令人震惊的。因为对这个术语更熟悉的考古学界，还有地质队员并非如此使用这个词汇。在我们守旧的观念里，只把地层、探方、发掘工地，把相对于室内整理的那一部分工作称之为田野。我们从不敢对工地附近的百姓村落，用这个术语来表述。[1]

表述与文风

如果"立足中国土，请教马克思"，那么中国新闻学就离不开中国表述，在追寻大道至简的话语中，提炼自圆其说的概念、范畴与理论。古往今来，深刻影响人类社会及其历史进程的思想往往不是玄虚而是朴素，不是复杂而是简洁，不是故作高深而是平易近人，看看《论语》《圣经》《古兰经》《共产党宣言》等，就可略见一斑。即使欧美资本主义新闻学即新闻专业主义，也自有一套通俗易懂的流行说辞：如客观、公正、中立、不偏不倚、新闻自由等。因此，中国新闻学既需要应对历史与逻辑有机统一、解释世界与改变世界有机统一、中国特色与普遍意义有机统一的理论问题，又需要解决辨物析理的话语问题，达到马克思所言"理论只要说服人（ad hominem），就能掌握群众；而理论只要彻底，就能

---

[1] 张承志：《常识的求知：张承志学术散文集》，北京：生活·读书·新知三联书店，2012年，第5—6页。

说服人（ad hominem）"[1]。简言之，既追求科学的内涵，又追求凝练有力的表述。

  文风即学风，文脉通国脉。魏文帝曹丕甚至把文章称为"经国之大业，不朽之盛事"。自古及今，观文风，知国运，如齐梁文风之于盛唐气象。司马迁的"究天人之际，通古今之变，成一家之言"堪称著书立说的座右铭，而一家之言除了立言，也隐含文风。降及近世，各路学问大家往往以修辞立其诚，著文求其解为要旨，从钱穆梁启超到胡适周作人，从鲁迅郭沫若到邓拓胡乔木，无不如此。习近平提到的"郭沫若、李达、艾思奇、翦伯赞、范文澜、吕振羽、马寅初、费孝通、钱锺书等一大批名家大师"，既为现代学术做出开拓性努力，也对现代学风做出开拓性贡献。艾思奇的《大众哲学》、范文澜的《中国通史简编》、费孝通的《乡土中国》等名山之作，不仅秉承了为人民著书立说的精神气质，而且开创了一种深刻而不失平易、深邃而不掩畅达的现代学风文风，具有典型的"中国作风与中国气派"。叶朗以闻一多、朱自清为例谈到这一点："我们现在有些人写学术论文，喜欢皱着眉头，板着脸孔，文字死气沉沉，读者昏昏欲睡。可是你看闻一多的文章，既有哲学的深度，又富有诗的情趣，笔墨歌舞，异彩纷呈。"[2]

  事实上，在许多学问大家身上都可以看到闻一多、朱自清的这一共性，如王国维、冯友兰、陈豹隐、朱光潜、宗白华、吕思勉、梁漱溟、陈旭麓、冯契、顾城、华庆昭、李泽厚等。已经年过九旬的语言学家李锡胤，在论及枯燥的"动词型式"时，就曾如此煞尾："后来英国俘虏了一位日军将领，英国政府拿他将郝氏交换回国。曹孟德'镶黄旗下赎文姝'的故事，冷不防在英国重演。莫非孟德公割须弃袍之后，趁月明星稀，登上英伦三岛？且住，此事待考。"钱冠连教授赞叹："一下甩出至少三个典故！把一个要板起面孔说理的论文写得如此兴趣戛然，突

---

[1] 《马克思恩格斯选集》第一卷，北京：人民出版社，2012年，第9—10页。
[2] 叶朗选编：《文章选读》，北京：华文出版社，2012年，第91、103页。

然收手，很像一长段京剧故事演绎完毕之后，锣、鼓、钵痛快淋漓地一阵敲打，猛然刹住。"[1] 新闻大家甘惜分、王中、方汉奇、丁淦林，在开辟新中国新闻学的学科体系与学术体系之际，也形成一套自然高妙的话语及文风。这种话语及文风的突出特征就是尊奉实事求是之际，追求"新鲜活泼的，为中国老百姓所喜闻乐见的中国作风和中国气派"。清华大学司久岳教授所说三篇经典的新闻故事《为人民服务》《纪念白求恩》《愚公移山》，更是体现了这一追求，其中既有正心诚意的作风，又有实事求是的学风，还有平易近人的文风，如愚公移山故事及其寓意：

> 中国古代有个寓言，叫做"愚公移山"。说的是古代有一位老人，住在华北，名叫北山愚公。他的家门南面有两座大山挡住他家的出路，一座叫做太行山，一座叫做王屋山。愚公下决心率领他的儿子们要用锄头挖去这两座大山。有个老头子名叫智叟的看了发笑，说是你们这样干未免太愚蠢了，你们父子数人要挖掉这样两座大山是完全不可能的。愚公回答说：我死了以后有我的儿子，儿子死了，又有孙子，子子孙孙是没有穷尽的。这两座山虽然很高，却是不会再增高了，挖一点就会少一点，为什么挖不平呢？愚公批驳了智叟的错误思想，毫不动摇，每天挖山不止。这件事感动了上帝，他就派了两个神仙下凡，把两座山背走了。现在也有两座压在中国人民头上的大山，一座叫做帝国主义，一座叫做封建主义。中国共产党早就下了决心，要挖掉这两座山。我们一定要坚持下去，一定要不断地工作，我们也会感动上帝的。这个上帝不是别人，就是全中国的人民大众。[2]

20世纪80年代以来，随着中国走向世界实即走向欧美（钱锺书问得好：中国不在世界之中么），一种洋泾浜的学风与文风也不断弥漫，

---

[1] 黄忠廉：《李锡胤："词典比小说更引人入胜"》，载《光明日报》2017年7月3日16版。
[2] 毛泽东：《愚公移山》（1945年6月11日），见《毛泽东选集》第三卷，北京：人民出版社，1991年，第1102页。

语言污染如同数十年来天空大地、江河湖海的环境污染。尽管有识之士啧有烦言，但佶屈聱牙、不知所云的文风不仅变本加厉，而且"劣币驱良币"地排挤实事求是的学风与诚朴笃实的文风。以至于如今谁用大白话讲大道理俨然成为学术水平不高的标志，而用众所不知的语言讲众所周知的常识，反倒貌似有思想、有学问、有水平。夏目漱石一百年前的作品《我是猫》，有段俏皮话就像在说当下学界新潮："就拿大学教授来说，大家都知道，那些专讲别人听不懂的课的人，总是声望很高的；而讲别人都能听懂的人，声望却不高。"[1]一次，清华博士生看到一段译文，连着几段不见标点符号，读得上气不接下气，看得云里雾里不明就里，便去请教老师，得到的答复是：高深之学问就得让人看不懂！

与此相似，近三十年来新闻学一步步趋向欧美的"学术殖民地"之际，也使一种味同嚼蜡的文风日甚一日。由于这套学术话语不是从生机勃勃的大地上、从人民的生活实践中自然生成的，而更多是从概念到概念、从逻辑到逻辑的理论演绎，如同从校门到校门、从纽约到伦敦的学术旅行，于是人们现在常常看到，一边是装神弄鬼的新潮新学，一边是装腔作势的学风文风。温儒敏谈及此风痛心疾首："貌似越来越繁荣的学术生产，却在制造越来多的泡沫，很快就会掩埋了学术的本义。每年毕业季博士论文答辩，最难受的是看论文。'博文体'成为一种极其死板乏味的架子，一大堆理论术语背后，真实的问题与内容泛善可陈。如果说博士论文为了通过不得不如此，那么发表在各个刊物上的文章，真正有问题意识有血肉的实在是太少了。"[2]看似矛盾的一点是，趋奉自由主义新闻观的时贤一边爱用马克思《评普鲁士最近的书报检查令》含沙射影，一边又将学术文章弄成单调刻板的党八股、死气沉沉的洋八股，正如马克思说的"一片灰色就是这种自由所许可的唯一色彩"："你们赞美大自然令人赏心悦目的千姿百态和无穷无尽的丰富宝藏，你们并不

---

[1] [日]夏目漱石：《我是猫》，刘振瀛译，上海：上海译文出版社，2007年，第266页。
[2] 舒晋瑜：《让文学研究从"凌空高蹈"回归"脚踏实地"》，载《中华读书报》2017年7月5日5版。

要求玫瑰花散发出和紫罗兰一样的芳香，但你们为什么却要求世界上最丰富的东西——精神只能有一种存在形式呢？"[1]

时下流行的"学术共同体"，更使无关痛痒、不求甚解的学风与文风名正言顺，畅行无阻。因为所谓学术共同体，与其说是同道商量学问的"小圈子"，仿佛悟空为师父画出一道保护圈，妖魔鬼怪莫进来，不如说是隔绝学问与人生的"紧箍咒"，既使学术与天下政治隔绝，与人民心声隔绝，也为"学术流行语"提供了自娱自乐、名正言顺的挡箭牌。李欧梵谈到的理论与语言问题不仅常见于文学研究，而且适用于新闻研究：

> 回顾民国时代的学术语言，大多有散文色彩，读来并不深奥。那一代的知识分子，很多是活跃在学院内外的"两栖动物"，但似乎有一种自觉，希望把自己的学术传给更广泛的大众，而不限于专业学子，这也是一种"五四"的精神。学院专业化与学院官僚化（Bureaucratization）一样，是一个"现代化"的副产品。长此以往，真正的知识传播的前景堪忧。一个更值得忧虑的现象是：学术论文的文体变成一种规格，一种徒具形式的空架子，在一大堆套用的西方理论术语笼罩下，内容反而显得空洞，甚至乏善可陈，更不必提作者的文笔，因为每个人写的句子都差不多，读来枯燥乏味，有时更不知所云。[2]

对此学风文风，有人概括为"内卷化"，李金铨改称为"内眷化"，[3]意为学界也如七大姑八大姨的小家庭，一家人围坐一起，自说自话，兴高采烈，你知我知，乐此不疲，不在乎外人是否听得懂。这种不知所云的"学术黑话"，如同杨子荣与八大金刚的对话：

天王盖地虎。

---

[1] 马克思：《评普鲁士最近的书报检查令》（1842年1、2月），载《马克思恩格斯全集》第一卷，北京：人民出版社，2002年，第111页。
[2] 李欧梵：《理论于我有何"用"？——中国现代文学研究和"理论"语言》，载《读书》2017年第6期。
[3] 李金铨：《国际传播的国际化——反思以后的新起点》，载《开放时代》2015年第1期。

宝塔镇河妖。

正晌午时说话。

谁也没有家。

脸红什么?

精神焕发。

怎么又黄了?

防冷涂的蜡。

……

可怜夜半虚前席,不问苍生问鬼神。时下学界之所以盛行不说人话说鬼话的文风,还在于不说人事说鬼事的学风。俗话说,画鬼容易画人难,讲鬼事、说鬼话容易,因为不用在乎讲得像不像,即逻辑与历史是否统一,而讲人事、说人话则殊为不易,因为"人事有代谢,往来成古今",若想说清道明的话,没有真才实学,即读万卷书、行万里路的才、学、识,真是难于上青天。问题是,由于多年来自上而下推行的一系列体制机制、评价体系也在直接间接鼓励讲鬼事、说鬼话,以至于如今学界对活生生的"人事""人话"已经比较隔膜了。一些海归学人如果没有先天的底子和后天的补修更难指望多年留洋,还能讲好中国故事,因为十年寒窗都在一心琢磨外国老师的理论方法即一套学术"鬼话",同中国实践以及历史文化往往风马牛不相及,故即便想讲人事,说人话,也很难讲得好,说得像。延安时代有位女高音条件不错,送去苏联深造,结果回来后连以前擅长的曲目都唱不成了。上节谈及的"四性一通",对新生代学人来说就比较隔膜,特别是"政治性",更为许多人避之犹恐不及,而不知道政治乃是古今中外参化天地的真学问、大学问之根本,甘惜分直言:回避政治不是"装蒜",就是"傻瓜"。

奥威尔在《我为什么要写作》中提到四种写作动机:即纯粹的自我主义、审美热情、历史的冲动、政治的目的。回顾自己,他发现:"在我缺乏政治目的的时候,我写的书毫无例外总是没有生命力的,结果写出来的是华而不实的空洞文章,尽是没有意义的句子、词藻的堆砌和通篇的假话。"[1]他的代表作《一九八四》，更是众所周知的政治书写。同样，去政治、去历史、去主流的新闻学"专业主义"话语，在中国道路及其新闻传播的丰富实践中，一方面日渐丧失政治价值与灵魂，失去解释世界与改变世界的生机与活力，一方面日渐沦为"学术共同体"的行话，甚至黑话，以其昏昏，使人昭昭。联系唐宋八大家"文章合为时而著，歌诗合为事而作"，如玄奘《大唐西域记》的"皆存实录，匪敢雕华"，对比甘惜分、方汉奇等一代新闻大家的辞朴意丰，言近旨远，语言学家吕叔湘的一首诗今天读来愈发耐人寻味："文章写就供人读，何事苦营八阵图。洗尽铅华呈本色，梳妆莫问入时无。"

路在何方，路在脚下

如果我们的目标是三十年再河东的中国新闻学，那么方法、路径及工具也需全面革新，特别是扬弃形而上学方法论，激活唯物辩证法的生命力。同时，就不得不突破一系列限制、约束、禁锢中国新闻学想象力、创造力与生命力的条条道道，不管是理论方法的二元论，还是质化量化的二分法，不管是精雕细刻的学术规范，还是中规中矩的论文格式，特别是这个部门、那个大学的一套又一套西化官僚化的体制机制，"让思想冲破牢笼"，将我们的学术视野投射到大开大合的中国大地，在中国道路上寻求中国学术包括新闻学大破大立的坐标系与里程碑。

在2018年第十六届开放时代论坛上，贺雪峰提出中国研究的两种进路，一是小循环，一是大循环。小循环就是时下学界的内卷化路数，如新闻传播研究习以为常的模式：从已知研究中提出假设，经文献梳理而确立研究问题与方法，再通过量化统计进行验证，进而得出结论，包括你不说我也知道的结论，或者你越说我越糊涂的结论。显然，"以对话为主的小

---

[1] [英]奥威尔：《奥威尔文集》，董乐山译，北京：中央编译出版社，2010年，第263页。

循环，某种意义上是用中国经验与西方社会科学的具体研究进行对话"[1]。与之相对，大循环则是从实践中来，到实践中去的活学问、真学问、大学问，通过对模糊的、暧昧的、复杂的、全息的实践与经验的深入把握，建构发展中国的社会科学。用贺雪峰的话说："小循环中，经验是片段的、支离破碎的，是服务于具体理论论证需要的。大循环中，实践则是本体的，是完整的，是有机联系为一个整体的。"[2] "立足中国土"的新闻学固然需要小循环的对话与训练，但新时代更应以大循环为主，"没有大循环基础上的厚重的经验研究，小循环基础上的精致研究没有意义。没有大循环奠定研究基础，小循环就是麻袋上绣花。只有在大循环艰苦努力所建立的有主体性的中国社会科学的基础上，精致的社会科学研究的小循环才有价值。"[3] 因此，当代中国社会科学需要一个"野蛮"生长的时代，在中国道路错综交织的社会历史实践中，发展具有实践主体性和理论主体性的中国学术包括新闻学，超越数十年来亦步亦趋、中规中矩、为做而做、自娱自乐的小循环——"精致的平庸"：

> 当前乃至未来20年，中国社会科学的重点不是规范化，而是在深入的田野调查基础上的野蛮成长。大开大合，大破大立。
>
> 当前的社会科学时代是野蛮成长的时代，是英雄主义的时代，是出大师的时代，是建立学派的时代。目前社会科学界对此缺少认识，多是工程师心态，甚至技术员心态。
>
> 盲目发展定量，随意切割经验，将发表论文误为学术研究，甚至将写作变成体力活，而不能做到基于厚重经验研究基础上的大胆假设、小心求证。
>
> 期刊发表也越来越精致，而忽视了不经过一个野蛮成长的

---

[1] 贺雪峰：《中国社会科学需要"野蛮生长"》，观察者网2019年2月1日，https://www.guancha.cn/HeXueFeng/2019_02_01_488929.shtml.
[2] 同上.
[3] 同上.

阶段，太过规范，甚至有学术规范的洁癖，就很难给创新研究留下空间。[1]

整整一百年前的1919年，后来的人民共和国总理周恩来提前结束留学，从日本启程回国，投身反帝反封建的五四运动。行前，他为送行的留日同学挥毫题写了一首七言旧作："大江歌罢掉头东，邃密群科济世穷。面壁十年图破壁，难酬蹈海亦英雄。"创作这首大江东去的磅礴诗作时，青年周恩来年方十九岁。

如同任何事业都需要人，中国新闻学同样需要一批又一批、一代又一代有抱负、有担当、有作为的青年学子后来人。鲁迅先生说得好："从喷泉里出来的都是水，从血管里出来的都是血。"[2] 张承志也曾呼吁："旧的时候该结束了，泥巴汗水的学问刚刚登场。我们只是呼唤真知实学，我们只是呼吁，一种不同的知识分子的出现。"[3] 如今，中国新闻学同样呼唤真知实学，召唤一种不同的知识分子，并期盼"一种更接近客观本相，也更接近良知和人道的知识体系"。[4]

这本《中国道路新闻论》虽然轻若片羽，却也付出面壁十年、殚精竭虑的求索，仿佛愚公矢志挖山不渝，自觉有朝一日也会感动上帝，这个上帝不是上天的神灵、西天的佛祖，而是脚踏着中国大地、背负着人民希望的新时代新青年。借用清华大学胡钰教授的话说——用真理赢得青年，用青年赢得未来。

---

[1] 贺雪峰：《中国社会科学需要"野蛮生长"》，观察者网2019年2月1日，https://www.guancha.cn/HeXueFeng/2019_02_01_488929.shtml。
[2] 鲁迅：《革命文学》（1927年10月21日），见《鲁迅大全集》第4卷，武汉：长江文艺出版社，2011年，第203页。
[3] 张承志：《常识的求知：张承志学术散文集》，北京：生活·读书·新知三联书店，2012年，第7—8页。
[4] 同上，第225页。

结 语

新时代新闻学若干问题辨析

历史上一些重要关口，往往是学术思想骤然活跃的时刻。近年来，因应中国与世界的历史性变革，特别是十八大以来，随着中国发展开始走向政治自觉与文化自觉的"新时代"，学术论争也渐趋蓬勃，关于新闻学何去何从的文章同样接踵而至。蔡惠福、顾黎《关于中国特色新闻传播学术话语体系自主建构的几点思考》(2013)、赵月枝《被劫持的"新闻自由"与文化领导权》(2014)、胡钰、虞鑫《构建中国特色新闻学：何以可能与何以可为》(2016)、丁柏铨《中国新闻理论体系调整之我见》(2017)、吴晓坤、童峥《大数据背景下新闻价值体系的嬗变与重构》(2017)、陈力丹《新闻传播学学科建设若干问题的思考》(2017)等，一方面给人以新鲜有益的启发，一方面也促发一些新的思考与困惑。鉴于兹事体大而错综交织，笔者无力穷根究底，权且提出新时代新闻学的若干命题，并略作阐发。

新闻学还是新闻传播学

名不正则言不顺，言不顺则事不成。学科建设的主攻方向是新闻学，还是新闻传播学，这一点不仅涉及名分问题，而且更关乎事功问题。

从毛泽东到习近平，党和国家文献中向来都用"新闻学"。如《中央宣传思想工作领导小组关于实施马克思主义理论研究和建设工程的意见》(2004)，提出编写哲学、政治经济学、科学社会主义、政治学、社会学、法学、史学、新闻学和文学等9个重点学科教材。习近平2016

年在哲学社会科学工作座谈会上的讲话中，谈到 11 个"具有支撑作用的学科"时，也明确提及哲学、历史学、经济学、政治学、法学、社会学、民族学、新闻学、人口学、宗教学、心理学。

作为见仁见智的个人理解，我以为国家层面主要关心的应该还是名副其实的新闻学而非"新闻传播学"。原因不难理解：新闻学同共产党、共和国的新闻舆论工作息息相关，也同当下治国理政、定国安邦的伟大斗争生死攸关，正如习近平说的"新闻舆论工作处在意识形态斗争最前沿"。事实上，共产党、共和国的新闻学既融会着党性原则、群众路线、实事求是等思想，也折射着延安《解放日报》、《人民日报》、新华社、人民广播，以及范长江、邹韬奋、邓拓、穆青、齐越、范敬宜等一代人民记者的身影，既彰显着马克思主义的人类自由解放的天下理想，也体现着家事国事天下事事事关心的中华传统，包括梁启超、邵飘萍、戈公振、张季鸾等报人的志向。至于作为舶来品的传播学，[1] 虽然为新闻学带来一些新鲜新奇的"立场、观点和方法"，有助于学术研究的百花齐放、百家争鸣，但迄今为止总体看来还不脱一套"西化"或"美化"的学科体系、学术体系、话语体系，距离中国化依然任重道远，特别是其中浸透的价值观方法论与中国道路不免抵牾（批判传播学虽然具有马克思的思想基因，可惜既不属于主流传播研究，又与中国实践时有龃龉），同习近平念兹在兹的立足中国大地、以人民为中心、培养社会主义建设者接班人等，不说格格不入，也是各说各话。

关于中国学派

不止一位论者指出，与其他学科相比，目前新闻学还缺乏系统的学理，没有形成体系，更没有形成学派。笼统地看，确实存在诸如此类的

---

[1] 所谓传播学有广狭两义，广义往往被理解为一种古今中外、包罗万象的社会生活"领域"及其研究，狭义则专指以美国主流研究为典范的建制化"学科"，包括其理论、历史、方法等。本文所指为狭义的传播学。

情况，但具体问题具体分析则另当别论。一方面，说新闻学缺乏"自身系统的学理""没有形成体系""更没有形成学派"，那么，当代中国社会科学细究起来恐怕概莫能外，经济学、法学、政治学、传播学等大抵如此，无不照搬照抄欧美的学术思想。正因如此，习近平在哲学社会科学座谈会上才明确要求，应着力建设和发展"具有中国特色和普遍意义"的学科体系、学术体系和话语体系。

另一方面，说中国新闻学缺乏"学理""体系""学派"，也并不完全符合历史事实，至少新中国曾经形成独具特色而系统完整的新闻学及其学科体系、学术体系和话语体系，[1]由此也可以说形成新闻学的中国学派。其中，甘惜分、王中等人的新闻理论，方汉奇、丁淦林等人的中国新闻史，张隆栋、梁洪浩等人的外国新闻史，蓝鸿文、郑兴东等人的新闻采编，齐越、张颂等人的播音学等，都达到较高的系统化水平，不仅为新闻业提供了有力的学术理论支撑，而且培养了一批"政治坚定、业务精湛、作风优良、党和人民放心"的新闻舆论人才。如北京大学新闻专业郭超人、人民大学新闻系杨伟光、复旦大学新闻系周瑞金、北京广播学院杨正泉、杭州大学新闻专业慎海雄等，当代新闻学界老中青几代人才的成长说到底也无不受惠于此。对此，今人应予充分肯定和崇高敬意，我们既不能故步自封，也不能妄自菲薄，而是不忘本来，吸收外来，面向未来。

即便说当今新闻学没有形成"中国学派"，那么关键也不在于未建立学术上的"体系""话语"，而在于未能充分自觉自信地立足中国大地，正心诚意地致力于中国化的学术目标。相反，如今习见的往往更多是从理论到理论，从纽约到伦敦，从而与共产党、共和国的中国道路与新闻

---

[1] 丁耘论新中国学术传统与学术主权时谈到，"新中国在这个问题上，前三十年非常明确有自己的学术传统，也有自己的学术贡献，它一定是自己立法，自己治理的；它有自己的主权，有自己的道"。而当下中国学术，越来越明显的趋势是几乎失去学术主权意识，学术界的"肉食者"与管理者都在自觉不自觉地推动中国学术与西方接轨（美其名曰"国际接轨"）。"中国现在正面临一个有史以来最大的留学文化运动和科研换血运动……留学运动会接什么传统非常清楚，就是留学生的国外导师的学术传统"。参见张志强等：《人民共和国的文明内涵》，《开放时代》2018年第1期，第79—80页。

实践，也与亿万各族人民的光荣与梦想渐行渐远。众所周知，唯一得到国际学界公认的社会学"中国学派"，恰恰源于吴文藻、费孝通等一代大家将社会学中国化的实践。就像李培林说的：

> 20世纪初期的中国学界，社会学在教学和研究上有两种趋势：一是很多社会学家热衷用中国已有的书本资料，特别是历史资料填入西方社会和人文科学的理论，二是用当时英美社会学通行的社会调查方法来描述中国社会。吴文藻回国后，正值社会学和人类学在中国广泛开拓之际，他大力提倡和推行社会学中国化的学术运动，并苦苦思索社会学中国化的路子，认为社会学要中国化，最主要的是要研究中国国情……吴文藻培养了大批具有国外教育背景又扎根于中国国情的学术人才，如林耀华、费孝通、李安宅、瞿同祖等。[1]

至于从毛泽东到习近平等中国道路的先驱者与开拓者，在近百年的革命、建设、改革实践中大刀阔斧，披荆斩棘，以及由此开创的一整套中国特色、中国气派、中国风格的思想理论体系，更是中国学派当之无愧的引领者与集大成者。马克思主义中国化的毛泽东思想、习近平新时代中国特色社会主义思想，正是立足中国大地，广泛吸收"五四"以来中国新文化优秀成果，包括哲学、经济学、政治学、法学、历史学、社会学、新闻学等一大批学术思想，创造性地发展出既融汇古今中西又切合中国实际的现代思想，无论对社会政治实践，还是对文化政治实践，都提供了生机勃勃中国化的理论话语，不仅赢得天下与天下归心，而且形成现代世界独树一帜的思想理论体系。正如张文木举例说明的："毛泽东写《论持久战》也没到哈佛去查资料，什么都没有，没必要。毛泽东在延安能写出《论持久战》，我们的研究一定要扎根自己的本土，写中国的东西，这就是'中国学派'"的特点。"[2] 解志熙针对革命文艺

---

[1] 李培林：《20世纪上半叶社会学的"中国学派"》，《社会科学战线》2008年第12期。
[2] 张文木：《毛泽东诗词中的战略思想》，《经济导刊》2018年第2期。

现代性从一个侧面提示的历史图景，又何尝不是延安以来中国新闻业与新闻学的人间正道：

> 现代中国的革命和革命文艺之被当今的一些先进之士所否斥，这反倒证明当年的革命和革命文艺是真正的并且是成功的革命和革命文艺，而被他们交口称赞的另一些革命者、革命思想家和文艺家，如葛兰西、卢森堡、本雅明等"西马"之流，则都是失败的革命者或书斋里的革命者，所以他们也就只好或在狱中深刻地思想着革命或在书斋里诗意地想象着革命，如今称扬他们，诚然是既深刻悲壮也浪漫诗意而又很安全之举，因为那本来就是些美妙博辩的革命精神胜利法，说来好听好玩而已，并不当真的，也不能当真的。[1]

新闻与传闻和新闻的源与流

由于新媒体的冲击，各方不免一惊一乍，种种学术流行语更是纷至沓来，浮想联翩。其中，有的自然包含一些新认识、新思考、新理论，有的则未免以偏概全，似是而非，甚至把清楚的事情又捣成糨糊，包括新闻、新闻价值、新闻真实等概念。比如，有论者在权威期刊撰文，纵论新媒体时代采访如何过时，更有论者认为，"新闻"原来是"关于事实的知识"，而在新的传播环境下，新闻源从河流变成了海洋，记者需要从这片无限的海洋里打捞新闻，提供关于"事实的知识的知识"。且不论新闻是"关于事实的报道"，还是"关于事实的知识"或"知识的知识"，这里有两点值得深究，一是新闻与传闻，一是新闻的源与流。

面临新媒体异军突起，狂飙突进，社会信息山洪倾泻，汹涌澎湃，有的人仿佛失其魂魄，五色无主，往往将新闻与传闻（"路透社"与"路

---

[1] 解志熙：《与革命相向而行——〈丁玲传〉及革命文艺的现代性序论》，载李向东、王增如：《丁玲传》，北京：中国大百科全书出版社，2015年，"序"第18—19页。

边社")、新闻的源与流混为一谈,不顾由此导致的一系列理论与实践的困扰。比如,新媒体固然深刻影响"传播环境"而非如流行思维所言"颠覆社会结构"(批判传播学倒是证实,新媒体不是颠覆而是进一步固化新自由主义的"政治经济秩序"),但网络上、手机中、微信群、朋友圈的信息海洋究竟有多少属于"新闻",又有多少属于"传闻",不能不划开一条清晰的楚河汉界。而不少新说似乎对此或视而不见,或不以为然,仿佛只要传播,就是新闻。如同周麟之《海陵集》描绘的南宋"小报"情景:往往以虚为实,以无为有,官绅士大夫只要看到小报登载,就不论新闻与传闻,统统信以为真,"曰已有小报矣"。[1]

  关于新闻的源与流问题同样颠倒混乱。按照马克思唯物史观及其新闻观,先有事实,后有新闻或传闻,事实在先,新闻或传闻在后,事实是第一性的,新闻或传闻是第二性的。这也是古今中外新闻业与新闻学的常识,源与流的关系一清二楚。所以,严肃认真的新闻记者无不把亲历新闻现场把握事实,把亲眼看、亲耳听、亲身感受、亲身经历等,视为新闻工作的天经地义或第一要义,古今中外没有哪个以新闻为天职的记者愿意"吃别人嚼过的馒头",而不愿如王慧敏定位的"记者,就是把新闻现场作为战场的战士"。[2] 而时下,网络手机新媒体及其流行说辞却不仅混淆新闻的源与流,而且还自觉不自觉地颠倒源与流,好像记者不用再去新闻源头"采集新闻",只需白发渔樵江渚上似的在浩浩汤汤的传闻洪流中"打捞新闻"。更有论者认为,随着大数据、云计算风起云涌,新闻报道可以据此作出"未来"的报道,而不必基于"过去"的事实。换言之,即便没有事实存在,同样可以写出报道。如此说来,新闻不用再像马克思、习近平说的"根据事实描写事实",而可以根据

---

[1] [南宋]周麟之:《海陵集》,第4卷,"论禁小报"。
[2] 王慧敏:《做有职业品格的记者》,《中国记者》2007年第12期。

预测预判"描写事实"。[1]假如新闻的立足点从实际发生的"过去",转向可能发生的或预期发生的"未来",那么,世人是把新闻作为实实在在的事实,还是作为仅供参考的天气预报呢。[2]更何况,新闻报道的社会意义除了真切描绘现实世界的历史方位,更在于通过影响每日每时的社会认知而影响历史前行的不同方向。

普遍性与中国特色

关于新闻学是否应该属意中国特色,或者说中国特色新闻学是否成立,仁者见仁,智者见智。有学者以物理学为例,认为不需要划分某阶级、某党派、某民族、某国家的新闻学。拿新闻学与物理学作比,恐怕差之毫厘,谬以千里。若以物理学简单比附新闻学,何不用一加一等于二的数学说事。其实,即便放之四海而皆准的数学,都难免带有不同文明认知的鲜明胎记,中国数千年的算数始终联系着阴阳、五行、天干、地支等,如六十四卦、九五之尊,罗马数字与阿拉伯数字(实为印度数字)也不是一个繁复与简单的单纯运算问题,而是同样涉及思维方式以及理解宇宙万物的文化传统。看似超然物外的数学深究起来尚且如此,那么,与现实政治与社会历史息息相关的新闻学,又如何能够等同于放之四海而皆准的物理学呢。其实物理学等现代科学按照福柯的看法,追根溯源无不关乎现代文明征服世界、征服自然的"权力意志",如永无止境的欲望,而并不纯属探究科学规律的"宁馨儿"。所以,江晓原在破解"科

---

[1] 这种所谓新闻,在欧美称之为"推想性新闻"(specultive journalism),一直饱受争议与质疑,最近又开始盛行,如《华尔街日报》报道"谁将成为2020年的美国总统"。过去,此类对未来事态走向的推测与讨论,往往在报纸的"观点"与"专栏"版块,而时下往往以新闻报道的形式刊登在时事新闻新闻版块。

[2] 美国学者Christy Wampole认为,这种所谓新闻的假设性成分更多而真实性成分渐少。她质疑,如今最好的、最有洞察力的记者,难道并不需要告诉人们已经发生的事实,而只是告诉人们未来可能发生的事实吗?她认为,许多虚假离谱的信息都是出自不负责任的推测推想,即预测预判。所以,还是把推测推想的工作留给小说家,而把实事求是的责任留给新闻人吧。参见邱迪玉编译:《写新闻需要推想吗?》,《文汇学人》2018年2月6日第11版。

学"意识形态迷思之际,就在文章著述中屡屡强调——科学不等于正确。[1]

至于"同一个学科划分某阶级、某党派、某民族、某国家的"新闻学,乃是不以人的意志为转移的客观现实,是否承认是一回事,是否存在是另一回事。马克思主义道统的新闻学与新闻业,一向以唯物史观的阶级论即现实世界的阶级关系以及政党、国家等权力关系为立足点,正如资本主义新闻学总以唯心史观的"人性论"为立足点。拿时下自我设限的"新闻自由"为例,本来现实世界存在着不同阶级的新闻自由及其理论表达,何梓华三十多年前的《两种社会制度 两种出版自由》一文曾有透彻论述。[2] 赵月枝2014年发表的《被劫持的"新闻自由"与文化领导权》,更是进一步做出深入剖析:"新闻自由的关键,不在于要不要言论表达的自由,而在于谁的自由——是媒体拥有者的自由,还是全体人民的自由?谁的需要——是商业牟利和资本积累的需要,还是人民言论表达的需要?在一个资本主导的世界里,表达自由是被阶级关系构建的。"[3] 正由于如今不讲"某阶级、某党派、某民族、某国家",一说起新闻自由,俨然只剩西方或精英的"新闻自由",而无关中国共产党与人民共和国的新闻实践。这路"新闻自由"同马克思所言"热情维护人民自由精神的千呼万应的喉舌",以及摆脱人对物、人对人等依赖关系而实现人的自由全面发展,相距不啻以道里计。这里,应星对中国革命中阶级话语及其政治性与伦理性的解读,倒是更值得新闻学思考:

> 阶级斗争概念在战争年代主要表现出来的是夺取政权的政治内涵,但这往往使人忽略了阶级斗争概念所具有的更为重要的伦理内涵。夺取政权只是革命的手段,通过阶级斗争谋求社会平等,塑造社会主义"新人"和"新世界",才是革命的真正目的。也正因为此,列奥·斯特劳斯(2002:228、231)才批

---

[1] 江晓原:《科学的三大误导》,《文汇报》2009年2月26日第11版。
[2] 何梓华:《两种社会制度 两种出版自由》,载中国新闻学会编:《新闻自由论集》,上海:文汇出版社,1988年,第139—160页。
[3] 赵月枝:《被劫持的"新闻自由"与文化领导权》,《经济导刊》2014年第7期。

评施米特那种将划分敌友界定为政治概念的做法是肯定了政治而否定了道德，并没有真正解决现代社会"非政治化"的问题，究其实，"对政治的肯定最终无非是对道德的肯定"。从西方现代性伦理来说，共产党人企图通过阶级斗争所提出的平等问题与自由主义关切的自由问题构成了张力。从中国近代社会来说，从太平天国运动到科举制废除等一系列重大历史事变带来了社会夷平的局面（孔飞力，1990），传统中国的德治秩序和双轨政治格局被破坏，需要重新建立一个新的伦理秩序。中共早期领导人在接受马克思主义时就已经赋予了自己通过阶级斗争再造"新德治"（应星，2009）秩序的使命，只是这一使命后来被紧张的政治、军事斗争所遮蔽，直到延安整风时才开始展露出来，并在1949年后得以全面铺开。[1]

由此说来，强调"中国特色"不仅不是形式主义，相反，恰恰是新闻学健全发展而非畸形生长的前提。着眼"中国特色"与"中国大地"，一方面固然是坚持新闻学的马克思主义属性和社会主义定位，明确新闻学研究和教学中"为什么人"这一根本性问题、原则性问题；一方面也并非为了凸显特殊性而向普遍性告别，没有普遍性的维度，即毛泽东从青年时代起执着探求的"大本大源""宇宙真理"，实事求是的"是"即追求真知与真理，就有可能沦为各行其"是"、自以为"是"。事实上中国特色的历史实践包括革命、建设与改革及其新闻舆论工作，既属于社会主义与共产主义的普遍性愿景，又为人类命运共同体提供了中国智慧与中国方案。"这个世界充斥了太多神仙的说教，而我们已经很难听到'英特纳雄耐尔'的歌谣"[2]，英特纳雄耐尔的歌谣正是共产主义普遍性的象征，也是人类命运共同体的福音，丰盈的中国大地及其理论求索则是这种普遍性与人类福音的具体体现，如同中国化的马克思主义对马克思主义的贡献。由于当

---

[1] 应星：《"把革命带回来"：社会学新视野的拓展》，《社会》2016年第4期。
[2] 昌耀：《一个中国诗人在俄罗斯》，载《昌耀诗文总集》（增编版），北京：作家出版社，2010年，第672页。

今世界一整套既定的学术秩序和固化的理论思维基本源于西方中心论的地方性知识，而且是打着普遍性旗号的一套隐含傲慢与偏见的胁迫性知识，如刘禾等《世界秩序与文明等级》、辛普森等《胁迫之术》一系列新作揭示的，故而"中国特色"的道路、实践及理论如新闻学，无论基于现实问题，还是为了求索创新，都拒绝从这种地方性知识出发，更拒绝沉迷于学术移植、理论旅行、思想穿越，而首先立足现实土壤，面向具体国情，聆听时代心声，在人民群众创造世界的历史大潮中把握真问题、大问题，研究真学问、大学问。借用曼海姆的思想表达："如果我们想要实现分析现代思想的需要向我们提出要求，我们就必须能够使社会学的观念史关注现实的社会思想，而不是仅仅关注在僵化的学术传统中精心制作的以为可以永久长存的自满自足的思想体系。"[1]

莫言对马尔克斯与福克纳一向推崇备至，视为"两座灼热的高炉"，而面对外国文学典范，他的态度却是："我如果不能去创造一个、开辟一个属于我自己的地区，我就永远不能具有自己的特色。我如果无法深入进我的只能供我生长的土壤，我的根就无法发达、蓬松。我如果继续迷恋长翅膀的老头、坐床单升天之类鬼奇细节，我就死了。"[2] 同样道理，我们的新闻学如果不能去创造开辟一个属于自己的地区，扎根在只能供自己生长的学术土壤，而是像邓实一百多年前批评的"尊西人若帝天，视西籍如神圣"，那么也死无葬身之地。一言以蔽之，"中国特色"看似强调特殊性，实则重新高扬探求真知、探求真理的学术精神，重新探索现实世界的普遍性并追求自主性。

"普世化"还是"中国化"

当下中国文化政治语境中流行的所谓"普世化"，说白了不过是胡

---

[1] [德] 卡尔·曼海姆：《意识形态与乌托邦》，李步楼等译，北京：商务印书馆，2014年，第102页。
[2] 莫言：《两座灼热的高炉——加西亚·马尔克斯和福克纳》，《世界文学》1986年第3期。

适"全盘西化"的代名词、委婉语，故实际等同于"西化"。中国新闻学应该致力于"中国化"，还是"普世化"即"西化"，也可谓两条道路、两种命运、两种前途的抉择。近些年的新闻学思考，归根结底大多直接间接地触及这一核心问题。

其间，有学者为了论证"普世化"，甚至说马克思主义新闻观就是一种"西化"。这种说法未免混淆概念，耸人听闻，因为马克思主义及其新闻观，与"西化"实在风马牛不相及。众所周知，"西化"是个政治概念而非地理概念，如同日本在地理上属于东方，在政治上属于西方。社会政治意义上的"西化"，不是针对地理上的西方及其文化、文明、学术思想，更不是针对马克思主义以及西方马克思主义，而是具有明确的现实政治意味，即瓦解、倾覆两个百年中国梦，包括马克思主义学说、共产主义理想、社会主义道路为宗旨的文化政治思潮，如"普世价值"云云。"西化"乃是这样一路"文化冷战"的意识形态，而非针对人类文明组成部分的西方文化。习近平2015年在全国党校工作会议上的讲话中一语中的地指出：

> 我主持起草党的十八大报告时，专门要求写了这样一段话："对马克思主义的信仰，对社会主义和共产主义的信念，是共产党人的政治灵魂，是共产党人经受住任何考验的精神支柱。"
>
> 国内外各种敌对势力，总是企图让我们党改旗易帜、改名换姓，其要害就是企图让我们丢掉对马克思主义的信仰，丢掉对社会主义、共产主义的信念。而我们有些人甚至党内有的同志却没有看清这里面暗藏的玄机，认为西方"普世价值"经过了几百年，为什么不能认同？西方一些政治话语为什么不能借用？接受了我们也不会有什么大的损失，为什么非要拧着来？有的人奉西方理论、西方话语为金科玉律，不知不觉成了西方资本主义意识形态的吹鼓手。
>
> 中国特色社会主义理论体系归根到底是以马克思主义基本理论为指导的，是把这些基本理论同中国具体实际相结合的结

果。马克思主义就是我们共产党人的"真经","真经"没念好,总想着"西天取经",就要贻误大事![1]

还有学者认为,现在中国新闻学的基本结构与各国的新闻学大同小异,因为是应用学科,不多的理论均来自新闻实践,而各国的新闻实践是差不多的。说新闻学是应用学科没有问题,说新闻理论来自新闻实践同样不错,但说各国新闻实践差不多已经匪夷所思,进而断言各国新闻学也大同小异就更莫名其妙。正如世界各国的武装力量枪杆子都是扛枪打仗而非花拳绣腿,能打仗、打胜仗"其致一也",但是,为谁扛枪、为谁打仗则千差万别,甚至天差地别。同样,即使不懂新闻学也多少明白,世界各国的新闻实践笔杆子看起来好像差不多,实际上貌合神离,尤其在为什么人的问题上更是分道扬镳,这也是各国新闻学得以存在的基础。且不说施拉姆等冷战新闻学生硬区分的四种新闻体制、哈林和曼奇尼《比较媒介体制》探讨西方内部新闻实践的差异,也不说张威、童兵等的比较新闻学研究,更不说巴尔扎克的《幻灭》、马克·吐温的《竞选州长》、埃科的《试刊号》等入木三分的名作,仅看新世纪的"伊拉克战争"报道就可略见一斑。其时,美国媒体几乎众口一词地大肆宣扬所谓"大规模杀伤性武器",中国媒体基于实事求是的传统以及宣传纪律则不置一词。事后证明,伊拉克拥有"大规模杀伤性武器"纯属子虚乌有,原来是美国政府对世界人民包括美国人民撒下的又一弥天大谎,而此类谎言及其美国报道屡见不鲜。如此说来,中国的新闻业与新闻学是青睐美国的"专业主义"呢,还是尊奉甘惜分所言"立足中国土,回到马克思"呢?具体说来,我们是把美国的"三个代表"(李零教授指称犹太集团、军工集团、金融集团)[2]的新闻学奉为圭臬呢,还是追求为人民服务、为社会主义服务的新闻志向呢?新闻工作是像马克思所言,根据事实描写事实呢,还是根据希望描写事实,如同上述"随心所欲"的报道呢?

---

[1] 习近平:《在全国党校工作会议上的讲话》(2015年12月11日),《求是》2016年第9期。
[2] 李零:《鸟儿歌唱——20世纪猛回头》,北京:北京大学出版社,2014年,第235页。

是像列宁所言从整体上、联系中掌握事实呢，还是零碎地、随意地挑选事实如同"儿戏"[1]一般呢？是像习近平所言，"既准确报道个别事实，又从宏观上把握和反映事件或事物的全貌"[2]，即着眼于微观真实与宏观真实的有机统一呢，还是满足一鳞一爪的孤立现象并视为天经地义呢？是在社会主义媒介公有基础上旗帜鲜明以人民为中心呢，还是在资本主义媒介私有潮流中以所谓独立客观第三方自居呢？此类分野无不关乎大是大非，不能此亦一是非，彼也一是非，公说公有理，婆说婆有理，需知自圆其说的道理之上还有至高至大的"真理"。

总之，新闻学也如吴易风教授对经济学的判断，"仍然存在着两大对立的理论体系：一是马克思主义经济学，一是西方经济学"，而对西方新闻学如新闻专业主义，也应秉持他对西方经济学的态度："西方经济学植根于西方国家，是西方国家统治阶级关于资本主义市场经济看法的理论表现。因此它具有二重性：一是阶级性，二是特定条件下的实用性。阶级性主要表现为维护资产阶级利益、维护资本主义制度、维护有利于西方发达国家的国际经济秩序和宣传资本主义的意识形态。特定条件下的实用性主要表现为对资本主义市场经济的病症进行病理分析，做出诊断，并开出药方。在我国，研究西方经济学存在两种错误倾向：一种是只看到西方经济学的阶级性而看不到它在特定条件下的实用性，另一种是只看到了西方经济学在特定条件下的实用性而看不到它的阶级性。这两种倾向都是将西方经济学极端化、片面化的结果。完全肯定和完全否定都是错误的，因为这两种认识都不符合实际。既然西方经济学具有二重性，就应该用一分为二的观点对它进行科学的和全面的剖析，分清哪些是意识形态成分，哪些是特定条件下有用的成分。对于前者，要进行必要的批判和揭露；对于后者，要借鉴和吸收。借鉴和吸收也需要科学的态度，借鉴是把他人的经验和教训当作镜子，而不是照抄照搬；吸收

---

[1] 中共中央编译局：《列宁全集》第28卷，北京：人民出版社，1990年，第364页。
[2] 杜尚泽：《习近平在党的新闻舆论工作座谈会上强调：坚持正确方向创新方法手段提高新闻舆论传播力引导力》，《人民日报》2016年2月20日1版。

是要经过消化系统的分解和吸收功能来摄取有营养的成分,而不是囫囵吞枣。"[1]

结语

跑沙跑雪独嘶,东望西望路迷,新闻学再次处于何去何从的十字路口。是因应国内外天翻地覆的百年未有之变局,还是停留在二三十年前的老地方原地踏步,是践行大道之行的人间正道,还是执着专业主义迷思,从而使新闻学愈发精神恍惚,已经日益成为关系重大的问题。方向决定道路,道路决定命运。如果说四十年前邓小平的"新时期"一度激活新闻学的生机和活力,那么,如今习近平的"新时代"则更为新闻学敞开前所未有的学术空间,我们又面临着破除迷信、解放思想的历史抉择。

附识:

本文杀青后,看到吕新雨《学术、传媒与公共性》中附的一封读者来信,这位看似"名不见经传"的思想者谈及的话题,令人钦佩,也让人汗颜,这里谈论的问题,人家20年前就说清楚了:"新闻仅是一种认识活动吗?不是,它不仅是认识活动,同时还是实践活动、评价活动。新闻学是一门自然科学吗?不是,它是一门社会科学,是研究以人的社会存在为背景的新闻与新闻事业为对象的学科。新闻是注定要拒绝意识形态、不能为政治服务吗?不是,恰恰相反,它本身就是一种很强的意识形态,是为一定的政治,一定的国家、民族、阶级、政党的利益服务的""事实仅是报道的基础,

---

[1] 张林:《吴易风教授访谈录》,《经济学动态》2017年第10期。

而价值才是报道的'决定因素'。马克思说:'哲学家们只是用不同的方式解释世界,而问题在于改变世界。'新闻工作者运用着大众传播媒介不仅在'解释世界',而且参与了'改变世界'的伟大事业。"[1]

---

[1] 陈坚:《"再讨论"是迟早要发生的——读吕新雨〈以人的社会存在为背景的新闻与新闻事业〉及〈新闻大学〉"编者按"》,载吕新雨:《学术、传媒与公共性》,上海:华东师范大学出版社,2015年,第193页。

新中国新闻学知识图谱：
从人民新闻学到中国新闻学

李彬 李飞

中华人民共和国成立七十年来，中国社会发生天翻地覆的巨变，新闻学及其学科体系、学术体系和话语体系也经历一波三折的演进。如果说中国道路的风雨历程是"左一脚，右一脚，深一脚，浅一脚"[1]，那么新闻学也同样是一路风风雨雨，如今面临新时代与百年未有之变局，也来到一个何去何从的十字路口。一方面，处于意识形态前沿的新闻舆论工作及其治国理政、定国安邦的意义日益显豁，中国道路及其新闻实践留下的丰富遗产亟待问题化、学术化与理论化，习近平更将新闻学提升到前所未有的高度，与文史哲等十大学科并称为哲学社会科学领域"具有支撑意义的学科"[2]；另一方面，中国特色、中国气派、中国风格的新闻学及其学科体系、学术体系和话语体系，在以洋为尊、以洋为美、唯洋是从的学术进路中依然举步维艰，可谓草色遥看近却无。[3] 而其中的专业危机、文化危机乃至政治危机正如有研究者指出的：媒体经营、公共关系、舆情产业、政务传播、品牌营销等彼此勾连，使媒体逻辑不断侵蚀政治逻辑，越来越形成一套强大的、左右世道人心的"媒体化政

---

[1] 王绍光：《如何摸着石头过河？》，载潘维主编：《中国模式：解读人民共和国的60年》，中央编译出版社，2009年，第379页。
[2] 习近平：《在哲学社会科学工作座谈会上的讲话》，《人民日报》2016年5月19日第2版。
[3] 参见李彬《新闻学的春天与冬天》，《山西大学学报》2019年第5期。

治"[1]。从2011年的甬温线"动车事故"被演绎为"高铁危机",到2019年岁末来势凶猛的"华为"事件无不如此。赵鼎新甚至认为,媒体精英与国家精英只有"利益认同"而无"价值认同",故一旦经济出现问题,政治出现变故,他们自然会毫无心理障碍地站到对立面。[2] 为此,审视新闻学的知识生产,在今天就显得尤为迫切。套用邓正来的说法,学界更多关注的是新闻学"知识研究本身的问题",将之编织于累积的、进步主义的学科叙事之中,而问题恰恰在于反思这一"知识生产机器"[3]。长期以来,新闻学"知识生产机器"已使自身同新闻实践以及更广泛的社会政治实践越来越隔膜、越来越疏离,也使新闻学不断陷入"内卷化"境地。然则,何去何从?由于这一问题错综复杂,牵连广泛,本文拟从新中国七十年新闻学知识图谱及其演进脉络,探寻其学科体系、学术体系和话语体系从哪里来、往哪里去。

一、人民新闻学：价值上以人民为中心，实践上以人民为主体

任继愈先生认为,中华五千年的历史无非两件大事,一是建立多民族、大一统的封建国家,即所谓旧中国或老中国；一是近代以来,摆脱帝国主义列强和封建势力,建立人民民主的现代化国家,即所谓新中国。[4] "人民新闻学"就是在这一广义的新中国语境中形成的新闻学结晶,其象征莫过于1945年重庆谈判期间,毛泽东做客《大公报》后应邀留下的墨宝——"为人民服务"。[5] 在中国革命与社会主义建设的历史进程中,"人民新闻学"从实践到理论都确立了中国新闻事业的正当性与

---

[1] 王维佳：《反思当代社会的"媒体化政治"》,《新闻大学》2017年第4期。
[2] 赵鼎新：《社会与政治运动讲义》,北京：社会科学文献出版社,2006年,第285页。
[3] 邓正来在论及对知识生产考察的时候,强调"必须关注知识研究本身的问题,而且还必须对中国既有的'知识生产机器'进行反思和批判"。参见邓正来：《知识生产机器的反思与批判——迈向中国学术规范化讨论的第二阶段》,《西南政法大学学报》2004年第3期。
[4] 任远、任重：《一份谈话记录和半个世纪的演绎》,《中华读书报》2016年4月6日第9版。
[5] 李满星：《毛泽东为〈大公报〉题写"为人民服务"的前前后后》,《文史春秋》,2015年第12期。

正义性。尽管"人民"的概念在不同时期的具体所指有所差异,但核心内涵始终是最广大的人民群众,亦即唯物史观推重的历史的创造者与主人翁。

1. 作为人民新闻学源点的"人民"

1942年3月31日在延安《解放日报》改版座谈会上,毛泽东开宗明义提出一个根本的问题、原则的问题——"共产党的路线,就是人民的路线。"[1] "共产党的路线"与"人民的路线"相统一,也是新闻工作"党性"与"人民性"相统一的基础。1946年初,在华中新闻专科学校的讲话《论人民的报纸》中,范长江进一步提出"人民的报纸"的观念。[2] 这种"人民的报纸"的新闻实践伴随着中国共产党在政治与军事上的胜利,在人民共和国的新闻战线全面铺展开来,从而进一步形塑了"人民新闻学"的实践面貌与理论面貌。

顾名思义,人民新闻学自然是以人民为主体并以人民为中心。《在延安文艺座谈会上的讲话》中,毛泽东对"人民"的解答既具体,又为不同层面和角度的理解提供了阐释空间:"什么是人民大众呢?最广大的人民,占全人口百分之九十以上的人民,是工人、农民、兵士和城市小资产阶级。"[3] 在这个界定中,"人民"的概念从阶级属性、职业属性以及规模层面进行了阐述,其中涵盖的四种人群也是中国革命与中国共产党所锻造的、实现再造新中国即现代中国这一政治目标的实践主体。对此历史主体的认识也是在费正清所言"伟大的中国革命"中逐步形成的。毛泽东五四时期创办《湘江评论》之际,还曾采用西方现代启蒙视角审视中国的芸芸众生,因此陷入对现实的极度失望:"中国的四万万人,差不多有三万万九千万是迷信家。迷信神鬼,迷信物象,迷信运命,

---

[1] 毛泽东:《在〈解放日报〉改版座谈会上的讲话》,《毛泽东新闻工作文选》,北京:新华出版社,2014年版,第109页。
[2] 范长江:《论人民的报纸》,《新闻与传播研究》1982年第1期。
[3] 毛泽东:《在延安文艺座谈会上的讲话》,《毛泽东选集》(第3卷),北京:人民出版社,1991年,第855页。

迷信强权。全然不认有个人，不认有自己，不认有真理。"[1] 这种自上而下的视角延续着近代欧洲的"启蒙"思路，知识精英以高高在上者自居，"把群众看成是阿斗，自认为自己是诸葛亮，我是来教育阿斗的"[2]。然而，由于新中国的建国历程面临着空前强大的内外敌人，为了推翻"三座大山"，中国革命与中国共产党必须诉诸最广大的人民群众："革命战争是群众的战争，只有动员群众才能进行战争，只有依靠群众才能进行战争"[3]；"既要依靠群众的实践去改造世界，又要依靠群众的实践来认识世界"[4]。因此，五四之后，大批有觉悟的知识分子新青年纷纷走向民间，走向人民，走向与工农相结合的道路。唤起工农千百万，同心干，共产党立足唯物史观的群众路线更是通过马克思主义的政治实践与政治传播，实现对人民大众的召唤、组织与领导，在理论联系实际的革命斗争中不断凝聚起中国历史上前所未有的政治共同体——"人民"。其间，"人民"的内涵也随着不同时期的主要矛盾而变化。中华人民共和国成立后，毛泽东就说道："在建设社会主义的时期，一切赞成、拥护和参加社会主义建设事业的阶级、阶层和社会集团，都属于人民的范围；一切反抗社会主义革命和敌视、破坏社会主义建设的社会势力和社会集团，都是人民的敌人。"[5]

所谓人民新闻学及其实践主体即属这一宏大叙事的"人民"，新闻工作也自然从属于独立、自由、解放的革命事业与社会主义现代化事业，并通过新闻这种现代政治与传播方式，将一盘散沙的亿万各族群众凝聚成具有政治觉悟与实践能力的历史主体，推进翻天覆地的伟大斗争与改天换地的伟大革命。也是在这个意义上，胡乔木在延安时期曾把报纸比喻为"人民的教科书"，1951年习仲勋在西北报纸工作会议上的讲话也

---

[1] 中共中央文献研究室编：《毛泽东早期文稿》，长沙：湖南人民出版社，2008年，第281—282页。
[2] 冯契：《坚持价值导向的"大众方向"》，《新华文摘》2016年第7期。
[3] 毛泽东：《关心群众生活，注意工作方法》，《毛泽东选集》第一卷，北京：人民出版社，1991年，第136页。
[4] 人民大学新闻系编：《马克思主义新闻学理论基础》（油印稿），北京：1960年，第3页。
[5] 毛泽东：《关于正确处理人民内部矛盾的问题（之一）》，《人民日报》，1957年6月19日第1版。

把新闻工作等同于群众工作。这里,新闻工作既通过社会关系网络落实群众路线:"为了联系群众,记者和通讯员网、读者会、读报组、写作网、读者来信、读者来访、帮助宣传员等项工作必须认真去做。"[1] 又能动地保持开门办报的"业余"路线[2]:"必须吸引广大群众中的积极分子参加报纸工作,必须彻底肃清关门办报的思想残余,必须使报纸和亿万群众呼吸相通,成为党中央与群众之间的最有效的纽带之一。"[3] 在人民共和国的新闻工作中,记者更成为党和人民之间的"媒介"。这种"专业"定位,自然对记者提出"联系实际,不尚空谈"(毛泽东)的一系列"专业化"要求:"记者的任务,是通过实际的斗争来帮助党和国家解决问题,那就必须了解实际斗争"[4],"不仅要正确反映实际,而且还要促进实际的发展,反映的目的就是为了促进"[5] 等。这也是共产党与共和国新闻事业始终强调"倡导性"(舆论导向、正面宣传为主等),反对"客观"性的关键所在。显然,这是一条不同于西方基于"公民社会"而形成的新闻进路(维护私有制与财产权、平衡利益集团与法权体系、捍卫并传播自由主义意识形态,以及推行自欺欺人的所谓客观、公正、中立的新闻专业主义等):"它应该是与人民群众有着广泛的亲密的联系;它应该时时刻刻关心群众的利益,深切地懂得群众的要求,生动地具体地反映人民群众生活中各方面的模范的榜样,实事求是地指出工作中的缺点与错误和严正地揭发各种犯罪行为。"[6]

如果说资本主义国家的所谓"公民社会"及其专业主义的"公民新闻学"以抽象的"人性论"为前提,如追求新闻的趣味性、人情味等新闻价值,那么,新中国致力于人民当家做主的"人民社会"及其"人民

---

[1] 范长江:《范长江新闻文集》,北京:新华出版社,2001年,第1123页。
[2] 见李海波博士论文《业余路线:延安时期新闻大众化运动研究》,清华大学2018年。
[3] 范长江:《范长江新闻文集》,北京:新华出版社,2001年,第1123页。
[4] 邓拓:《在〈人民日报〉记者会议上的谈话摘要》,《邓拓全集》(第五卷),广州:花城出版社,2002年,第312页。
[5] 人民大学新闻系编:《马克思主义新闻学理论基础》,北京:1960年,第12页。
[6] 人民日报社论:《加强报纸与人民群众的联系》,《人民日报》1950年4月23日第1版。

新闻学",则蕴含着新闻实践与新闻理论的"阶级论"与阶级分析法,以及顺理成章并至关重要的"无产阶级专政"[1],亦即"人民民主专政"。正如毛泽东阐述的"舆论一律"与"舆论不一律"的辩证关系与矛盾运动:

> 所谓"舆论一律",是指不许反革命分子发表反革命意见。这是确实的,我们的制度就是不许一切反革命分子有言论自由,而只许人民内部有这种自由。我们在人民内部,是允许舆论不一律的,这就是批评的自由,发表各种不同意见的自由,宣传有神论和宣传无神论(即唯物论)的自由。一个社会,无论何时,总有先进和落后两种人们、两种意见矛盾地存在着和斗争着,总是先进的意见克服落后的意见,要想使"舆论一律"是不可能的,也是不应该的。只有充分地发扬先进的东西去克服落后的东西,才能使社会前进。但是在国际国内尚有阶级和阶级斗争存在的时代,夺取了国家权力的工人阶级和人民大众,必须镇压一切反革命阶级、集团和个人对于革命的反抗,制止他们的复辟活动,禁止一切反革命分子利用言论自由去达到他们的反革命目的。……我们的舆论,是一律,又是不一律。[2]

与此相应,依据唯物史观与阶级分析,"人民新闻学"对新闻自由同样进行区分,一种是资产阶级或剥削阶级的新闻自由,一种是无产阶级或劳动人民的新闻自由,从而在新闻理论与实践上维护人民主体的政治地位与表达自由。1957年,新中国新闻业与新闻学的先驱者安岗撰文,指出社会主义报刊有"专政和民主两方面的作用","是党和人民联系的纽带,是社会主义利益的捍卫者,是阶级的前哨战士"。[3]这一切自然使社会主义革命与建设中的人民新闻业与新闻学具有鲜明的政治

---

[1] 在《国家与革命》中,列宁有段著名论述:"阶级斗争学说不是由马克思,而是由资产阶级在马克思以前创立的,而且一般说来,是资产阶级可以接受的。……只有承认阶级斗争、同时也承认无产阶级专政的人,才是马克思主义者。"见《列宁选集》第三卷,北京:人民出版社,1972年,第199页。
[2] 毛泽东:《驳"舆论一律"》,《毛泽东选集》第五卷,北京:人民出版社,1977年,第157—158页。
[3] 安岗:《捍卫社会主义的新闻路线——为庆祝十月社会主义革命四十周年而作》,《教学与研究》1957年第11期。

意味，如同西方资本主义国家的新闻业与新闻学具有同样鲜明的政治意味，其中尤为突出的是无产阶级的政治立场、共产主义的价值理想、全心全意为人民服务的专业定位等，从而以此推动马克思所说的社会主义的四大历史命题：

> 达到消灭一切阶级差别，达到消灭这些差别所由产生的一切生产关系，达到消灭和这些生产关系相适应的一切社会关系，达到改变由这些社会关系产生出来的一切观念的必然的过渡阶段。[1]

2. 人民新闻学及其学科体系、学术体系和话语体系

价值上以人民为中心、实践上以人民为主体的"人民新闻学"，也是基于一整套马克思主义的"实践论"："无产阶级及革命人民改造世界的斗争，包括实现下述的任务：改造客观世界，也改造自己的主观世界。"[2]一方面，就像新闻战线的老兵戴邦1956年撰文写到的，"人民新闻学以客观、真实、公正、全面的科学的态度进行新闻报道，在人民群众中建立了高度的威信"；一方面又如吴冷西揭示的，"我们的新闻，不是为了报道而报道的，而是要指导实际工作和群众思想的"。[3]两方面结合，便构成毛泽东说的"主观与客观、理论与实践、知与行的具体的历史的统一"[4]。这种系统的而非零碎的、实际的而非抽象的知行合一，赋予新闻工作以贴近实际、贴近群众、贴近生活的丰富内涵，至于新闻是否真实就不是遵循所谓客观法则，而是接受人民社会生活实践的检验。赵汀阳的一个论断也适用于此："逻辑上为真 (true) 只是纯粹形式的真，

---

[1] 中共中央马克思恩格斯列宁斯大林著作编译局编译：《马克思恩格斯选集》第一卷，北京：人民出版社，2012年第3版，第532页。
[2] 毛泽东：《实践论：论认识和实践的关系——知和行的关系》，《人民日报》1950年12月29日第1版。
[3] 吴冷西：《人人要心中有数》，《新闻业务》1951年第4期。
[4] 毛泽东：《实践论：论认识和实践的关系——知和行的关系》，《人民日报》1950年12月29日第1版。

却不是真实（real）。只有真而不空才是真实。"[1] 由此，人民新闻学对新闻记者自然提出马克思主义认识论与实践论的要求，在"人民创造历史"的前提下，在革命与建设工作中凝聚"人民主体"也自然成为新闻的第一要义。如习仲勋在《新闻工作就是群众工作》一文中说道的："报纸、新闻工作就是群众工作；报纸、新闻工作者就是群众工作者。是比工会、青年团、妇联、农会等更加广泛，更多方面的群众工作。"[2] 也因此，新中国一成立，就在新闻工作中全面落实"人民新闻"的实践传统与精神价值。在1950年3月29日召开的全国新闻工作会议上，时任新闻总署署长的胡乔木立足于全国新闻战线，强调从三方面改进新闻工作：联系实际，联系群众，批评与自我批评。[3]1950年11月，在新华社第一次全国社务会议上，吴冷西也谈到："人民新闻学的基本原则是以最大多数人民的最大利益为依归，对此有利的多报道，对此利少者则少报道，对此无益甚至有害者则不报道，反对客观主义和所谓'有闻必录'。"[4]由于"人民新闻学"的基本原则始终围绕着"人民的最大利益"展开，是一种强调价值介入与政治参与的新闻生产活动，并始终注重新闻中所凝结的党与人民的血肉联系，因而共产党与共和国的新闻生产方式同客观主义的商业化、职业化新闻生产方式自然迥异其趣。[5]

这种人民主体也落实在新闻学术领域。在1956年中国报刊史教学大纲座谈会上，胡乔木提到"布尔什维克报刊工作的基本问题，应当通过报刊史来加以阐释"，"报刊史的重要任务之一，就是对报刊工作者进行思想教育，因此必须详细地介绍一些杰出的报刊工作者的工作作风

---

[1] 赵汀阳：《历史·山水·渔樵》，北京：生活·读书·新知三联书店，2019年，第20页。
[2] 习仲勋：《新闻工作就是群众工作——习仲勋同志在西北工作会议上的讲话摘要》，《中国报刊研究文集》，上海：上海人民出版社，1960年，第316页。
[3] 胡乔木：《胡乔木文集》（第二卷），北京：人民出版社，2012年，第342页。
[4] 吴冷西：《把新华社的报道工作提高一步》，新华社新闻研究所编：《吴冷西论新闻报道》，北京：新华出版社，2005年，第7页。
[5] 见向芬《新闻学研究的"政治"主场、退隐与回归——对"新闻论争三十年"的历史考察与反思》，《清华大学学报》2018年第1期。

和工作方法"。[1]在这种学术思潮下,李龙牧、丁树奇、黄河、刘爱芝等在20世纪50年代初编撰了新中国第一部《中国现代报刊史讲义》,对共产党成立到新中国成立的中国报刊史进行了梳理,勾勒了一幅从民主主义革命走向新民主主义革命的新闻图谱[2],并形成后来的《中国新闻事业史(新民主主义时期)》,由此搭建起一种新中国新闻史学以及新闻学的知识框架——所谓学科体系、学术体系和话语体系。[3]这一体系框架浸润着马克思主义唯物史观,更为突出报刊在不同阶级及其政治斗争与思想斗争中的历史作用,以及"人民新闻学"的革命传统,也使"报刊是阶级斗争的工具"成为一代新闻记者与学者的基本共识。同时,这一体系框架对"现代"的理解不仅纳入从五四新文化到中国革命与中国共产党的丰富传统,而且包含着对西方现代性的批判与超越。也就是说,对现代、现代化、现代性、现代文明等认识不是去政治化而是高度政治化,以至于今人甚至觉得过度政治化。例如,方汉奇的《太平天国的革命宣传活动》《帝国主义在中国办的外文报纸》《辛亥革命时期的〈大江报〉》等文章,书写革命报刊的正当性与正义性的同时,也对帝国主义文化侵略及其买办传统进行了揭露与批判。特别是1960年中国人民大学新闻系开展的一场影响广泛的学术批判,还曾惊动中宣部,为此派出调查组在新闻系蹲点四个月,"取得了圆满的结果"(罗列),并体现在一份翔实的调查报告之中。这份报告涉及一系列人民新闻学核心问题及其基本结论,如报纸的性质、党性和真实性、报刊新闻遗产的批判继承、报纸的产生等,堪称人民新闻学的最高水平与集中体现。[4]

总体看来,人民新闻学及其学科体系、学术体系和话语体系,在三条源流即马克思主义与国际共产主义、中国革命与中国共产党、奠基于

---

[1] 胡乔木:《对编撰中国报刊史的意见》,《胡乔木谈新闻出版》,人民出版社,2015年,第199页。
[2] 参见《中国现代报刊史讲义(初稿)》(手稿),借阅于北京大学图书馆。
[3] 方汉奇先生在访谈中曾经对此有详细梳理。参见方汉奇、王天根:《中国新闻史研究的回顾与展望——方汉奇先生治学答问》,《安徽大学学报(哲学社会科学版)》2015年第2期。
[4] 详见《中国人民大学党委关于新闻系学术讨论的总结》,收入《中国教育口述史——罗列教授等亲历新闻教育往事回忆》"附录二",重庆:重庆大学出版社,2012年,第209—225页。

延安整风的党报理论与实践的有机融合中，经过一代人正心诚意的耕耘，曾经达到高度的理论自洽与学术自信，也形成历史与逻辑有机统一的思想体系，从而既推进了中国的社会主义革命与建设事业，又促进了世界范围的民主进步的新闻业与新闻学，既为中国新闻业立心、立命、立法，又培养造就了成千上万脚踏实地为人民服务、为社会主义服务的新闻工作者。当然，人民新闻学囿于历史条件与自身局限难免存在种种缺憾，如同中国道路从来不是一帆风顺，如过度政治化、日趋教条化、最终八股化等更同社会主义建设时期的"极左"偏差不无关系。即使如此，熔铸其中的马列主义、社会主义、共产主义之灵魂，立足中国革命、建设及其新闻实践之格局，心口如一追求真理之气象，依然堪称中国新闻学自立于世界学术之林不得不尊奉的人间正道。应星论及阶级斗争命题及其政治性与伦理性内涵也适用于此：

> 阶级斗争概念在战争年代主要表现出来的是夺取政权的政治内涵，但这往往使人忽略了阶级斗争概念所具有的更为重要的伦理内涵。夺取政权只是革命的手段，通过阶级斗争谋求社会平等，塑造社会主义"新人"和"新世界"，才是革命的真正目的。也正因为此，列奥·斯特劳斯才批评施米特那种将划分敌友界定为政治概念的做法是肯定了政治而否定了道德，并没有真正解决现代社会"非政治化"的问题，究其实，"对政治的肯定最终无非是对道德的肯定"。从西方现代性伦理来说，共产党人企图通过阶级斗争所提出的平等问题与自由主义关切的自由问题构成了张力。从中国近代社会来说，从太平天国运动到科举制废除等一系列重大历史事变带来了社会夷平的局面，传统中国的德治秩序和双轨政治格局被破坏，需要重新建立一个新的伦理秩序。中共早期领导人在接受马克思主义时就已经赋予了自己通过阶级斗争再造"新德治"秩序的使命，只是这一使命后来被紧张的政治、军事斗争所遮蔽，直到延安整

风时才开始展露出来,并在 1949 年后得以全面铺开。[1]

二、现代新闻学:追寻现代性愿景的科学方案

改革开放以来,由于工作重心转移到经济建设,新闻重心也随之调整。在反思历史、拨乱反正的背景下,曾经作为"人民新闻学"对立面而受到批判的新闻观念,包括"资产阶级新闻学残余"也不分青红皂白——"平反",并以知识增量的方式开始合法化。这一"再翻转"以及围绕着"现代"及其"新闻学"而展开的知识生产,数十年来日积月累地形塑了另一套新闻学及其学科体系、学术体系和话语体系。正如王维佳分析的,改革开放初,包括新闻学者的新启蒙知识分子有"十分明确而完整的'现代化'蓝图,即按照成熟市场关系下的法权秩序推动中国社会的'转型',直至重构整个中国的上层建筑"。作为这个"现代化"蓝图的组成部分,20 世纪 80 年代的新闻学完成了三项任务:一是推动新闻传播理论从"政治化"到"科学化"的转型,"以此完成对中国前一个历史时期传播理念和传播机制的涤荡";二是"构建'人类传播'从落后到先进的一套历史主义叙述,把西方商业传播模式的伦理和原则普遍化和规律化",以此"廓清中国传播业的具体转型路径";三是"提出了信息服务、受众需要、媒体属性、商品机制、新闻法等理解现代传播机制的'元问题',框定了日后新闻传播研究政治想象的边界"。[2]

随着社会政治由"革命化"转向"现代化",新闻学也由"人民性"转向"现代性"。不过,"现代化""现代性""现代文明"等已经开启"去政治化"的逻辑,既一步步抹去中国革命与社会主义现代化的"现代"意味——国家独立、民族解放、中国人民的现代化等,也一点点遮蔽西方列强与资本主义的"现代"意味——帝国、殖民、战争等。对此,

---

[1] 应星:《"把革命带回来":社会学新视野的拓展》,《社会》2016 第 4 期。
[2] 王维佳:《新时代的知识挑战:中国新闻传播研究面临的几个历史性问题》,《新闻与传播评论》2019 年第 1 期。

赵月枝写道："'中国'对'西方'也罢，'传统'对'现代'也罢，'中国化'也罢，'本土化'也好，被忽略的往往是本土化了的中国社会主义理论和实践这一'传统'，不被认同的是林春所阐述的中国特色就是社会主义这一立场。……要在后革命中国的改革开放语境下引入这个包含'现代与传统'对立的框架，就必须'虚无'掉中国从1919到1979年的现代革命和社会主义建设传统。"[1] 其实，早在1985年3月7日，邓小平在全国科技工作会议的讲话中特别提醒："我们干的是社会主义事业，最终目的是实现共产主义。这一点，我希望宣传方面任何时候都不要忽略。现在我们搞四个现代化，是搞社会主义的四个现代化，不是搞别的现代化。"[2] 习近平2013年1月5日在新进中央委员、候补委员学习贯彻党的十八大精神研讨班上的讲话中，也一脉相承地明确指出："中国特色社会主义是社会主义，不是别的什么主义。"[3]

然而，身处20世纪80年代去政治化的历史语境，出于对所谓"语录新闻学"以及群众运动式新闻路线的反思，新闻界在反诸新中国前十七年优良传统之际也日益热切地求诸异邦，试图在古今中西去政治化的比较中，重构一套进步主义的"现代"新闻业及其新闻学：相对于"进步"的西方新闻业与新闻学是"落后"的中国新闻业与新闻学。随着"科学技术是第一生产力"以及去政治化的"现代"想象，此前被抑制的新闻生产市场化以及新闻产品消费化越来越成为关注重点，而前三十年轰轰烈烈的办报路线之争则人渐不闻声渐消，多情却被无情恼。前三十年特别是前十七年，新闻理论与实践一直高度关注两条路线——"群众办报"

---

[1] 赵月枝：《否定之否定？从中外传播学术交流史上的三S说起》，《国际新闻界》2019年第6期。
[2] 中共中央文献研究室：《邓小平年谱（一九七五——一九九七）》，北京：中央文献出版社，2004年，第1032页。
[3] 习近平：《关于坚持和发展中国特色社会主义的几个问题》，《求是》2019年第7期。

路线与"资产阶级专家办报路线"。[1]专家路线寄情民国时期所谓职业化、商业化的传统，实际上也是西方新闻传统，更强调新闻生产的专业面向如采写水平、经营发行、广告收益等，更强调新闻的消费属性与社会服务功能，从而也更侧重于软性新闻(feature news)的资源开发与新闻商业价值的实现。而从群众中来、到群众中去的办报路线，经过延安整风和《解放日报》改版虽然成为共产党与新中国的新闻主流，但明里暗里始终难免与"民国""西方"新闻观及其"现代性"磕磕碰碰。《新民晚报》老报人赵超构1957年就曾检讨自己"资产阶级的纯技术观点""专家办报思想抬头""盲目提倡报纸趣味"等。[2]如果说两条办报路线是基于"新闻战线的社会主义革命"[3]，那么，以经济发展为蓝图的现代化方案则为"现代新闻学"提供了可能性以及现实可行性，如有研究者所言："把新闻媒介从以阶级斗争为纲的轨道上转到为经济建设服务上来，直接为发展社会主义商品经济服务。"[4]由此，新闻开始从人民共同体的政治性纽带逐步转型为一种社会性消费品，新闻学知识生产也从服务党和人民的经验积累、理论建设、人才培养等，逐渐转型为一套面向市场的、所谓"去政治化政治"的学术生产，并陷入日益内卷化的"精致的平庸"。

1. "学科化"：新闻理论再翻转

新时期以来，新闻理论的"再翻转"开启了新闻知识生产的学科化之路。这种"再翻转"过程集中体现于王中及其理论的回归。王中出身新四军系统，与延安八路军系统的一代马克思主义新闻学家甘惜分在学

---

[1] 在当时的《马克思主义新闻学理论基础》之中就有明确论述，"群众办报路线"强调"工农劳动群众是我们报纸的主人翁。他们是报纸服务的对象，也是报纸反映的对象。因此，在我们的报纸上，群众生活里产生出来的新人、新事、新经验，必须占据大量的篇幅，而且要刊登在显著的地位。报纸的内容应该完全是：从群众中来，到群众中去的。"人民大学新闻系编：《马克思主义新闻学理论基础》，北京：1960年，第2页。
[2]《赵超构在新闻工作者座谈会上检查资产阶级办报路线》，《人民日报》1957年8月26日第2版。
[3] 邓拓：《新闻战线上的社会主义革命——在中共中央直属各机关、中央国家机关、中共北京市委和人民解放军驻京部队干部大会上的报告》，《新闻战线》1958年第5期。
[4] 李良荣：《从民主政治建设看新闻改革》，《新闻大学》1988年第4期。

术上颇多差异，并构成意义深远的"新闻论争三十年"。他曾担任复旦大学新闻系主任，"右派"平反后再次出任主任。相对于甘惜分注重新闻工作的政治面向与人民情怀，王中身处旧中国新闻业最发达的商业都市——上海，立足"殖民口岸"及其消费习性的市场新闻业态，更强调新闻的技术、职业、商品等面向。在中国社会主义计划经济体制奠定的背景下，王中在20世纪50年代中后期试图结合上海新旧新闻传统，力图将中国共产党的新闻工作经验纳入民国新闻学的学科化脉络，难免有意无意淡化新中国新闻业与新闻学的政治意味，也自觉不自觉流连于"中国新闻学界资产阶级意识形态的长期遗存"[1]——这是当年新闻界批判的关键所在，也是今天一些论者回避的关键所在。当然，他在整风反右期间的讲话与文章，初衷在于结合上海新旧办报传统并吸纳欧美新闻学以及社会学、传播学等建制化知识体系，以求回应新中国新闻界的新问题[2]，并试图将中国共产党的新闻工作经验纳入学科化的知识体系——这一切也恰恰是新时期新闻学知识生产的主流路径。

当计划经济体制成为改革对象，新闻生产一步步走向市场之际，王中当年的理论价值得到凸显，并有意无意地成为解构此前新闻理论合法性的资源。在《办报人要有读者观念》《报纸和读者关系》等文章中，他就提出报纸服务于中心工作需在商品性基础上展开。[3]由此形成新闻二重性的理论，即新闻既具有政治属性，又具有商品属性。针对"新闻事业的起源问题"，王中更强调新闻的社会属性而淡化阶级属性即政治属性或曰注重社会关系而忽略权力关系："新闻事业是社会产物包括了

---

[1] 赵月枝：《否定之否定？从中外传播学术交流史上的三S说起》，《国际新闻界》2019年第6期。
[2] 复旦大学新闻系在1956年曾创办半公开刊物《新闻学译丛》。曾任中国人民大学新闻学院院长的何梓华当年曾撰文指出，该刊从1956年第3期开始编译刊登宣扬资产阶级新闻学观点的文章。（参见何梓华：《质问"新闻学译丛"编辑部》，《新闻战线》1958年第2期）在1956年第3期中，刘同舜翻译了《拆穿自由独立报纸的西洋镜》中将mass media直译为"群众交通机构"。郑北渭在1957年第1期的《美国报纸的职能》中最早将mass communication翻译成"群众思想交通"。参见乔治·马立昂：《拆穿自由、独立报纸的西洋镜》，《新闻学译丛》1956年第3期；《美国报纸的职能》，《新闻学译丛》1957年第2期。
[3] 王中：《办报人要有读者观念》，赵凯主编：《王中文集》复旦大学出版社，2004年，第3—6页。

新闻是阶级斗争工具的含义，但只说是阶级斗争的产物，则失掉了所以能成为阶级斗争的工具的理论基础。"[1] 因此，也不难理解他何以否定陆定一《我们对于新闻学的基本观点》的核心思想："新闻是政治性的本身，乍看起来，这的确像是正确的。但如果仔细一看，就知道这种说法不仅是不正确的，而且异常阴险，异常恶毒，竟是法西斯的'新闻理论'基础。"[2] 把无产阶级政治等同于所谓"法西斯"可以说是20世纪80年代"新启蒙"的集体无意识或潜意识，如果不说有意识的话。[3] 祛除情绪化成分不难看到，王中一直坚持的是一种学科化的新闻理论框架，并试图用"社会"吸纳政治，在所谓新闻"二重性"中突出"商品性"的基础作用。如今看来，这一理论翻转之际，20世纪50年代批评之声不仅渐行渐远，而且被选择性遗忘。比如，当年批评者以政治代表性质疑新闻商品性，批判王中将人民报刊及其政治意味建立在商品性基础上的观点。[4] 随着新闻学"转型"，王中立足学科知识的理论不仅再获生机，而且被塑造为新闻理论保持独立精神的代表，他在1957年受到批判的文章再问世，更是成为重构新闻学知识及其"现代"面貌的标志。与此同时，人民新闻学及其学科体系、学术体系和话语体系则一点点被质疑，直至被消解，如同数十年来马克思主义一步步"边缘化、空泛化、标签化"（习近平）[5]。

---

[1] 王中：《新闻学原理大纲》，《新闻研究资料》1986年第3期。
[2] 王中：《论评论文写作和新闻学上的几个问题——评〈解放日报〉一九五七年六月十六日社论》，《复旦学报（社会科学版）》1980年第1期。
[3] 不说别的，在保罗·斯威齐（Paul Sweezy）看来，法西斯主义的反义词不是社会主义而是自由民主。如果自由民主成为资本主义统治的障碍，那么为了维护、巩固和扩大其统治地位，资产阶级会在经济和政治危机时期将资本主义国家转向极右，如法西斯。虽然法西斯主义会引起剧烈的社会变化，但它发生在资本主义体系内部，属于其整体逻辑的一部分。参见 John Bellamy Foster &Farooque Chowdhury, *The Rise of the Right*, *Monthly Review*, Volume 71, Issue 5, 2019, https://monthlyreview.org/2019/10/01/the-rise-of-the-right/.
[4] 时任中国人民大学新闻学系主任的安岗对报纸与读者是五分钱的关系，提出否定观点，强调"党报是人民的代言人，和人民绝不是买卖关系"。《新闻工作座谈会 批判徐铸成浦熙修的错误言行》，《人民日报》1957年6月29日第2版。
[5] 习近平：《在哲学社会科学工作座谈会上的讲话》，《人民日报》2016年5月19日第2版。

2. 人民基因及其遗存

改革开放初期，一批新闻战线老战士与理论家也曾积极探索新闻学的创新之路。他们一边将共产党与新中国积淀的新闻工作经验不断理论化，从而也使其探索与思考内置了一种历史感与实践感，一定程度上保留了人民新闻学的基因；一边也根据新时期新闻工作重心的变化进行调整，以期建构一种契合"社会主义四个现代化"的"现代新闻学"。

这种"现代新闻学"在坚持政治价值的同时，开始着眼于"人民新闻学"在以往政治实践中所压抑的经济面向。当时，一批新闻改革的先行者都在不同方面推动新闻工作走向市场。作为新中国新闻理论、新闻教育以及新闻实践的开拓者之一，安岗的思想转变颇能体现一代新闻工作者的心路历程。这位曾经参与开创晋冀豫解放区新闻事业的革命报人，中国人民大学新闻系首任主任，1979年创办了《市场报》，1983年又创办了《经济日报》。面临新闻实践的新形势，安岗也进行了相应的理论探索。在1981年一个报纸经营管理座谈会上，他一面强调新闻的意识形态属性，一面提出"建立一门新闻经济学"，"发掘人力、物力、财力的综合潜力"[1]。这种"新闻经济学"呼应着新闻改革的需求，如经济建设全面展开对新闻信息极度增长，特别是新闻业也同其他领域一样从财政拨款转向市场谋求发展空间。于是，如何搞活经营管理，在市场中配置资源，自然成为新时期新闻改革不得不应对的现实命题，也成为新闻学的时代命题。这种以"现代新闻事业"为对象，"探索现代新闻事业的规律"的新闻学，被甘惜分概括为"现代新闻学"。至于现代新闻事业，在甘惜分看来，"包括世界各国的新闻事业，也就是既包括无产阶级新闻事业，也包括资产阶级的、小资产阶级以及打着各种社会主义旗号的新闻事业"[2]。这个定义反映了一代革命报人，试图在广泛的新闻图谱中寻找普遍性答案的追求。

---

[1] 参见安岗：《我们能不能建立一门新闻经济学？》，《新闻战线》1981年第3期。
[2] 甘惜分：《新闻理论基础》，北京：中国人民大学出版社，1982年，第4页。

这种"现代新闻学"，由于格外强调"科学"属性，后来也被称之为"新闻学的科学主义范式"[1]。王中也认为，要清理以往新闻的封建专制主义、蒙昧主义、迷信和盲从，就必须使新闻学科成为新闻科学。[2]甘惜分则将"科学化"共识融入新闻理论研究，在他的新闻定义中尤为强调科学性："新闻事业受客观规律支配，新闻学就是探索新闻事业规律的科学，新闻学研究应以现代新闻事业作为自己的对象，以求建立起马克思主义的新闻理论体系。"[3]需要指出的是，当年安岗、罗列、温济泽、甘惜分等老一辈学者都经历了从解放区到新中国的时代风云，他们对于建立"科学的"马克思主义的新闻理论体系始终抱有"真懂真信真践行"的热忱。

相对于"人民新闻学"中具有明确政治含义的"人民"，科学化进程中的"人民"则渐变为一般意义的"读者"，进而消解于美国传播学引入后彻底去政治化的"受众"。安岗在1981年一篇文章中写道："我们讲报纸的党性，重要标志之一，就表现在正确处理报纸同读者的关系上。读者问题是无产阶级新闻学中头等重要的一个问题，无产阶级新闻学的第一章就应当写读者。"[4]这里，虽然具体的、中性的"读者"替代了此前的"人民""群众""工农兵"等政治代表性话语，但"无产阶级新闻学"及其政治价值依旧赫然在目。随着80年代去政治化的思潮波涌浪翻，人民新闻学的政治价值逐渐漫漶，同诸多语境中的"公民"开始替代"人民"如出一辙，报纸同读者的具体关系而非政治关系也由此置于首要位置。如果说"读者"概念是一种服务关系，那么"人民"概念及其话语体系则意味着鲜明的政治代表性，以及随斗争形势不断变化的敌我之分和不断调整以适应实践状况的政治决断："在中国的革命语境中，敌我之分没有常势，需要不断调整革命路线重组政治联盟，联

---

[1] 王曦、李飞：《新闻学的科学主义范式》，《新闻战线》2015年第9期。
[2] 王中：《谈谈新闻学的科学研究》，《新闻战线》1980年第1期。
[3] 甘惜分：《论新闻学》，《青海社会科学》1981年第3期。
[4] 安岗：《研究读者是一门学问》，《新闻战线》1981年第8期。

合一部分人去打击另一部分人是中国革命的首要问题。"[1]在"人民新闻学"及其新闻实践中，同样需要根据错综变化的现实状况把握大方向，也就是毛泽东倡导的"政治家办报"。所谓"政治家办报"，在他看来，无非如曹操那样审时度势，多谋善断，而非如袁绍等犹豫寡断，多谋寡要。因此，"政治家办报"更注重辩证思维，强调兵无常势、水无常形。也因此，新时期在反思以往经验教训时有一种迫切回归"常态化""正规化"的焦虑，热切希望寻觅一种稳定的、专业的、自我立法的定位，摆脱不确定的"政治化"。与此相应，新闻理论也出现日益强烈的"规律情结"，热切追求某种定海神针似的"规律"。于是，现代法律权利与法制观念的兴起就成为题中之义，与之伴随的一系列新问题如新闻自由与新闻立法也浮出水面，并一度成为新闻学领域的热门话题。[2]

对"人民新闻业"与"人民新闻学"，现代新闻学应该说最初还是采取一种扬弃姿态。在科学化、学科化的方案中，希望保存人民新闻学的精华或基因，同时在学术关照层面回应"现代新闻业"的学科化问题。为此，强调无产阶级新闻学与资产阶级新闻学的根本分歧及其分别依托的两种现代新闻事业的本质差异之际，现代新闻学开始偏重共性，进而寻求普遍性的规律，直至知识生产的"价值无涉"。如此知识生产的偏向在新闻学的科学化过程中有其必然性，如划定自身知识生产的疆域，研究行业领域的普遍性、规律性问题等，如方汉奇所言"马克思主义的阶级分析观点必须坚持，但学术研究不应有禁区"。[3]他在反思《中国近代报刊史》时也谈到，这部形成于前三十年的著述主要篇幅用在报纸的政治功能探讨上，"对报纸在社会、经济、法律、教育、文学、艺术的发展以及科学文化知识的传播等方面所起的作用则论述和介绍的不够

---

[1] 邵六益：《法学知识"去苏俄化"的表达与实质——以刑法学为分析重点》，《开放时代》2019年第3期。
[2] 张宗厚、孙旭培：《北京新闻学会讨论新闻立法问题》，《新闻战线》1980年第12期。
[3] 方汉奇：《加快新闻史研究的步伐》，《新闻战线》1981年11期。

充分"。[1] 这些"不够充分"之处，正是"人民新闻学"转向"现代新闻事业"中重新被显影的部分。只是这些越来越被浓墨重彩的部分逐渐喧宾夺主，不仅不再能提供"中国革命与中国共产党"的新闻历史坐标，而且诸多"现代神话"成为以"现代新闻事业"为主要价值追求的新闻史叙事，一代代人民记者革命人则一步步淡出历史画面，如所谓新记《大公报》的"四不主义"、民国方大曾的虚热等。[2]

3. "量子纠缠"：冷战传播学与现代新闻学

在"现代新闻学"的学科建构过程中，以施拉姆为标志的美国冷战传播学是个显而易见的关键变量，不妨说"冷战传播学"与"现代新闻学"构成某种"量子纠缠"——相距遥远而心有灵犀。对此，赵月枝在考察改革开放学术史的《否定之否定？从中外传播学术交流史上的三S说起》一文中做了系统分析："正是因为'后文革'语境中许多中国新闻学者对于作为马列新闻思想本土化成果的中国共产党新闻学已经'陷入僵死'的认知，以及更广泛层面的彻底否定'文革'，甚至'告别革命'的意识形态思潮，美国主流传播学才有了吸引力。"[3] 王维佳的新作《媒体化时代——当代传播思想的反思与重构》也写道：

> 与社会科学的其他门类相似，中国的传播学也起源于那个痴迷于知识现代化的年代。"新时期"的观念巨变在大众传播领域的反响尤其强烈。用"科学性"来代替"政治性"是当时中国学人告别"旧时代"的一个重要进步口号，而源自美国的现代传播理论用"信息传播过程"代替"意识形态斗争"，用"受众"代替"群众"，用实验和调查的方法代替批判性的理论辩论，正全面迎合了这种"要科学、不要政治"的决绝心态。[4]

---

[1] 方汉奇：《关于新闻史研究的体会和建议》，《新闻研究资料》1982年第1期。
[2] 参见俞凡《新记〈大公报〉再研究》，北京：中国社会科学出版社，2016年；李彬《"小方"是谁——兼谈当下新闻研究的一些学风问题》，载《国际新闻界》2018年第10期。
[3] 赵月枝：《否定之否定？从中外传播学术交流史上的三S说起》，《国际新闻界》2019年第6期。
[4] 王维佳：《媒体化时代——当代传播思想的反思与重构》，北京：人民出版社，2020年，第43页。

为此，新闻学把这套美国主流传播学视为提升自身"科学性"，建立"新闻科学"身份的必由之路。这种"科学化"的学科压力曾使信息论、控制论、系统论即所谓"三论"顺理成章进入新闻学，并对新闻理论与实践产生广泛影响，带来从报道内容到报道方式的一系列变革。[1]以美国为典范的传播学及其理论与方法更以"科学"之名，明修栈道暗度陈仓地被纳入中国新闻学知识体系，"施拉姆所代表的、以貌似客观社会科学面貌出现的美国冷战传播学，在20世纪80年代初成为挑战意识形态鲜明的中国共产党新闻学'传统'的利器"。[2]这套过去常说的"资产阶级新闻学"，今天几乎已经成为评判中国新闻学术的唯一标准[3]。当然，甘惜分一代学者还是保持着清醒的政治意识："新闻很难说是什么纯学术问题，而与政治问题与马克思主义息息相关。"[4]基于对新闻学政治面向与舆论把控的重视，他才对新闻舆论规律格外重视并引进社会科学调研的方式方法。[5]他主持创建中国人民大学舆论研究所并借鉴社会科学方法，可以说是马克思主义新闻学者以"科学化"方式推进中国新闻学的选择。曾经亲历80年代新闻理论变革的项德生，更在西潮滚滚之际坚守唯物史观及其方法论，指出传播学理论方法的适应性与局限性："无论是传统的还是现代的，一切方法都不能代替马克思主义的哲学方法，所有的方法都只能在马克思主义哲学方法的统摄下，才能恰当而有力地发挥其局部性作用。"[6]

对于经历过人民新闻事业从无到有的老一辈"新闻战士"而言，

---

[1] 李良荣：《信息观念和新闻业务改革》，《新闻界》1988年第3期。
[2] 参见赵月枝：《否定之否定？从中外传播学术交流史上的三S说起》，《国际新闻界》2019年第6期；沙垚：重构中国传播学——传播政治经济学者赵月枝教授专访，《新闻记者》2015年第1期。
[3] 一所新闻名校的博士生经典理论课上，甚至没有一篇中国文献。当博士生提出疑问时，导师的回答是只有欧美文献才算经典，而即便是对中国新闻业与新闻学产生重大影响的甘惜分、王中等在这里也不值一提。
[4] 甘惜分：《甘惜分自选集》，北京：中国人民大学出版社，2007年，第322页。
[5] 柴菊、胡翼青：《"新闻学何以成为科学"的发问与消声：王中新闻学思想再认识》，《新闻春秋》2013年第2期。
[6] 项德生：《仅仅是起点：项德生新闻论文集》，北京：新华出版社，2018年，第127页。

新闻与新闻学固然有自身规律，但并非自治自洽的领域，而应在马克思主义统领下同现实政治水乳交融，尤其不能脱离延安奠基的全党办报、群众办报的路线，包括"读者来信""群工部"等专业经验与政治传统。重视读者来信在共产党新闻工作中源远流长——1951年5月16日毛泽东对中央办公厅秘书室《关于三个月处理群众来信工作向毛主席的报告》的批示，则将其全面制度化。该批示要求把重视与恰当处理群众通信当成"人民政府加强和人民联系的一种方法"，"如果人民来信很多，本人处理困难，应设立适当人数的专门机关或专门的人，处理这些信件"[1]——由此带来"群工部"以及读者来信工作的机构化与制度化。安岗80年代初勾勒读者研究的过程时更提到，"马克思主义的经典作家把读者来信称作是从人民群众中来的政治文件"[2]。在这种读者研究的框架内，安岗论述了社会主义条件下报纸与读者的关系，强调重视"整个报纸群众工作在新闻领域里的作用、价值和力量"[3]。当年一位老报人与新闻战线领导人在研究刘少奇新闻思想时，也突出刘少奇"报纸工作人员是调查研究的专业工作人员""报上的一切文章都应当是调查研究的结果"等主张。在他看来，新闻战线的调查研究应该是服务于解决党的政策工作中出现的问题的，而非为调查而调查。[4] 由于这些调查研究并非规范的学术知识生产活动，故被后来建制化的学院派选择性忽视。

在人民新闻学到现代新闻学的转型初期，新闻学对美国传播学更多还是一种参考，内在逻辑还是中国共产党的新闻工作传统与工作方法。这与新闻学走向学科化初期的学术生态密切相关。当时以"新闻老兵"为主体的研究者试图探寻新闻事业规律并建立新闻学之际，依然立足中国大地，秉持实事求是的精神："主要精力上，我们将不得

---

[1] 毛泽东：《重视人民来信》，《毛泽东新闻工作选集》，北京：新华出版社，1983年，第173页。
[2] 安岗：《研究读者是一门学问》，《新闻战线》1981年第8期。
[3] 安岗：《研究读者是一门学问》，《新闻战线》1981年第8期。
[4] 胡绩伟：《报纸工作人员是调查研究的专业工作人员》，《新闻战线》1980年第5期。

不以我们自己的，即马克思主义的、共产党领导的、社会主义的新闻事业作为研究重点。"[1] 尽管他们的新闻理论也充满对"现代新闻事业"的想象，但基于自身多年革命与建设的经验，以及西方新闻思潮远非如今这般"入超"状态并基本覆盖中国新闻学，他们不得不在革命退潮之际更多将中国经验与工作方法融入新闻学体系之中。而对西方经验，新闻业亦非简单拿来，如中国记者对"倒金字塔"模式不是照搬，[2] 而是在传统基础上注重自主创新，就像穆青提倡"散文式新闻""视觉新闻""实录性新闻"等多种新闻文体与形式等。[3] 然而，在20世纪90年代以来一步步高涨的"国际化"实即"欧美化"学术大潮中，一批批从校门到校门、从理论到理论、从纽约到伦敦的学人逐渐成为学界骨干，学术生态发生根本变异，以至于如今许多新闻名校的师资就像一位管理者所言：除了讲述西方导师的东西，就既不懂也不会再讲其他了。比如，见怪不怪的一个普遍现象是，所有新闻院系特别是一流院系的博士生经典文献研读环节，几乎没有一篇中国文献，哪怕是王中的著述，因为，不够"现代""现代化"。

余论：超越"现代新闻学"，走向"中国新闻学"

2019年是新中国七十年的历史节点。七十年来，中国社会发生沧海桑田的变化，新闻学也经历了从"人民新闻学"到"现代新闻学"的变迁，学科理论的主轴从"政治"转向"科学"。与此相应，新闻学已从社会动员与政治运动的一整套有机经验，蜕变为正规化、职业化、学院化的新闻知识生产，并形成制度化的学科体系、学术体系和话语体系。

---

[1] 甘惜分：《新闻理论基础》，北京：中国人民大学出版社，1982年，第4—5页。
[2] 王毅、向芬：《时代记忆：一位美国学者的中国新闻史研究——斯蒂芬·麦金农教授学术专访》，《新闻记者》2019年第2期。
[3] 吕艺、陈彦蓉：《从"新华体"到"新新华体"——浅析新华社报道文风创新的实践与意义》，《中国记者》2015年第10期。

如今，充分制度化并内卷化的现代新闻学到了一个新的十字路口。越来越多的人意识到，这套图谱中作为中国新闻业与新闻学之现代化典范的西方，其实不过是一种想象的乌托邦。且不说历史上如冷战期间数不胜数的问题以及一整套有机运行的宣传机制，仅看新世纪以来的新闻造假或丑闻就"前赴后继"，惊世骇俗，从美国媒体集体编造伊拉克"大规模杀伤性武器"，到《纽约时报》记者大面积、长时段造假而导致总编辑辞职，从2019年英国媒体第一时间便将冒死偷渡的39位越南人"指认"为中国人，到西方媒体颠倒黑白的香港动乱报道以及所谓百万维吾尔人被拘押等弥天大谎，哪有所谓客观、公正、专业。特别是近年来，西方建制派政客、媒体集团、全球资本精英媾和而形成的利益共同体，更是导致欧美主流媒体与民众的信任关系严重破裂，[1]从而也使旧的新闻知识生产的神话几近破产。然而，吊诡的是，一边是"现代新闻学"奉为圭臬以及终极愿景的西方新闻专业主义及其意识形态日暮途穷，一边是我们的主流学界依然"直把杭州作汴州"：或从海德格尔式的玄学论证中寻找依据，或以赞歌方式复述美国的专业主义神话。学科知识生产领域各种"范式革命"的主张与论述，在以哥白尼革命的姿态出现后，很快显露出某种失去历史感的"托勒密化"[2]面目。在这套"现代，太现代"的学科体系、学术体系和话语体系中，以美国为典范的"地方性"知识在不断言说中成为"普适性"的规律、定理或真理，而中国道路及其丰富的新闻实践与传统则越来越处在失语、失踪、失声状态。[3]

随着中国特色社会主义进入新时代，当今世界面临百年未有之变局，反思从人民新闻学到现代新闻学的知识图谱已经迫在眉睫，刻不容缓。习近平提出"打造具有中国特色和普遍意义的学科体系"[4]，既体现了

---

[1] 王维佳：《主流媒体与民众的信任关系破裂》，《红旗文稿》2017年第9期。
[2] Slavoj Zizek, *The Sublime Object of Ideology*, London: Verso, 1989. p. IV.
[3] 李彬：《再塑新闻魂——浅谈马克思主义新闻观及其科学与价值》，《新闻记者》2016年第6期。
[4] 习近平：《在哲学社会科学工作座谈会上的讲话》，《人民日报》2016年5月17日第2版。

高度的政治自觉与文化自觉，又反映了中国道路对知识体系中国化的时代呼唤。为此，我们不仅需要赓续"人民新闻学"，超越"现代新闻学"，而且需要寻求一种守正创新的整体性方案——中国新闻学（即中国特色新闻学、社会主义新闻学、马克思主义新闻学等）。具体说来，新闻学及其学科体系、学术体系和话语体系不能不立足中国大地，植根五千年文明史与近两百年近现代史，特别是中国共产党领导人民开辟的中国道路及其现代化方案包括源远流长的新闻传播实践，如李龙牧在1962年一篇讨论新闻学理论建设的文章中所言："从总结经验中提升出理论来，这是马克思主义新闻学建设的基本道路。继续坚定地沿着这条道路前进，是新闻学迅速发展的根本保征。"[1]

中国新闻学之"中国"，一方面离不开梁启超论述的"中国之中国、亚洲之中国、世界之中国"，以及其中蔚为大观的新闻传播遗产。一方面，由于同马克思主义道统水乳交融，又不能不关注人类命运共同体及其新闻传播，离不开《国际歌》寄寓的国际主义情怀——"英特纳雄耐尔"。2008年，随着金融危机爆发以及全球资本主义体系性危机进一步加重，"马克思归来"更成为汇聚中外前沿学术思想的时代强音，如何赓续中国新闻学的马克思主义与中国特色社会主义道统，进而创新网络时代的新闻学，愈发成为中国新闻学迫在眉睫的时代命题。事实上，近代以来，从梁启超到邵飘萍，从邹韬奋到范长江，从邓拓到穆青，从延安窑洞人民广播的手摇发电机到数字时代融媒体，一代代中国记者以及学者以其辛勤耕耘和开创性工作已为中国新闻学及其学派奠定了厚实基础。现在关键在于我们是否具有足够自信，摆脱制约中国新闻学想象力与创造力的"东方学"。回想19世纪初，西方文脉俨然还在欧陆，德国洪堡大学等更是高高在上的文化圣城，吸引着各方知识精英不远万里，取经求法。而立国不过半个世纪、偏处海角天涯的哈佛文人爱默生（Ralph Waldo Emerson），却提出美国文化走自己路的主张，发表了一篇有名的

---

[1] 李龙牧：《加强新闻学的理论建设》，《新闻业务》1962年第6期。

文化独立宣言《美国学者》(*American Scholar*)。如今，已经走过七十年风雨历程的新中国，面向"两个百年中国梦"，发展中国新闻学及其学科体系、学术体系和话语体系，以审视中国经验、提炼中国理论、贡献中国方案，更可谓名正言顺，恰逢其时。

《评普鲁士最近的书报检查令》再解读
——马克思早期新闻思想及其时代性

徐梦菡 李彬

一、问题缘起

列宁曾经指出:"马克思主义在理论上的胜利,逼得它的敌人装扮成马克思主义者,历史的辩证法就是如此。"[1]一个世纪来的历史不断印证列宁的论断。当今之世,除了信仰者与反对者,对待马克思还有一种倾向,不妨称之为以"马"反马——这个"马"就属于一种"装扮成"的马克思主义。比如,常见的一种套路是把马克思主义改头换面装扮成"人道主义""自由主义",言必称《1844年经济学哲学手稿》《评普鲁士最近的书报检查令》等[2],而无视马克思首先是全世界被欺凌与被侮辱者的革命导师,马克思主义也是人类追求自由解放与天下大同的科学指南,即恩格斯《在马克思墓前的讲话》中说的:"马克思首先是一个革命家。他毕生的真正使命,就是以这种或那种方式参加推翻资本主义社会及其所建立的国家设施的事业,参加现代无产阶级的解放事业,

---

[1] 《列宁专题文集 论马克思主义》,北京:人民出版社,2009年第1版,第63页。
[2] 与此同时,往往绝口不提《共产党宣言》的核心思想,包括迄今为止的一切历史都是阶级斗争史;共产党人可以把自己的主张概括为一句话——消灭私有制;代替那存在着阶级和阶级对立的资产阶级旧社会的,将是这样一个联合体,在那里,每个人的自由发展是一切人的自由发展的条件,等等。

正是他第一次使现代无产阶级意识到自身的地位和需要，意识到自身解放的条件。斗争是他的生命要素……正因为这样，所以马克思是当代最遭嫉恨和最受污蔑的人。"[1]

以赛亚·柏林（Isaiah Berlin）说过，"自由"的定义尽管有两百多种，却依然是个"意义漏洞百出以至于没有任何解释能够站得住脚的词"[2]。"新闻自由"同样如此。就一般历史而言，所谓新闻自由是伴随近代新闻业的发展而出现的，而新闻业则是伴随资本主义商品经济而兴起的。由于生产力与生产方式的变革，社会经济结构及其权力关系自然日渐改变，新兴资产阶级随之通过新闻出版业宣扬自己的主张，而封建统治阶级不断进行压制，由此导致的一个直接冲突就是书报检查制度。从约翰·弥尔顿1644年反对书报检查制度的《论出版自由》开始，西方的freedom of press便处于"天赋人权""人生而自由"等古典自由主义的脉络之中，大抵聚焦于一种永恒的、普世的、理想的新闻自由及其分配方式，如政府与个人或政府与媒体的"分配矛盾"。[3] 也因此，这一概念诞生伊始，不仅具有鲜明的强烈政治意味，而且始终具有明确的利益诉求。事实上，从西方到东方，从历史到现实，新闻自由从来不是一个单纯的理论问题，否则何至于"头颅掷处血斑斑"。

马恩及其唯物史观由于关注制约社会历史的政经结构以及权力关系，因而核心关切也就在于谁的新闻自由、怎样的新闻自由、如何实现新闻自由等实质性问题。按照唯物史观，新闻自由的社会前提是阶级对立，没有阶级对立的社会，不存在人对人的压迫，自由的概念自然无从谈起。恰似地球上有供人呼吸的充足空气，自然没有谁试图剥夺他人的

---

[1]《马克思恩格斯选集》（第3卷），北京：人民出版社，2012年第3版，第1003页。
[2]〔英〕柏林：《自由论》，胡传胜译，江苏：译林出版社，2003年，第189页。
[3] 自由主义对"自由"的哲学思想做出了巨大贡献，但只是局限于提供特定物质和生产条件下自由的一种分配方式。由于每个社会、每个时代的生产力和生产方式不同，其自由总量自然也不尽相同，选择的自由分配方式也必然不同。自由主义希望把一种特定历史条件下的自由分配方式变成普世标准，不仅不符合历史与现实，而且往往造成诸多问题。另外，仅仅只看到自由的分配，而无视自由的生产，目光便会局限于当下而无视发展。

呼吸，因此也就无所谓"呼吸自由"问题。在一个剥削、压迫、侵凌、歧视、巧取豪夺、穷兵黩武等无所不在的现实世界上，空泛谈论新闻自由无异于马克思《资本论》那段精辟而生动的文字所描绘的情境：

> 劳动力的买和卖是在流通领域或商品交换领域的界限以内进行的，这个领域确实是天赋人权的真正乐园。那里占统治地位的只是自由、平等、所有权和边沁。自由！因为商品例如劳动力的买者和卖者，只取决于自己的自由意志。他们是作为自由的、在法律上平等的人缔结契约的。契约是他们的意志借以得到共同的法律表现的最后结果。……一离开这个简单流通领域或商品交换领域，——庸俗的自由贸易论者用来判断资本和雇佣劳动的社会的那些观点、概念和标准就是从这个领域得出的，——就会看到，我们的剧中人的面貌已经起了某些变化。原来的货币所有者成了资本家，昂首前行；劳动力所有者成了他的工人，尾随于后。一个笑容满面，雄心勃勃；一个战战兢兢，畏缩不前，像在市场上出卖了自己的皮一样，只有一个前途——让人家来鞣。[1]

同样，在刀与剑、血与火、名与利等真实历史情景中，在资本逻辑强力主导的现实政治经济格局下，空泛讨论自由与新闻自由，结果往往也如列宁所言，成为"收买报纸、收买作家的自由，买通、收买和炮制'舆论'帮助资产阶级的自由"[2]。所以，列宁认为，新闻自由首先必须"摆脱警察的压迫、资本、名位主义和资产阶级无政府主义的个人主义"[3]。毛泽东依据马列主义基本原理并结合中国实际，提出对人民内部应当允许"批评的自由、发表不同意见的自由"，对人民外部即各种敌对势力则必须实行人民民主专政："我们的制度就是不许反革命分子有言论自由，而只许

---

[1]《马克思恩格斯文集》（第5卷），北京：人民出版社，2009年第1版，第204—205页
[2]《列宁全集》（第42卷），北京：人民出版社，1987年，第85页。
[3]《列宁全集》（第12卷），北京：人民出版社，1987年，第94页。

人民内部有这种自由。"[1] 总之，马克思主义新闻观着眼于新闻自由的现实性、代表性与实践性，同弥尔顿一脉资产阶级新闻自由具有本质区别。[2]

20世纪80年代以降，在邓小平所言"一手硬，一手软"的大环境下，随着自由主义思潮卷土重来而马克思主义一步步"边缘化、空泛化、标签化"（习近平语），新闻学界对新闻自由的认识也日渐呈现一种去政治化与去历史化之势。有关著述也自觉不自觉从抽象思辨角度讨论问题，剥离新闻自由的政治属性与历史语境，一步步将其演绎为一种普世的、内涵同一的、"看上去很美"的东西，实即西方资本主义传统下的一套"现代化""现代性""现代文明"话语。为此，新闻传播学理论越来越青睐西方启蒙思想家的古典思想，仿佛争取新闻自由成为西方资产阶级以及列强的专属光环，并随着西方霸权的全球扩张而达到福山所云"历史的终结"，同时越来越忽略马克思主义思想体系以及全世界被压迫人民和民族争取新闻自由的伟大斗争与理论贡献，让人不由想起列宁笔下活灵活现的考茨基：

> 像个一味背诵历史教科书而变得干巴巴的中学教员那样，硬是背朝着二十世纪，面向着十八世纪，在许多章节中千百次枯燥无味地反复咀嚼着关于资产阶级民主同君主专制、同中世纪制度的关系的滥调……只谈一般民主，而不谈资产阶级民主，甚至避开这个确切的阶级的概念，拼命讲'社会主义以前的'民主……这些空话资产阶级是很愿意听的，因为这些空话等于是粉饰资产阶级民主，抹杀无产阶级革命的问题。[3]

这一去政治化和去历史化的习见思路，在于将新闻自由从一种体现鲜明政治意味的"阶级自由"转化为仿佛放之四海而皆准的所谓"社会

---

[1]《毛泽东选集》（第5卷），北京：人民出版社，1977年，第157—159页。
[2] 社会生产方式、生产力的发展从根本上决定了一个社会的新闻自由总量。但人们更愿意讨论新闻自由的分配问题而非生产问题。从1644年约翰·弥尔顿提出"freedom of the press"，在这一源流下对新闻自由的论述基本局限于社会关系即新闻自由分配的范畴，如新兴资产阶级所主导的新闻媒体与封建专制统治或就新闻自由分配而产生的矛盾，而绝少涉及新闻自由的生产问题。
[3]《列宁选集》（第3卷），北京：人民出版社，1972年第2版，第619页。

自由",而依据要么是宪法的"公民自由",要么是国际公约的"人人自由"。由于媒介技术生态的巨大变革,更有人觉得新媒体弥补了资产阶级新闻自由作为一种"形式自由"的缺陷。此类论断张扬宪法的"公民自由"时,却忽视或无视"工人阶级领导的、以工农联盟为基础的人民民主专政"这一体现鲜明政治代表性的国体。以国际公约为依据时,却忽视或无视各种国际公约在历史上和现实中的霸权关系。想象新媒体技术的解放功能时,却忽视或无视诸如发达国家在新媒体和传播领域的决定性优势。总之,既忽视或无视新闻自由的政治性与阶级性、社会性与历史性,更忽视或无视人民民主的基本原则以及自由内涵,也就是恩格斯所说的:"无产阶级之所以需要国家,并不是为了自由,而是为了镇压自己的敌人,一到有可能谈自由的时候,国家就不存在了。"[1]

这方面一个突出矛盾,便聚焦于马克思《评普鲁士最近的书报检查令》(以下简称《评检查令》)及其新闻思想。作为马克思的第一篇政论文,《评检查令》对新闻自由的论述、对德国封建专制政府"虚伪自由"的批判,无疑具有进步性和启发性。同时,由于论述的抽象性与思辨性,加之当代思潮混乱驳杂,这篇雄文又往往将被置于一种"历史悬空"状态,从而淡化了马克思所处的历史环境,虚化了马克思的思想脉络,以至于如今一提到《评检查令》,就少不了和尚念经似的复述只言片语并视之为普遍抽象的新闻自由之"理论来源",马克思对封建统治及其书报检查令的批判更被作为反对新闻法规与管理制度的权威依据。正如有学者指出的,对其中的"自由报刊""报刊自主"推崇备至,并旁敲侧击社会主义国家的"制度与实践与马克思的新闻出版自由思想存在强烈反差以至根本背离"。[2]时至今日,《评检查令》俨然成为一道紧箍咒,一旦念起"咒语",大家要么"沉默是金",要么"王顾左右"。对此,如同改革开放初邓小平提出的,同样需要破除迷信,解放思想,实事求是,

---

[1] 《马克思恩格斯选集》(第3卷),北京:人民出版社,1972年第2版,第30页。
[2] 苑秀丽:《准确理解马克思的新闻出版自由思想》,载《新闻与传播研究》,2017年第10期。

解除这道无端加诸新中国新闻业与新闻学的紧箍咒。

卢卡奇（Georg Lukács）说过，信守马克思主义并不意味着对马克思某个论点或某本经典著作的"无条件信仰"，而是坚持马克思主义的正确方法[1]。所谓正确方法，无非"马克思主义的活的灵魂：具体地分析具体的情况"[2]。为此，本文将《评检查令》置于历史的而非抽象的、实际的而非空泛的社会情景与思想脉络，通过考察早期马克思的时代背景、思想脉络、精神成长的氛围等，正本清源地分析其中有关新闻思想以及新闻自由论述，从而更加自觉地信守马克思主义新闻观的"活的灵魂"。

二、时代背景与精神氛围

探究《评检查令》的思想内涵特别是其中新闻自由的论述，自然离不开对马克思所处时代的考察和把握，这既是唯物史观的"立场、观点和方法"，也是当代阐释学、再解读等学术理论所聚焦的"文本"和"语境"等命题。

所谓"再解读"是基于文本分析的一种理论方法，也是对经典作品进行深入解读的一种研究思路。唐小兵对"再解读"的解释是，在阅读中不拘泥于解释表面现象，而是揭示历史文本背后的"运作机制和意义结构"[3]。黄子平认为再解读意味着回到历史，将文本中被遗忘、遮蔽或者涂饰的历史多元复杂性揭露出来[4]。唐小兵将这一过程分为两个层面：一是对文本的具体内容进行细致入微的精读；二是对文本与语境的有机联系进行由此及彼、由表及里的发掘[5]。而正是第二点，构成再解

---

[1]〔匈〕卢卡奇：《历史与阶级意识》，杜章智、任立、燕宏远译，北京：商务印书馆，1999年，第58页。
[2]《列宁选集》（第4卷），北京：人民出版社，1972年第2版，第290页。
[3] 唐小兵：《我们怎样想象历史（代导言）》，见《再解读》，北京：北京大学出版社，2007年，第15页。
[4] 黄子平：《革命·历史·小说》，香港：香港牛津大学出版社，1996年，第2页。
[5] 唐小兵：《英雄与凡人的时代：解读20世纪》，上海：上海文艺出版社，2001年，第6—7页。

读与"新批评"及其文本细读的根本分别。

1. 历史语境

马克思早期所处的时代，正是德国封建制度开始动摇瓦解、资产阶级革命正在酝酿的时期，日益发展的资本主义经济同封建专制制度的矛盾不断加剧。当此时，资产阶级和工人阶级面临着共同对手——封建专制。随着历史发展，无产阶级与资产阶级的矛盾日益突出，资产阶级对无产阶级的新闻压迫也不断加剧。如果忽略马克思所处时代的历史背景以及马克思思想的有机脉络，而孤立地、抽象地谈论《评检查令》，那么难免以为马克思属于"以弥尔顿《论出版自由》为开端的"[1]资产阶级新闻自由的继承者、发扬者。

恩格斯曾经指出，科学社会主义的产生在哲学上离不开德国古典哲学的辩证法，在现实上离不开英法两国"发展了的经济关系和政治关系"，因为当时德国落后的政治经济条件无法为科学社会主义提供实践基础。[2] 就早期马克思生活的时代而言，德国由于王权、教权、诸侯等长达数世纪的缠斗而败落，一直处于封建割据、分崩离析的状态，"一年有多少天，德意志就有多少诸侯邦"，从而极大限制了德国资本主义的发展。相对而言，英国早在1640年就酝酿了资产阶级革命，1688年"光荣革命"更确立了君主立宪制，至19世纪上半叶，又率先完成第一次工业革命，处于世界领先地位。肇始于英国、兴盛于法国的启蒙运动，使反抗封建专制和宗教统治、追求自由平等的民主思想在法国深入人心，1789年的大革命又结束了君主专制制度。相对而言，德国资本主义举步维艰，由于各邦长期分裂，德国资产阶级长期依附于封建贵族阶级，更导致自身的软弱性和妥协性。[3] 就社会氛围而言，此时的德国相对于英法等国更为压抑，马克思本人也曾向友人卢格"抱怨"：这里真是令人难以忍受、

---

[1] 陈力丹：《马克思主义新闻观思想体系》，北京：中国人民大学出版社，2006年，第164页。
[2] 《马克思恩格斯选集》（第3卷），北京：人民出版社，1995年第2版，第691页。
[3] 马泽民：《马克思主义哲学前史》，重庆：重庆出版社，1994年，第7页。

令人窒息……在德国我什么都做不了。[1]虽然德国的资本主义发展缓慢，但 19 世纪也开始出现反封建的民主运动。1834 年，德国 18 个邦更突破封建壁垒，成立了关税同盟，追求全德自由统一的贸易市场，进一步促进了资本主义。随着资本主义发展，客观上提出以货币关系代替封建人身依附关系的要求。这一趋势最先体现于知识分子追求的人文主义文化，以"对人的研究"来代替"对神的研究"，将注意力转移到现实世界。另外，资产阶级为了发展工业、追逐利益，也致力于对物质世界运行规律与科学技术的探索，从而使近代科学得以兴起，并由"教会的恭顺的婢女"转为教会的反叛者。[2]随着人文主义和自然科学的繁荣，德国迎来一个文艺复兴时期，其间新办大学就有 20 所。

2. 哲学语境

思想作为一种精神生产从来不是凭空出现的，必然"以它的先驱者提供的思想资料作为前提"。探索马克思在思想上的"先驱者"及其思想资料，也是探究马克思新闻思想以及早期新闻自由论述之逻辑脉络的必要前提。

法国大革命前夕，从启蒙运动中发展起来的"法国唯物主义"产生较为广泛的影响。不过，这种唯物主义在"人"的问题上存在一个无法调和的矛盾：一方面，它以无神论和人的自然权利为依据，要求恢复"人"的地位；一方面，又把人视同机器，从而实际上又否定了"人"。在这种思想背景下，古典哲学的唯心主义进入德国知识分子视野。对此，陈先达评价说，虽然从唯物主义转变为唯心主义看起来是一种退步，但从法国唯物主义在形而上学主导下产生的机械论转变为能动的辩证法，又是一种进步。[3]这时期，德国出现了康德、黑格尔等里程碑式人物，哲学走到新的高度，恩格斯称之为哲学革命："这个革命是由康德开始

---

[1] Marx to Ruge, 25 January 1843, "Collected Works of Karl Marx and Frederick Engels (London, 1975－2005)"，1:397-8
[2] 《马克思恩格斯选集》（第 3 卷），北京：人民出版社，1995 年第 2 版，第 706 页。
[3] 陈先达：《走向历史的深处》，北京：中国人民大学出版社，2016 年，第 26 页。

的。他推翻了前世纪末欧洲各大学所采用的陈旧的莱布尼茨的形而上学体系。费希特和谢林开始了哲学的改造工作，黑格尔完成了新的体系。"[1]到19世纪30年代末马克思上大学时，虽然随着黑格尔的去世，德国古典哲学的黄金时代已经逝去，但柏林特别是柏林大学的古典哲学氛围依然十分浓厚。[2]

  黑格尔哲学是唯心主义辩证法的高峰，同时这一体系也存在内在矛盾，突出表现在一方面以辩证法否定人的思维和行动的一切结果具有所谓"最终性质"，一方面又确立了所谓"绝对真理"，而这种绝对真理体现在社会现实中就是普鲁士的封建统治。这种矛盾是"德国软弱的资产阶级和普鲁士封建贵族相妥协的理论之光"[3]。与之相应，黑格尔把宗教与哲学的对象和内容等同起来，一方面用理性否定神的存在，从而动摇了封建统治的思想根基，一方面又无视宗教与科学、迷信与信仰的根本对立，客观上又形成了对基督教会的信仰主义的辩护[4]。1832年黑格尔去世后，随着资产阶级与封建贵族阶级的矛盾日渐尖锐，黑格尔的哲学体系开始"两边不讨好"，资产阶级不能容忍其对宗教的软弱态度和为封建制度辩护的立场，而封建贵族阶级对其中包含的革命因素深感不安。结果，黑格尔哲学逐渐分裂为两派——老年黑格尔派与青年黑格尔派。老年黑格尔派是黑格尔右派，抓住黑格尔"绝对观念"的概念，维护宗教神学和普鲁士封建制度；青年黑格尔派是黑格尔左派，着重以辩证法对无神论和革命思想进行探索，尤以黑格尔的学生施特劳斯（D.F.Strauss）及其《耶稣传》为代表，通过批判宗教进而批判封建统治。柏林大学的法学教授爱德华·甘斯（Eduard Gans）及其自由主义思想，以及契希考夫斯基（Auguste von Chechkovsky）及其行动哲学，也为青年黑格尔派提供了精神支柱，促使青年黑格尔派从脱离现实的学理研究

---

[1] 《马克思恩格斯全集》（第3卷），北京：人民出版社，1995年第2版，第489页。
[2] 陈先达、靳辉明：《马克思早期思想研究》，北京：中国人民大学出版社，2016年，第13页。
[3] 陈先达、靳辉明：《马克思早期思想研究》，北京：中国人民大学出版社，2016年，第2页。
[4] 马泽民：《马克思主义哲学前史》，重庆：重庆出版社，1994年，第134页。

走向激进的宗教与社会批判。1839年，柏林的博士俱乐部参与到青年黑格尔派的活动中，不少成员成为青年黑格尔派的中坚力量，鲍威尔（Bruno Bauer）和马克思尤为耀眼夺目。青年黑格尔派既对德国哲学产生了极大影响，也促使马克思完成了一次重要的思想转折。

3. 个人语境

1836年，马克思入读柏林大学法律系。柏林大学是当时黑格尔哲学研究的中心，也是德国思想与意识形态的中心，其学术论辩与德国政治密切相关。在读初期，受导师冯·萨维尼（Friedrich Carl von Savign）及其历史法学派影响，马克思表现出强烈的罗马法中心的倾向，认为罗马法的原则对一般法具有普遍性的决定意义。同时，他也推崇康德和费希特，研究他们的哲学思想。[1] 在此基础上，马克思试图建立一个将法学和哲学结合起来的法哲学体系。但不久，马克思便发现自己试图创立的这个"体系"之严重困境——将概念与现实形而上地对立起来。因此，他开始对这个体系以及自己所依据的萨维尼历史法学派以及康德哲学、费希特哲学等进行反思，发现三者都存在同样的本质问题——现有与应有或实然与应然的对立，而这种对立是唯心主义固有且不可破解的内在矛盾。为此，马克思超越理想主义，开始将思想触角深入现实世界以寻求真谛。换言之，马克思在大学时期就已是一个关注"现实本身"的人。当然，马克思尽管使用了"现实""尘世"等词语，但当时尚不具有后来唯物史观的内涵和意义。[2] 在此之后，马克思也并未直接走向唯物主义，而是经历了一个曲折的过程——从主观唯心主义先走到客观唯心主义。

"帷幕降下来了，我最神圣的东西已经毁了，必须把新的神安置进去。"[3] 康德哲学、费希特哲学、萨维尼历史法学派等既然都已经不能解答马克思的难题，那么，他们在马克思心中自然失去神的位置，而"新的神"便是黑格尔。在当时哲学家中，只有黑格尔能够回应他的"应有"

---

[1] 黄凤炎，张战生：《反思与超越——马克思的思想轨迹》，北京：中国工人出版社，1988年，第10页。
[2] 吴晓明：《马克思早期思想的逻辑发展》，上海：上海人民出版社，2016年，第90页。
[3] 《马克思恩格斯全集》（第40卷），北京：人民出版社，1982年第1版，第14—15页。

与"现有"对立的困扰。后来,他又接触了博士俱乐部和青年黑格尔派,其中一些成员的著作所包含的对黑格尔哲学的批判与发展,又使马克思一开始便没有完全局限于黑格尔体系。经历了对历史法学派以及康德哲学、费希特哲学的反思,马克思已经走出主观唯心主义;而选择黑格尔哲学,又意味着走向了另一种唯心主义——客观唯心主义。看起来还是在唯心主义范畴,但在应然与实然对立的问题上则是一次飞跃,马克思第一篇完整的哲学著作即博士论文就是在这一基础上完成的。

1841年,他以《德谟克里特的自然哲学与伊壁鸠鲁的自然哲学的差别》为题完成了博士论文。德谟克里特和伊壁鸠鲁都是古希腊的唯物主义哲学家,这篇博士论文采用黑格尔的客观唯心主义立场,难免同时包含着唯心主义和唯物主义的成分。其中,唯心主义成分主要体现在"自我意识"能动作用的出发点上,唯物主义成分主要体现在肯定世界的原子(物质)本质以及对超验的否定上。由此说来,这篇博士论文中还存在着某种哲学上与政治上的矛盾。马克思也发现了这些矛盾,但当时尚无解决之道。不过,也正是这些矛盾,推动马克思在哲学思想上继续深入求索,最终创立了唯物史观。

三、《评检查令》及其新闻思想

博士论文完成后,马克思本想在大学当一名哲学教授。但由于普鲁士政府正在严厉防控以青年黑格尔派为代表的革命思想和自由派知识分子,他的政治立场和哲学倾向使学院前景不免黯淡。于是,在写作《评检查令》后,马克思选择了《莱茵报》,将新闻记者作为第一份职业,同时也是马克思一生唯一的正式职业。

普鲁士政府曾在1819年颁布过一项书报检查令,即《评检查令》中提到的"旧的书报检查法令"。1830年七月革命后,为了控制革命思潮的蔓延,普鲁士政府又增加了新的书报检查措施。威廉四世(Frederick William IV)登基后,为了缓和资产阶级与封建统治阶级的矛盾，应对资产阶级自由派日益强烈的要求，又颁布了新的书报检查令，也就是马克思在文章里集中抨击的对象。新的书报检查令貌似开明、自由，也使资产阶级自由派产生不切实际的幻想，以为新的书报检查令开启了新闻出版的新时代。马克思则清醒认识到检查令中"虚伪的自由主义"，因此写下人生第一篇政论文《评检查令》，揭露其虚伪性以及后果——不仅不会促进新闻出版自由，反而给新闻出版自由制造了新的、更大的枷锁。[1]

在《评检查令》以及《莱茵报》时期的相关政论中，马克思将新闻自由的普遍性具体化了。这一点首先体现在他将新闻自由视为全体公民的自由，认定所有人都追求自由，且每个公民拥有的新闻自由应该是等同的。按照他的论断："自由是人的类本质"[2]，自由的价值和重要性并不在于对个体的影响，而在于对人这一整体的意义。也就是说，新闻自由是自由的"类"，而否定新闻自由就是否定自由这个"种"，即对人的自由的否定。从《评检查令》中也可发现，马克思不是从个体对新闻自由的要求角度而是从书报检查令对"人"的自由的压迫角度，批判、质疑和否定书报检查令的。

从唯物史观的角度看，这种自由的普遍性与均等性来自资本主义对平等的货币关系的诉求，社会中的所有人都被包含到这一貌似"平等"的资产阶级法权体系中。因此，就虚幻的货币关系而言，人人都是平等的、自由的；而就实际的社会关系而言，则传统社会中"人对人"的依附关系又变成现代社会中"人对物"的依附关系。只要将貌似逻辑自洽的自

---

[1] 欧洲对"自由"的理解有着深厚的"免于他人意志支配"的传统，这种传统隐含"二元对立"意识，如同天国与地狱、天使与魔鬼等。与此相应，政府与媒体在新闻自由上往往被置于人为对立的地步，以为新闻媒体所受的束缚和控制全部源于政府，故对新闻自由的理解往往局限于"政府与媒体"的二元对关系。这种新闻自由观影响甚广，政府与新闻媒体的关系也成为衡量新闻自由的唯一标杆。而只要审视现实，就能发现这种新闻自由观的局限性。比如，若以新闻媒体为主体，则新闻自由包括传播信息和表达观点的自由，而当媒体受制于资本时，要么丧失表达观点的自由，要么丧失表达观点的能力。今天，媒体最不敢批评的是所谓受众，在"注意力经济"模式下，受众成为媒体获利的资源，此时媒体也同样无所谓自由。

[2] 马克思：《1844年经济学哲学手稿》（第3版），北京：人民出版社，2000年，第57页。

由引入应然实然相互对立的资本主义社会现实,就会发现它不堪一击。如果说"所有人都追求自由"属于无法证实也无法证伪的命题,那么唯一可以肯定的是,在阶级社会中,不同阶级、不同群体对自由的理解以及享有自由的实际状况也自然不同,甚至完全对立,而这一切归根结底无不源于现实中的生产关系与社会关系,也就是当代文化与传播研究常说的权力关系。由此导致不同的甚至对立的自由无法容忍对方的存在,封建阶级和资产阶级如此,资产阶级和无产阶级同样如此。真正普遍的、作为人类终极追求的自由境界,只能在完全消灭阶级与阶级对立之后才能成为现实,正如马克思主义的里程碑著作《共产党宣言》所揭示的:"代替那存在着阶级和阶级对立的资产阶级旧社会的,将是这样一个联合体,在那里,每个人的自由发展是一切人的自由发展的条件。"[1]

1. 新闻自由的本质——追求真理

在《评检查令》中,马克思敏锐发现隐藏在检查令文辞中对探求真理的束缚与否定,就此展开的批判也反映出马克思对新闻自由之本质的理解。在他看来,新闻自由是追求真理的自由而非一般的表达自由。比如,马克思指出检查令中的一条"书报检查不得阻挠人们对真理作严肃和谦逊的探讨"[2],该条款似乎在维护"真理的探讨",但"严肃"和"谦逊"两个限定词则使真理及其探讨成为具文。一方面,这种限定使所谓探讨一开始就已经脱离真理,而将注意力投向"严肃""谦逊"等无关宏旨的第三者。在马克思看来,真理的探讨就应当是"直奔真理,而不要东张西望"[3]。一方面,探讨真理本身也应当是且必须是直接的、锐利的,"谦逊"只会让人畏手畏脚,结果使探寻真理举步维艰。毛泽东在《对晋绥日报编辑人员的谈话》中说过:"一切宣传工作,都应当是生动的、鲜明的、尖锐的,毫不吞吞吐吐……用钝刀子割肉,是半天也割不出血来

---

[1] 《马克思恩格斯选集》(第1卷),北京:人民出版社,2012年第3版,第422页。
[2] 《马克思恩格斯全集》(第1卷),北京:人民出版社,1995年第2版,第110页。
[3] 《马克思恩格斯全集》(第1卷),北京:人民出版社,1995年第2版,第110页。

的。"[1]至于"严肃"云云,同样让人无法自由地使用自己的方式讨论真理,结果同样成为探讨真理的绊脚石。

既然"精神的实质始终是真理本身"[2],而马克思理想中的报刊都是真正的精神反映,那么新闻报刊就应当不受限制地追求真理,任何对真理的限定都是试图混淆或者剥夺真理的中心地位。简言之,早期马克思心目中的新闻自由,就是不受任何束缚地追求真理的自由。[3]

2. 书写真理的自由——新闻形式

德国资产阶级自由派在反封建斗争中,最先的着力点是宗教。虽然宗教与世俗封建统治势力常有摩擦,但宗教终究有助于封建统治阶级操控人民的思想。因此,在封建世俗权力、宗教势力、资产阶级和无产阶级等矛盾关系中,封建世俗权力必然选择同宗教联合,对资产阶级、无产阶级的革命思潮进行遏制与打压。

为此,马克思对新闻自由的诉求,在内容层面追求对封建势力和宗教权威进行批判的自由,在形式层面致力于书写真理的自由。而书报检查令从形式方面提出的一系列规定,无异于要求千人一面、抹杀个性。正是针对这一问题,马克思写下了那段文采飞扬的文字:"你们赞美大自然令人赏心悦目的千姿百态和无穷无尽的丰富宝藏,你们并不要求玫瑰花散发出和紫罗兰一样的芳香,但你们为什么却要求世界上最丰富的东西——精神只能有一种存在形式呢?……一片灰色就是这种自由所许可的唯一色彩。"[4]这段精彩论述诗情洋溢,文采斐然,同时需要指出的是:第一,马克思说的是精神的形式的自由,而非精神的内容的多样化,因为新闻的内容是真理,而真理本身不存在多样化。第二,即使就形式而言,马克思的核心关切也在于尊重精神在形式多样化上的自然状态,而

---

[1] 毛泽东:《对晋绥日报编辑人员的谈话》,载《新闻实践》,1997年第9期,第10页。
[2] 《马克思恩格斯全集》(第1卷),北京:人民出版社,1995年第2版,第111页。
[3] 刘宏宇:《〈评普鲁士最近的书报检查令〉考证研究——马克思首篇政论文的历史背景及思想观念分析》,载《国际新闻界》2011年第9期。
[4] 《马克思恩格斯全集》(第1卷),北京:人民出版社,1995年第2版,第111页。

非强求形式上的人为多样化，因为这一要求同样是对自由及其自然状态的一种不恰当干预。如果干预新闻的形式，那么结果也是对新闻这一探讨真理的精神过程的扰动。至于让所有的精神只能呈现一种表情，即官方指定的表情，更使理性的领域成为一片灰暗地带。为此，马克思主张在真理的太阳照耀下，应该让每个个体的思想都如露珠一般自然闪现"无穷无尽的色彩"。

3. 新闻自由的归属

有关新闻自由的归属问题虽在《评检查令》中没有明言，但由于马克思将新闻事业看作是全体公民的精神活动，书报检查令就被视为对全体公民的精神的束缚。在质疑"严肃"和"谦逊"两个主观要求时，马克思讽刺道，如果对出版物的"谦逊"的要求是指席勒所谓"天才的谦逊"，那么普鲁士政府就需要把全体公民都变成"天才"。[1] 这里，他并没有说报刊从业者、新闻撰写人或作者而是说"全体公民"，也表明马克思对新闻自由属于全体公民的理解。

检查令要求在批准新的报刊和任用新的编辑时必须以"学术水平、地位和品格"为评判标准，而马克思质疑检查官的学术能力是否足够对报刊编辑的学术水平进行评判。姑且假定其学术能力足够强，那么他们就该是普鲁士最博学多才的学术顶尖人才，马克思讽刺说，普鲁士既然有这么多"万能人才"，何不让他们以作者的身份出现呢？如果他们在学术界毫无作为，或者根本没有进过学术界，那么又如何判断他们拥有学术才能呢？[2] 故他指出，虽然书报检查令的规定列举了学术水平、地位和品格等三种要求，但由于学术水平和品格难有客观标准，而地位则是直观的，因此前两者实际上取决于地位。于是，地位就成为判断新闻自由的唯一标准，谁是新闻自由的享受者、人拥有多少新闻自由等便由地位决定了。显然，有地位的人是普鲁士的统治阶级，包括官员、贵族

---

[1] 《马克思恩格斯全集》（第1卷），北京：人民出版社，1995年第2版，第111页。
[2] 《马克思恩格斯全集》（第1卷），北京：人民出版社，1995年第2版，第128页。

和宗教势力。结果新闻自由最终掌握在封建统治阶级手中,而普通公民均被排斥在外。

4. 如何实现新闻自由

讨论新闻自由的目的在于实现新闻自由。马克思批评检查令之际,也提出一些实现新闻自由的构想。既然认定新闻自由属于全体公民,加之对新闻出版与社会政治的认识,此时马克思已经意识到,实现新闻自由不能仅仅局限于新闻业本身,而得深入到社会、制度、法律、国家等现实政治层面,以寻求实现新闻自由的路径。

在他看来,实现新闻自由并不仅仅在于简单废除书报检查制度。虽然书报检查制度本身有着不可克服的缺陷,号称保护新闻自由的普鲁士书报检查令其实成为对新闻自由最为沉重、最为牢固的一道枷锁,但马克思并不认为新闻业就应当完全放任自流,不需要法律约束。相反,他认为,倒是应当设立保护新闻自由的法律。在批评检查令是一种以倾向为标准的恶法时,他也肯定人要受到法律的支配,公民要求新闻自由的权利也需要受到相应的法律的保护。这里,马克思还局限于启蒙理性所理解的新闻出版和法律问题,因此认为法律和新闻出版都是理性的具体表现形式,在合理的法律范围内的思想自由和言论自由是理性的一种客观表现。[1] 他认同的理性的新闻自由的法律,应当包含三个属性。一是尊重"人"而非维护制度,并尽可能保证公民在法律面前一律平等;二是采用客观标准而非主观臆断;三是以行动而非以思想的倾向为考察对象。如果说新闻出版是探求真理的活动,而真理得来不易,那么就需要让不同的思想通过新闻和写作、辩论和竞争,使真理逐渐浮出水面。在自由竞争的前提下,真理的思想必定会获得最广泛的认同。在《评检查令》中,马克思并未反对普鲁士政府传播自己的思想,他所反对的仅仅是普鲁士禁止其他思想传播的自由。他讽刺说,如果书报检查官真的掌握真

---

[1] 刘宏宇:《〈评普鲁士最近的书报检查令〉考证研究——马克思首篇政论文的历史背景及思想观念分析》,载《国际新闻界》,2011年第9期。

理，并且有充足的学术才能，那么必定会很容易地扫除新闻出版领域的"混乱"现象，确立普鲁士政府思想的主流地位。[1]

这一思想自由竞争的观念隐含着如下唯心论的假设：人都是有理性的，基于理性必然会自觉选择真理。因此，在新闻出版行业，只有思想自由竞争，行业才会有活力，真理才会显现，谬误也会被消灭。由此说来，实现新闻自由的路径就是让思想在新闻出版领域自由竞争。这一基本认识及其前提假设均属资产阶级启蒙运动及其理性主义思路，包括"观点的自由市场论"。类似思路也是时下解读早期马克思以及所谓"新闻自由"的习见思路，即局限于逻辑的、抽象的或理性的层面讨论问题，而忽略自由背后错综复杂的现实关系或权力关系。对此问题，赵汀阳说得好："逻辑上为真（true）只是纯粹形式的真，却不是真实（real）。只有真而不空才是真实。"[2] 近百年前，列宁在《关于"出版自由"》一文中对此更做出马克思主义"真而不空"的回答：

> 一切马克思主义者和一切考虑过四年来我国革命的经验的工人都一定会说：我们倒要弄弄清楚是什么样的出版自由？是干什么用的？是给哪一个阶级的？
>
> 我们不信奉"绝对的东西"。我们嘲笑"纯粹的民主"。
>
> "出版自由"这个口号从中世纪末直到19世纪成了全世界一个伟大的口号。为什么呢？因为它反映了资产阶级的进步性，即反映了资产阶级反对僧侣、国王、封建主和地主的斗争。
>
> ……
>
> 在全世界，凡是有资本家的地方，所谓出版自由，就是收买报纸、收买作家的自由，就是买通、收买和炮制"舆论"帮助资产阶级的自由。
>
> 这是事实。

---

[1] 《马克思恩格斯全集》（第1卷），北京：人民出版社，1995年第2版，第128页。
[2] 赵汀阳：《历史·山水·渔樵》，北京：生活·读书·新知三联书店，2019年，第20页。

任何人任何时候都推翻不了。

这方面要做的工作是很多的。通过这些工作，就可以（而且应当）医治毛病，慢慢地然而是真正地医治毛病，而不是被"出版自由"这个"闪烁不定"的鬼火迷惑住。[1]

四、分析与讨论

《评检查令》在马克思新闻思想历程中具有突出地位，它既延续了马克思大学时期的哲学思考，又开启了马克思在《莱茵报》时期的理论探索，并首次将"新闻自由"的概念引入其思想视野。文章既展现了马克思新闻思想的先进性，也难免于特定的时代性或局限性。其中尤为突出的是康德、黑格尔以及英法资产阶级启蒙思想家的精神烙印，表现在更多论述是从逻辑到逻辑而不是更多从现实到逻辑、从逻辑到现实的有机统一，从而显示了一种理性主义或唯心主义的认识倾向。

1. 自我意识的自由

总体而言，马克思在《评检查令》中对自由的理解，仍在延续其博士论文开启的自我意识的思路。这种认识在《评检查令》中呈现出两个特点：第一，自由是人的类本质；第二，自由需要具有现实性。

在博士论文中，马克思认为原子的偏斜运动和直线运动之间的矛盾表明原子具有能动性，也就使原子能够摆脱命运的必然性。个体的自我意识同样具有能动性，因而人的自由成为可能。在这一论证逻辑中，自由俨然脱离经验而存在，纯属意识和思辨领域。在《评检查令》以及在《莱茵报》前期工作中，马克思所理解的自由，同样也是这种先验存在的人的类本质及其抽象本性。在此基础上，马克思认为新闻自由本质上是思想自由，是人生而具有的权利，而书报检查制度试图压抑人的这种自由，故而违背人的"本性"。

---

[1] 《列宁专题文集·论无产阶级政党》，北京：人民出版社，2009年第1版，第311—316页。

自由的先验存在及其抽象人性论，是德国古典哲学与欧洲哲学的传统认识，更是自由主义意识形态的法眼。在自由这个问题上，早期马克思还没有摆脱法国启蒙思想家卢梭以及德国古典哲学家康德、费希特和黑格尔等影响。卢梭名言有"人生而自由"，自由被看作是一种人本身具有的天性。康德论证了自由不依赖任何经验而具有的绝对性与实在性。在费希特看来，自由是人不可转让的权利，也是属于"自我"的特性。黑格尔从客观唯心主义出发，把自由视为精神的本性，并把对自由的意识看作历史前进的动力[1]。马克思虽然批判了康德和费希特将应有与现有对立的问题，对青年黑格尔派的自我意识哲学也有所超越，但在自由的先验存在上，马克思和他们并没有本质的区别。这种自由观，究其根本还属于唯心论。

从《评检查令》的具体内容看，尽管其中不乏唯物论的成分，但作为论述的主体——自由及其生成则与现实世界无关或无涉。如果人类本性就包含着自由的因素，那么奴隶社会的奴隶与封建社会的农民为何没有现代意义的自由概念？倘若人的"自由"是自带属性，那么为什么有的人自由多，有的人自由少呢？马克思在之后的文章里也批判了"复数的自由"，认为社会自由并不是个人自由的简单相加。那么，是什么决定社会自由的总量呢，又是什么决定自由的分配呢？说到底还在于生产力与生产关系的总体运动，以及由此构成的社会政治经济结构。从自由作为一种有待实现的状态看，自由首先离不开对物理世界种种束缚的克服，这种不受束缚的能力也构成社会的自由总量。在一定自由总量的情况下，自由无法自动在所有人之间平均分配，一个阶级的自由与其他阶级自由相互矛盾，甚至尖锐冲突。在阶级社会中，要想获得真正的而非空洞"自由"，就必须进行斗争。正如马克思后来在《关于新闻出版自由的辩论》中意识到的，要用斧子为出版自由而斗争。[2]

---

[1] 陈先达：《走向历史的深处》，北京：中国人民大学出版社，2016年，第39—40页。
[2] 《马克思恩格斯选集》（第1卷），北京：人民出版社，2012年第3版，第202页。

依据马克思和恩格斯确立的唯物史观,自由主义谱系的"自由",离不开资本主义的发展与资产阶级法权关系,历史与现实状况都使资产阶级要求以一种新的、貌似平等的货币关系代替以往封建社会中人对人的依附关系。作为一种历史性与阶级性的意识形态,自由主义无非体现了资产阶级的阶级利益与现实诉求。同时,自由的现实性亦即实践性作为马克思对德国以及欧洲哲学的突破点,既是马克思在博士论文中所欲解决的问题,也是《评检查令》中所表现出来的重要特质。在德国古典哲学中,对自由的讨论集中在伦理学、认识论和本体论三个视域。在伦理学视域中,自由与德性联系在一起;在认识论视域中,主要问题在于如何认识自由而非实现自由;在本体论视域中,自由更没有与实践产生联系。而马克思则将追求自由作为一种应然与实然的有机结合的实践过程,这也是他对唯心主义哲学的超越。在《评检查令》中,马克思虽在抽象层面要求新闻自由,但是为了解决"应有"与"现有"的对立,在实践层面还是更多关注新闻自由的实际状况与具体路径,如新闻内容的自由、形式的自由等,从而使自由从纯粹思辨的领域与现实发生勾连。当然,早期马克思所追求的现实性与成熟马克思所致力的"现实性"大为不同。前者集中在哲学上将应然与实然统一起来;后者则旨在追求哲学对现实世界的实际改变,即马克思在《关于费尔巴哈的提纲》中写道的:"哲学家们只是用不同的方式解释世界,问题在于改变世界。"[1]不过,也正是马克思博士论文以及《评检查令》所开启的对实践和现实的关注,才构成他与德国古典哲学的根本区别,并开始将哲学"从天上请回人间"。特别是《莱茵报》时期,马克思作为报人关注了一系列社会问题,更是大大加强了他对现实的认识,也让他更加重视哲学对现实的能动作用。《莱茵报》查封后,马克思继续从事哲学研究,走上创立唯物史观的道路。这期间,马克思也从纯哲学研究,开始转向对经济学的关注。马克思在1859年曾回顾道:"1842—1843年间,我作为《莱

---

[1]《马克思恩格斯选集》(第1卷),北京:人民出版社,2012年第3版,第136页。

茵报》的主编，第一次遇到要对所谓物质利益发表意见的难事，莱茵省议会关于林木盗窃和地产分析的讨论，当时的莱茵省总督冯·沙培尔先生就摩塞尔农民状况同《莱茵报》展开的官方论战，最后，关于自由贸易和保护关税的辩论，是促使我去研究经济问题的最初动因。"[1]1895年4月，恩格斯也谈到："我曾不止一次地听到马克思说，正是他对林木盗窃法和摩塞尔河地区农民处境的研究，推动他由纯政治转向研究经济关系，并从而走向社会主义。"[2]因此，以《评检查令》为代表的《莱茵报》时期是马克思的重要转折点，其间的现实经验也为他最终创立唯物史观奠定基础。

2. 理性主义的自由

在黑格尔哲学体系中，理性是永恒的本质、和谐与规律，其终极目标是自由的实现。[3]马克思这一时期同样将事物的本质理解为"理性"，按照事物的本质对待事物，就是按照理性的方式对待事物。在《评检查令》中，理性的直接现实要求就是客观，而检查令中倾向、学术水平等纯粹主观的标准在马克思看来都是反理性的。这一点构成马克思批判书报检查令的基本立场。这也说明，虽然马克思提出了对"现实"的要求，但是追求的仍然是理性原则。恩格斯在《反杜林论》中指出，面对社会中的弊病，从头脑中发明出来的"理性"手段通过宣传或者典型示范等方式，从外部强加于整个社会，由于脱离具体的经济条件和生产关系，一开始就注定是空想。因此，解决问题必须要从物质事实中寻找答案。[4]不过，马克思的理性与黑格尔颇有区别，黑格尔的理性接近"绝对理念"，而马克思认同的理性则是一种客观的、普遍独立的思想。

值得关注的是，在《莱茵报》工作不久，马克思就产生了对原本秉

---

[1]《马克思恩格斯全集》（第13卷），北京：人民出版社，1962年第1版，第7—8页。
[2]《马克思恩格斯全集》（第39卷），北京：人民出版社，2008年第2版，第446页。
[3] 文学平：《青年马克思自由观的三个维度》，载《当代国外马克思主义评论》，2008年第00期，第222页。
[4]《马克思恩格斯选集》（第3卷），北京：人民出版社，2012年第3版，第608—618页。

持的理性主义的怀疑。直接原因是马克思在评论林木盗窃法时，遇到了"物质利益难题"。在现实的物质利益面前，他所信仰的"理性"不堪一击。马克思由此意识到，理性并不足以解释世界；纯粹的逻辑论证既不能实现理论和实践的结合，更不能对世界作出合乎理性的修正。由此，他开始更加重视物质利益的作用，并考察事物以及现象背后的各种"客观关系"。在《摩泽尔记者的辩护》中，马克思已将新闻自由同物质利益结合起来考察。他写道："自由报刊的必要性是从摩泽尔河沿岸地区的贫困状况的特性中产生的。"[1] 由于报刊既受到社会舆论深刻的影响，同时也在产生着社会舆论，因此只有"自由报刊"才能实现个人利益和普遍利益的统一，使得摩泽尔沿岸的贫困成为社会普遍关注和同情的对象[2]。这样，马克思对新闻出版自由的考察就不再局限于精神领域，而转向社会现实因素。

3. 国家与自由的二元对立

受到资本主义社会生产力与生产关系的影响，如私有制、产权保护、个人权利等，近代以来西方哲学将个人主体性上升到中心地位，从自我意识的角度，追求人作为独立的个体而非共同体一员的意义。自由不再是共同体的意志对个人的规定，而是个人作为主体本身所具有的一种独立地位与意识。这种对个体自由的无限追求，导致个人自由与社会自由之间的矛盾日益突出。表现在政治思想上，就是国家与个人在自由上的二元对立。

黑格尔发现了这个问题。当时德国资本主义发展缓慢，面临着英法等成熟资本主义国家的挤压，因此关注现实的哲人自然思考德国"往何处去"等问题。也因此，黑格尔的国家观便以建立统一的、强大中央集权的民族国家为目标。他认为必须用普遍性来规制个人的特殊性，从而形成一个相互依赖的系统——理性的国家，即一个真正将普遍性和特殊

---

[1]《马克思恩格斯全集》（第1卷），北京：人民出版社，1995年第2版，第364页。
[2] 陈先达：《走向历史的深处》，北京：中国人民大学出版社，2016年，第47页。

性统一起来的有机体。在国家和自由的关系问题上，撰写《评检查令》的马克思还处于自由主义和黑格尔之间。也因此，《评检查令》表现出一种自由主义倾向，具有明显的"免于他人干涉和支配"的意味。这一时期，马克思对自由的认识还局限于自我意识，而自我意识正是突出个体的主体地位及其自由。就此而言，马克思的自由观具有自由主义的色彩，他对书报检查令的批判也凸显了政府与公民、国家与社会的二元对立。当然，这一思想也有其直接的历史原因，因为此时正值普鲁士封建统治与新兴资产阶级矛盾开始激化的时期，两者的对立冲突成为学界关注的核心问题，因此马克思也难免将对自由的束缚看作政府与公民的二元对立，并坚决站到公民一方。这种自由意识同启蒙思想的天赋人权、康德与费希特的自由权利不可让渡等观念十分相似（马克思大学时期的大量阅读也来自法国启蒙思想家，他本人也非常欣赏法国大革命的"平权"思想）。这既是马克思《评检查令》一文的先进性所在，同时也并没有突破时代话语与思想语境。

与此同时，由于他吸收黑格尔的理性国家观，认为国家应当是理性的实现，而自由是理性的必然结果，故而理性的国家和自由的实现应该是相互统一的。这表明，马克思也希望建立统一国家，结束德国的分裂状态。为此，马克思反对毫无边际的新闻出版自由，认为应将新闻出版自由置于保护新闻自由的法律下，因为他把法律视为国家理性的体现。这一认识同黑格尔将国家抽象化，以此消解理论中个人利益与普遍利益的矛盾如出一辙。进而言之，在《评检查令》以及《莱茵报》时期的一些作品中，他更多将市民社会置于理性、虚幻的国家统摄之下，忽视实际利益对新闻出版自由的决定性影响，直至遇到"物质利益难题"。从新闻自由的实践看，号召、呐喊、批评都不会带来新闻自由，只能启发特定阶级的新闻自由意识。历史表明，由于新闻自由所固有的阶级性，这种自由就必然是由斗争得来的。正如马克思所说，批判的武器不能代替武器的批判。

4. 理想主义的色彩

虽然马克思大学期间曾经批判康德和费希特在哲学上的理想主义，但写作《评检查令》时，他的思考还是充满理想主义的，如对普鲁士法律持有的"幻想"。《评检查令》有个矛盾之处：既要求废除书报检查制度，并意识到书报检查制度根源于普鲁士的封建统治，又寄希望于在现有政治逻辑下，普鲁士能够制定理性的新闻出版法以保障新闻自由。也就是说，马克思当时并没有意识到，法并不是以脱离现实的"自由意志"为基础，而是统治阶级的共同意志和共同利益的体现，归根结底是巩固阶级统治的工具。[1]普鲁士最新的书报检查令也不例外。它打着保护新闻出版自由的旗号，实际上却进一步遏制新兴资产阶级的新闻自由，从而巩固封建统治。因此，寄希望于统治阶级制定反对自身的法律，无异于与虎谋皮。对此，马恩到《德意志意识形态》时，才从唯物史观认识和分析法律，揭示法律不过是现实经济关系的反映，而追求新闻出版法律的"普世性"乃属一种空幻梦想。

需要指出的是，此时马克思对现实或者未来抱有的理想主义的幻想，同成熟马克思对未来共产主义的理想追求是完全不同的概念。前者是在认识世界时忽略现实利益关系而希望以抽象的、无关经验现实的理想模式重构现实；后者则是在科学把握生产力与生产关系、经济基础与上层建筑及其意识形态的有机运动的基础上提出的具有实践意义的革命目标。不过，马克思早期的这种理想主义也并非没有意义。它提出的基于抽象人性和理性主义的理想社会模型，符合新兴资产阶级的诉求。通过理想模式与现实存在的对比，加深了人们对封建统治的不满，也起到了解放思想的作用，这一点在后来的《新莱茵报．民主派机关报》工作中有所凸显。解释世界固然不等于改变世界，但改变世界的前提离不开解

---

[1] 苑秀丽：《准确理解马克思的新闻出版自由思想》，载《新闻与传播研究》，2017年第10期。

释世界，正如伯林阐述的"自由的两种概念"。[1]

5. 改良派还是革命派

关于马克思此时究竟是民主主义改良派还是民主主义革命派，也关系到对马克思早期新闻思想包括新闻自由论述的理解。这里的关键在于明确"革命"的内涵。

马克思主义认为，革命有两个核心要素："阶级"和"行动"。从"阶级"方面看，此时马克思尚未认识到普鲁士对新闻出版自由的压制根源于阶级对立，而仅仅视为政府的非理性，故在"阶级"意义上尚未达到革命程度。从"行动"方面看，马克思还是理性主义者，他虽然关注现实，但其改变现实的路径则依赖理性确立的标准模型，然后期盼在实践中推动理性的回归。尤其是他还寄希望于一个理性的、客观公正的法律以保护新闻自由，而没有意识到法的现实基础与阶级本质。因此，马克思此时也没有在"行动"意义上达到革命的程度。直到1842年马克思撰写《第六届莱茵省议会的辩论——关于新闻出版自由和公布省等级会议辩论情况的辩论》，提出用矛头和斧子为新闻出版自由而斗争时，他才在行动意义上开始有了革命因素。

同时也应指出，在《评检查令》中，他对普鲁士封建统治的批判十分激烈，抨击他们通过文字游戏貌似保护新闻出版自由，实则压制公民新闻自由的"虚伪的自由主义"。出于青年黑格尔派批判宗教这一封建统治基础的斗争风格，马克思也批判了普鲁士将宗教作为统治基础，进而将矛头直指封建制度，"这种制度本身是恶劣的，而且各种制度却比人更有力量"。[2] 在德语里，这句话的第一处"制度"特指书报检查制度，而第二处"制度"使用复数。这表明，马克思已经认识到，书报检查制

---

[1] 张辰龙在《"自由"能分积极与消极？》一文中指出：一、伯林所谓 Two Concept of Liberty，探究的是"自由的两种概念"而不是"两种自由的概念"，因为自由的概念远不止两种；二、positive liberty 与 negative liberty，只能译为"肯定性自由"与"否定性自由"，自由的这两种概念与所谓"积极"与"消极"毫不搭界；三、自由的肯定性概念与否定性概念并非同一事物的两种不同说法，二者的逻辑距离或许不大，但方向完全相反。见《读书》2020 年第 1 期。
[2] 《马克思恩格斯全集》（第 1 卷），北京：人民出版社，1995 年第 2 版，第 134 页。

度及其问题并非孤立的，除此之外，普鲁士国家机器还有更多同样具有此类"异化"特征的体制机制。[1] 相比黑格尔以及青年黑格尔派，马克思此时的思想更加先进、更加进步。黑格尔认为，新闻出版自由必须以国家利益为前提，在实践中就是以普鲁士政府的利益为前提。青年黑格尔派虽然通过批判宗教而动摇普鲁士封建统治的基础，却很少直接向封建统治发起思想斗争。而马克思则将批判锋芒指向了普鲁士的封建专制制度。

如此看来，马克思此时可以说正在"走向"革命民主主义。一方面，他并没有主张资产阶级和无产阶级通过行动推翻封建统治，从而获得新闻出版自由；而仅仅是通过对普鲁士政府及其制度的逻辑否定，证明新闻出版自由合乎理性。这是《评检查令》新闻自由论述的局限性所在。另一方面，他直接批判封建专制制度，注意到新闻自由与封建制度的总体联系，又是他超越时代精神的先进性所在。

综上所述，刚从大学进入社会的马克思还具有理性主义和唯心主义倾向，并对社会和国家抱有某种理想主义的幻想。此时，他的新闻思想既有资产阶级革命意义上以及哲学思想上的先进性，又有囿于历史氛围与自身认识的局限性，突出表现在基于抽象人性和普遍理性的新闻自由论述。应当说，此时的马克思还属欧洲激进的民主主义者，是一个持有客观唯心论的哲学研究者、政论文作者和报刊编辑。自从创立唯物史观之后，马克思对新闻自由问题的认识就不再仅仅限于逻辑雄辩，以马克思主义的里程碑著作《共产党宣言》为标志，他的所思所想便无不围绕着无产阶级与资产阶级的现实关系而展开，任何自由包括新闻自由都离不开对全面异化的资本主义文明的批判、斗争与超越。对于以《评检查令》为代表的马克思早期新闻思想进行科学分析，既是为了理解其新闻自由论述的真谛，匡正对这篇雄文有意无意的误读，也是为了全面把握马克

---

[1] 刘宏宇：《〈评普鲁士最近的书报检查令〉考证研究——马克思首篇政论文的历史背景及思想观念分析》，载《国际新闻界》，2011年第9期。

思新闻思想的来龙去脉与科学内涵，用陈先达的话说，对马克思早期思想发展过程的研究可以提高对马克思主义科学性的认识，并坚定共产主义的信念。[1]

不言而喻，对马克思早期新闻自由论述进行唯物史观的再解读，一方面有助于破除在《评检查令》以及相关问题上一系列去历史化和去政治化的唯心论迷思，一方面有助于明确"以人民为中心"的社会主义新闻自由。正如习近平指出的："任何新闻舆论都有鲜明的意识形态属性，没有什么抽象的绝对的自由。我们要认清西方所谓'新闻自由'的本质，自觉抵制西方新闻观等错误观点的影响。"[2]

---

[1] 陈先达、靳辉明：《马克思早期思想研究》，北京：中国人民大学出版社，2016年，第1页。
[2] 习近平：《习近平总书记重要讲话文章选编》，北京：中央文献出版社，2016年，第423页。

"小方是谁?"
——兼谈当下新闻研究的一些学风问题

一次,新闻学同仁聚谈,不经意间提及时下"小方热",在座一位著述等身的教授一脸茫然,脱口问道:"小方是谁?"

确实,小方是谁,搁几年前,新闻界没人知晓。然而,随着不知所来何自的虚火不断升腾,有关方面相继卷入或"被卷入",加上报章杂志连篇宣扬,不旋踵间一个藉藉无闻的小方就声名鹊起,一跃成为百年中国新闻人的旷世奇才,横空大气排山去,砥柱人间是此峰,乃至与范长江比肩,与卡帕(Robert Capa)齐名。2017年,《中华读书报》还以大半个版篇幅摘编范长江新闻奖获得者,即当今"一流记者"学习小方的感悟,声言"中华民族当向25岁的'小方'行注目礼",一时间仿佛掀起一阵小小的造神热潮。

一

那么,小方是谁?笔者研习新闻之学已逾四十年,同样孤陋寡闻不清楚,2014年付梓的《中国新闻传播学大辞典》也"查无此人",不得不设法了解一下,发现基本事实大抵如下:小方,大名方大曾(1912—1937),北京人,出身官宦家庭,摄影爱好者(顺便提一句,当年摄影爱好者犹如今日游艇飞机爱好者而远非大众化兴趣)。1931年考入北平中法大学经济系。1935年在北平基督教青年会等处工作。1936年赴绥远采访,发表了若干附有摄影作品的通讯，得到范长江推荐，在《大公报》兼任战地特派员。"七七事变"第三天前往卢沟桥，写出报道《卢沟桥抗战记》，配以照片发表，不久失踪，时年25岁。各方说来说去的关键信息基本如此。小方热吸引眼球的说法——"报道七七事变第一人"，据考证也是子虚乌有想当然，因为在他赶到卢沟桥之前，上海的《申报》与天津的《大公报》均有"七七事变"的记者消息。即便假定事实如此，也与范长江不可同日而语。因为，范长江不仅是一代名记者（即使如此名记者也成百上千），而且也是所有追求光明、真理以及英特纳雄耐尔理想的中国记者之象征。换句话说，作为一个象征，"范长江"不仅体现着出类拔萃的新闻禀赋，而且更寄寓着人民记者即"无产阶级记者"的精神内涵，以及"中国革命与中国共产党"的历史血脉。

就小方热的关键由头"第一人"而言，实际上也经不起深究。因为，身处时代潮头的记者，记录历史初稿即新闻并影响现实世界乃是天职，正如保家卫国是军人的天职，无论是谁打响卢沟桥保卫战第一枪，都不会因此成为舍我其谁的英雄，因为没有此人，也有彼人。何况重大事件突发之际，记者无不争先恐后，又如何分得清第一第二[1]。试想谁是报道攻陷巴士底狱第一人？谁又是报道震撼世界的枪声、斐迪南大公遇刺、斯大林格勒保卫战的第一人？同样，谁能说得清甲午海战、武昌首义、南昌起义、百团大战、新疆和平解放、西藏民主改革、尼克松访华、邓小平访美等报道的第一人？针对重大事件的报道，人们之所以不知道或不关心"第一人"，是因为重大事件不同于一般社会新闻，往往并非单一问题与简单事件，而是来龙去脉盘根错节，偶然必然环环相扣。故重大新闻的报道并不看谁开第一枪，而看谁击中历史靶心。正因如此，世人不在乎谁先报道十月革命一声炮响，但不能不在意里德（John Reed）的《震撼世界的十天》；不关

---

[1] 《拉丁美洲被切开的血管》的作者、拉美左翼记者加莱亚诺，少年时代在课堂上听到西班牙殖民者巴尔博亚登上巴拿马一座山峰，成为同时看见大西洋和太平洋的第一人，便忍不住举手发问："老师小姐，当时印第安人都是瞎子吗？"见爱德华多·加莱亚诺：《镜子：照出你看不见的世界史》，张伟劼译，桂林：广西师范大学出版社，2012年，第1页。

心谁先报道红军长征,但不能不关注斯诺(Edgar Snow)的《红星照耀中国》。与此相似,记者可以不知道谁先报道"九一八""一·二八""七七"等事变,但不会不记得吴印咸拍摄的《白求恩大夫》、朱启平撰写的《落日》;可以不清楚谁先报道抗美援朝,但不会不熟悉魏巍的《谁是最可爱的人》、黎民的《中国人民志愿军跨过鸭绿江》,诸如此类,不一而足。2018年是改革开放四十年,新闻界又忆及四十年来诸多新闻经典之作,如报道邓小平南方讲话的《东方风来满眼春》,这篇通讯的作者陈锡添及其幕后故事不用多说了,反正不是"第一人"。

我们熟知的外国记者李普曼(Walter Lippmann)、法拉奇(Oriana Fallaci)、卡帕、本多胜一(Honda Katsuichi)、加莱亚诺(Eduardo Galeano)、西蒙诺夫(Konstantin Simonov)、阿列克谢耶维奇(Svetlana Alexievich)等,也非"第一人"而传之其名。西蒙·托平(Seymour Topping)的一段亲历记,就足以说明。解放战争期间,他是美联社驻南京记者。解放军横渡长江时,他在南京的大街上,远远听到郊外的炮声、江边的枪声。他打算奔向美联社办公室,突然一辆吉普停在跟前。车上跳下一位军人,有礼貌地问他:

"总统府方向怎么走?"

"你们是什么人?"

"我们是解放军。"

"解放军已经进城啦?"

"是的,我们已经在凌晨攻占南京城了,为了不惊动老百姓就悄悄进来了。"

托平惊喜不已,解放军占领南京了,现在还没有第二个记者知道这一重大新闻!他马上叫车赶到南京鼓楼大街的邮局。邮局只有一台发报机。此时法新社记者比尔关(Bill Kuan)也跑进邮局。两人都想第一个发报,最后抛硬币决定。比尔关赢了。托平说你快发,发完我发。比尔关说:你放心,我以最快的速度,用最少的文字把这条消息发出去。于是,他在电讯稿上只写了两个英文字"Nanjing falls"(南京陷落),然后兴奋地对托平说:"我的稿子发完了,下面轮你来发了。"托平坐在发报机前,一口气打了两个小时的字,发了三篇稿子。第一篇是快讯《今早共军进入南京,国军已经逃窜》;第二篇是现场特写《解放军进南京城》;最后一篇是综述加新闻背景。第二天,西方报纸全都刊登托平的稿子,而比尔关的稿子没有一家采用。[1]

总之,以"第一人"为由头的小方热,就像马克思笔下的历史法学派:"它把自己对起源的爱好发展到了极端,以致要求船夫不在江河的干流上航行,而在江河的源头上航行。"[2]

二

如果是沿着干流上航行,也就是将方大曾及其短暂的新闻活动置于全民抗战的大潮,并与无数中华民族的优秀子孙包括新闻界众多英雄儿女联系起来,那么对其人其事本来不难做出实事求是的叙述:一位抗战初期的业余摄影师或战地记者,采写报道了一些抗战新闻,对鼓舞军民士气产生一定作用,"七七事变"后不久失踪。现在加诸其身日益炫目的光环,显然过甚其辞,既不符合人物本身的历史实情,更不符合并扭曲唯物史观的新闻图景与历史方位,借用列宁有名论断:

> 如果从事实的整体上、从它们的联系中去掌握事实,那么,事实不仅是"顽强的东西",而且是绝对确凿的证据。如果不是从整体上、不是从联系中去掌握事实,如果事实是零碎的和随意挑出来的,那么它们就只能是一种儿戏,或者连儿戏也不如。[3]

---

[1] 此段内容与文字出自李希光教授未刊稿,承蒙允准,予以引用。托平后任《纽约时报》主编、哥伦比亚大学新闻学院院长与荣誉教授,并任普利策新闻奖评委会主席二十年。李希光教授在清华大学新闻学院常务副院长任上时,曾经聘请托平教授担任新闻学院首届国际顾问委员会主席,并陪他重返淮海战役战场。
[2] 马克思:《法的历史学派的哲学宣言》,《马克思恩格斯全集》第1卷,北京:人民出版社,1956年,第97页。
[3] 列宁:《统计学与社会学》,《列宁选集》(第2版),第28卷,北京:人民出版社,1990年,第364页。

倘若从整体上、从联系中掌握事实，那么，即使不提整部中国新闻史，如范敬宜为《李庄文集》作序时提及的一批新闻名家：王韬、梁启超、章太炎、邵飘萍、瞿秋白、张季鸾、邹韬奋、范长江、胡乔木、恽逸群、邓拓、吴冷西、乔冠华、刘白羽、华山、穆青等，而仅以抗战岁月"捐躯赴国难，视死忽如归"的记者为参照，也不难把握小方的历史定位。且不说徐铸成、萨空了、胡愈之、谢六逸、杜重远、王芸生等数不胜数的爱国报人名记者，他们的历史贡献远在小方之上，也不说1941年抗击日寇的大青山战役中，《大众日报》社郁永言等18位新闻人英勇牺牲，平均年龄20岁（同时牺牲的还有一位国际记者汉斯·希伯，罗荣桓题词"为国际主义奔走欧亚，为抗击日寇血染沂蒙"），更不说1942年太行山反"扫荡"一役中，《新华日报》华北版社长何云等46位中国记者壮烈殉国，史称中国新闻史上最悲壮的一页，仅看上海孤岛时期坚持抗战的报人，就有不少倒在日伪屠刀下，如《大美晚报》朱惺公[1]。他编发的《改汪精卫诗》堪称"绝唱"："当时慷慨歌燕市，曾羡从容作楚囚。恨未引刀成一快，终惭不负少年头。"因而最终遭到汉奸特务残杀。为此，抗战胜利后，上海报业公会曾经公祭了15位"新闻烈士"，表彰了13位"忠贞报人"。[2]面对如此英雄辈出的风云画卷，神话般的小方热以及如下"范长江新闻奖"获得者的顶礼膜拜岂非莫名其妙："面对25岁的小方、我国抗日战争时期第一个消失在战火中的战地记者，我们只能仰视和跪拜！"[3]

---

[1] 朱惺公（1900—1939）中国报人。原名松华，又名松庐。江苏丹阳人。家境清寒，早年辍学，后自学写作。曾撰长篇小说在《浙江潮》上连载。1928年任《浙江商报》副刊编辑。30年代初在上海中国化学工业社广告课任职，并一度兼任《时代日报》编辑。1938年2月任《大美晚报》副刊《夜光》编辑，以此为阵地，在孤岛上海宣传抗日救亡。11月在《夜光》上刊出四期《菊花专辑》，号召国人效仿菊花与西风战、严霜战，并刊载《改汪精卫诗》，讽刺汪伪政权汪精卫。1939年8月30日被日伪特务杀害。（见童兵等主编：《新闻传播学大辞典》，北京：中国大百科全书出版社，2014年，第979页）

[2] 散木：《民国报人钱纳水》，载《中华读书报》2017年7月5日。

[3] 赵拴：《中华民族当向25岁的"小方"行注目礼》，载《中华读书报》2017年6月21日。

三

即使就方大曾所属"战地摄影记者"群体而言，无论当时，还是后来，也同样有大批新闻名家，有的"专业"，有的"业余"，从沙飞身上可略见一斑。沙飞[1]，与方大曾同年出生，抗战期间拍摄了一系列传诵至今的新闻图片，如"战斗在古长城""白求恩做手术""聂荣臻与日本小姑娘"以及鲁迅先生平生最后也最有名的照片等。1988年，中国新闻摄影学会设立中国新闻摄影界最高奖——沙飞奖。2012年沙飞诞辰100年之际，《摄影世界》发表文章，对其一生作了评价："沙飞是中国人民革命摄影事业的先驱者、组织者和领导者，是中国摄影史上划时代的人物，他的名字永远镌刻在中国摄影史的丰碑上。"[2] 其实，从《良友》画报到《晋察冀画报》，从《人民画报》到《解放军画报》，如此人物与故事俯拾皆是，在新闻界更是广为人知，如吴印咸、徐肖冰、侯波、石少华[3]、高帆等。袁牧之等拍摄的纪录片《延安与八路军》，也提供了许多鲜活真实的新闻记录，如今影视作品时常采用的历史镜头，均出

---

[1] 沙飞（1912—1950）中国新闻摄影记者。原名司徒传。广东开平人。1935年6月入上海黑白影社，1936年在《生活星期刊》《作家》《光明》《良友》《时代》《中华图画》《中流》等报刊发表鲁迅照片和反映工农大众困苦生活的照片。抗日战争爆发后，前往华北前线，任全民通讯社摄影记者，采访平型关大捷，成为人民军队第一个专职新闻摄影记者。后任《抗敌报》副主任、《晋察冀画报》社主任、《华北画报》社主任。1939年任晋察冀军区新闻摄影科科长。1940—1946年共办了八期摄影训练队，颇有影响……"（见童兵等主编：《新闻传播学大辞典》，北京：中国大百科全书出版社，2014年，第993页）

[2] 蔡毅：《化作飞沙当空舞——写在沙飞百年诞辰》，载《摄影世界》2012年第5期。

[3] 为纪念石少华诞辰100周年，2018年9月30日《光明日报》刊发记者于园媛的报道《从硝云弹雨中走来》，其中写道：

石少华从事摄影工作60载，经历过抗日战争和解放战争的烽火，是抗日战争时期中国共产党敌后根据地摄影事业的开拓者之一。新中国成立后，石少华长期主持新闻摄影工作，后来又成为全国摄影界的主要负责人。在战火纷飞的年代，石少华以相机为武器，投身枪林弹雨。他拍摄的《肃清强敌》《埋地雷》《八路军骑兵部队》《步涉于渤海海滨的洼地》等前线场面，在影像资源极其稀缺的年代，留下了十分珍贵的历史资料。

地道战是冀中平原人民进行游击战的典型代表。地道空间狭窄，光线黑暗，而拍摄设备又极其简陋，石少华经过多种尝试，才拍出在构图、光线、场景上皆令人满意的作品。《地道洞口在哪里》《年画后面就是地道洞口出入口》《在地道交叉口的游击队员》《在地下卫生所给伤员换药》等作品，主题突出，充分反映出冀中人民出奇制胜的才智和英勇无畏的精神。

自这些弥足珍贵的影像作品。[1]

需要指出的是，这些新闻或影像作品与社会历史息息相关，用马克思恩格斯论报刊的话说，"每日都能干预运动，能够成为运动的喉舌，能够反映出当前的整个局势，能够使人民和人民的日刊发生不断的、生动活泼的联系"。[2]也就是说，在新闻发生的当下此刻广为人知，尽到应有的社会责任与历史使命。试看一例。1937年"八一三"淞沪抗战期间即小方失踪前不久，日寇野蛮轰炸上海火车站，炸死炸伤无辜难民近千人。摄影师王小亭第一时间赶到现场，拍下了那张家喻户晓的照片：一位孤苦伶仃的幼童坐在铁轨边嚎啕大哭，撕心裂肺。照片在有名的《生活》（Life）画报刊出后，天下震骇，举世谴责。面对国际舆论，恼羞成怒的侵略军宣称照片是伪造的，悬赏缉拿王小亭，王小亭被迫逃亡香港。与此相对，现在发掘的许多小方图片，当年并没有传播，自然也无声无息，与社会历史相隔绝，如今作为文献可备一格，但与新闻了不相干了。假定一支汉朝军队远击匈奴，不幸迷失在沙漠之中，从此失联，如今考古学家发现他们的遗骸，于是我们可以说历史上有过这样一支队伍，也可以说他们赍志以殁，壮志未酬，但总不能说这支队伍如何追亡逐北，如何勇冠三军。

当然，宣扬小方并非"不当（dāng）"而是"不当（dàng）"，小方热的立意或许在于矫正当下"新闻"乱象，弘扬"新闻理想"，彰显

---

[1] 传播学专业出身的青年学者高初——"中国美术学院中国摄影文献研究所"主任，近年来在中国摄影史方面颇有研究，出版了《最前线：中国共产党抗战图像志》等成果，举办了一系列颇受关注的摄影展，如2017年在中国美术馆举办的"光影人生：高帆、牛畏予摄影回顾展"。2015年的《中国摄影：二十世纪以来》摄影展上，开列了一批中国摄影人名录：老焱若、郭学群、汪孟舒、郑颖荪、吴郁周、舒新城、陈万里、骆伯年、郎静山、庄学本、吴中行、方大曾、金石声、刘半农、林泽苍、石少华、吴印咸、张印泉、郑景康、蔡俊三、梁祖德、黄翔、薛子江、蓝志贵、高帆、牛畏予、徐肖冰、侯波、袁毅平、陈复礼、张其军、刘旭沧、吴寅伯、姚经才、简庆福、曾湘敏、陈宝生、石志民、任曙林、王志平、李晓斌、彭祥杰、王耀东、陈勇鹏、肖全、石宝琇、于晓洋、吕楠、解海龙、吴家林、侯登科、刘香成、姜健、邢丹文、曾璜、安哥、于德水、王文澜……另外，参见《文汇学人》2018年9月28日专题报道《中国战时摄影，"燃起一股热力"》。

[2] 马克思和恩格斯：《"新莱茵报.政治经济评论"出版启事》，《马克思恩格斯全集》第七卷，北京：人民出版社，1959年，第3页。

"专业精神"。倘若如此,那么,是什么就说什么,一是一,二是二,实事求是,不能任性拔高,更不能有意无意忽略丰富多彩的历史运动与新闻图景,包括无数默默无闻为人民的中国记者,如成千上万做出历史贡献的业余记者通讯员,而方大曾充其量只是其中普通一员。对此,即使不讲共产党共和国新闻工作的群众路线如全党办报、群众办报,不论人民记者的基本要求如"政治坚定,业务精湛,作风优良,党和人民放心",至少也应遵循从马克思到习近平都强调的根据事实来描述事实(相对于根据希望来描述事实),这既是一条新闻铁律,也是知人论世的学术底线。

四

虽说严肃学界不会在意"小方热",不知"小方是谁"也无关宏旨,但其中折射的一些学风问题却不无普遍性,故不能听之任之,也不能不审问之,慎思之,明辨之。在 2018 年全国宣传思想工作会议上,习近平重申了马克思主义在哲学社会科学领域的指导地位,所谓指导地位,首先在于坚持唯物史观的立场、观点和方法,包括认识层面的实事求是与价值层面的人民主体,前者是基础,后者是灵魂。如果不是根据事实而是根据希望把握事实,如果不是"坚持发展地而不是静止地、全面地而不是片面地、系统地而不是零散地、普遍联系地而不是单一孤立地观察事物"[1],而是忽略事实发生的历史脉络与社会语境,脱离事物之间普遍的、有机的、变动的内在联系,乃至于抓住一点,不及其余,只见

---

[1] 《习近平在中共中央政治局第二十次集体学习时强调坚持运用辩证唯物主义世界观方法论提高解决我国改革发展基本问题本领》,载《人民日报》2015 年 1 月 25 日。

树木，不见森林——此类现象从专家著述到博士论文同样时有所见[1]，那么，不仅有悖实事求是原则，而且也有违求学问道的基本准则，更不用说体现以人民为中心的价值导向了。钱乘旦针对时下学风的批评，也值得新闻研究深思：

> 事实是检验学术的基本标准、也是最主要的标准。学术当然有诸多标准，比如规范与否、文字好坏、逻辑如何、论证怎样，等等；但这些只属于第二层次甚至第三层次，不符合第一层次的基本标准。现在学术界有一个通病，就是脱离事实，凭空想象，从推理到推理，从书本到书本，从理论到理论，从逻辑到逻辑。殊不知，逻辑的正确不意味着事实的正确，一旦事实不正确，一切都不正确。[2]

虽然事实正确不见得其他就一定正确，但事实不正确，一切肯定不正确，这也是实事求是的出发点与立脚点。以方汉奇、李龙牧、丁淦林等为标志的一代新中国新闻史学家，开辟了既不同于民国也不同于外国的全新学统，并获得学界普遍关注，包括国际学界，而其精髓正在于实

---

[1] 2018年适逢改革开放四十年，一些著述依然延续"两个三十年互相否定"的思路（主要是否定新中国前三十年），对新中国新闻业缺乏深入、系统、全面、细致的研究，更缺乏同情之理解，自觉不自觉延续20世纪80年代的一些陈词旧调，率性臧否，随意评说，无实事求是之意，有形而上学之嫌。有学者甚至将前三十年的新闻教育与台湾作比，认为前者一无是处而后者长足发展，无视中国人民大学、复旦大学、北京广播学院等为新中国新闻界培养造就了大批"政治坚定、业务精湛、作风优良，党和人民放心"的新闻工作者，其中许多人也成为改革开放年代新闻界与新闻学的骨干与中坚，而同时期台湾却是白色恐怖，报禁严苛，血雨腥风，独裁暴虐，不仅共产主义者遭到疯狂摧残，而且殷海光、雷震、李敖等自由主义者也同样饱受迫害。

[2] 钱乘旦：《学术研究须根植于事实》，载《光明日报》2018年4月16日14版。

事求是。[1] 如今,"守正创新"颇受青睐,而守正之"正"也在实事求是,即马克思主义及其中国化的立场、观点和方法。毕竟人世间一切学问、知识、理论,归根结底都离不开人民创造历史的社会实践,也就是实事求是之"事"。离开实事求是的底线,则无论多么新潮的理论,如何前卫的观点,怎样炫目的新说,都难免游说无根,最终也如南宋吴文英的词作——"七宝楼台,眩人眼目,碎拆下来,不成片段"。

另外,小方热生硬比附西方记者罗伯特·卡帕也值得推敲。一方面,卡帕一生亲历并报道了从二战到冷战的各个重大战事,如西班牙内战、武汉保卫战、诺曼底登陆、越战,他的新闻人生引人注目也不在于所谓"第一",而在于介入历史、影响世界的一系列力作,他的名言更令人过目难忘:"你拍得不够好,是由于你离前线不够近。"另一方面,中国记者"扬名立万"为什么非得比附欧美记者呢,其间心态是不是也透露着萨义德剖析的"东方的东方学",以及刘禾等揭示和批判的"世界秩序与文明等级"呢?[2] 从邵飘萍到瞿秋白,从范长江到邹韬奋,从邓拓到穆青,一代又一代中国记者在追求自由、解放、独立、富强的伟大斗争中,

---

[1] 关于新中国新闻史学的缘起,方汉奇谈过如下背景:

这一时期新闻史研究工作的重点,在无产阶级的革命报刊史,比较大的成果就是把中国共产党的新闻史轮廓给勾画出来了,留了一套中央党校的《中国现代报刊史》讲义。这部讲义是50年代初期中央党校编写的,着重介绍和论述了五四运动以后到新中国成立以前的近30年的无产阶级革命报刊的历史。1959年,这部讲义由中国人民大学新闻系作为内部教材铅印出版。当时出版的讲义并未署名,实际上是中央党校新闻班的"四大金刚"——李龙牧、丁树奇、黄河、刘爱芝共同编写的。……后来李龙牧、丁树奇去了复旦大学任教,黄河、刘爱芝去了中国人民大学任教,他们分别又编写了各自学校所需要的教材,这就是:1962年复旦大学新闻系编印的《中国新民主主义革命时期新闻事业史讲义》,1966年中国人民大学新闻系编印的《中国新闻事业史》。

总的来说,这几部讲义和教材是新中国前30年中国新闻史研究的主要成果,弥补了旧中国新闻史研究工作的空白,奠定了我国无产阶级新闻史学的基础。为什么这样讲?因为这几部讲义和教材确实属于建设性的工作。你看戈公振的《中国报学史》,他基本上不谈中国共产党的报纸,《向导》《新青年》《每周评论》等都提到,但主要是用一些基本的数据,大概一两行、两三行就完了,几十个字、百把字就完了。那是因为戈公振的书是1927年白色恐怖时期写成的,所以中国共产党的报纸基本上就不能提了,当然他的书重点也不在后头。(见方汉奇、王天根《中国新闻史研究的回顾与展望——方汉奇先生治学答问》,载《安徽大学学报》2015年第2期)

[2] 刘禾主编:《世界秩序与文明等级:全球史研究的新路径》,北京:生活·读书·新知三联书店,2016年。

在向往英特纳雄耐尔的大同信仰中,不是含有一种更高远、更神圣的新闻理想吗?范敬宜的名言"离基层越近,离真理越近",不比卡帕的名言高出一筹,至少各领风骚吧。如果中国记者的专业地位都得西方记者背书,又如何体现道路自信、理论自信、制度自信、文化自信呢。[1]

　　回到开篇问题——小方是谁?一句话,小方即方大曾是一代代中国记者的一员。他的故事可以作为一段逸闻激励鼓舞后人,但不能背离实事求是,更不能想当然勾画一个隔绝于千千万万新闻人,包括新闻摄影人及其历史作为的孤胆英雄和历史神话。罗马不是一天建成的,抗战新闻史也不是一人谱写的。因此,小方热可以休矣,神话终究是神话,而非事实,更非真理,周恩来的名言同样适用于此:只有忠实于事实,才能忠实于真理。[2]

---

[1] 小方热回避或忽略"三大飞跃"中无数声名卓著、功不可没的新闻人,仅仅比附早年范长江,即尚未成为共产主义者的名记者,甚至比附西方记者卡帕,是否也折射着时下思想文化领域"去政治化"或"去政治化政治"的潮流,如所谓"新闻专业主义"?另外,小方热是否也与民国热遥相呼应?兹事体大,本文力有不逮,提出疑问,有待方家深究。
[2] 周恩来:《周恩来选集》(上卷),北京:人民出版社,1984年,第239页。

后 记

梁启超与蒋百里的一段逸事流播文苑，脍炙人口。先是，蒋百里完成了一部五万言《欧洲文艺复兴史》，请梁启超作序。梁氏才气纵横，借题发挥，一出手竟然写了六万字。由于序言比书稿还长，不得不考虑单独付梓，是为《清代学术概论》，而梁启超反过来又求蒋百里赐序。

本书缘起与此相仿。起初，想为一部拙著草拟序言，不料越写越长，从一两万字到十来万字，兀自意犹未尽。于是，友人建议，索性花开两朵，各表一枝，遂有之前的《新时代新闻论》与这部《中国道路新闻论》，而后者原是前者的序言。

正因如此，两书既有不同定位——前者如"汉学"，后者如"宋学"，又有一脉相通的追求，概而言之可以归为两句"正言"：正心诚意行大道，正本清源开新说。2015年金秋时节，"首届中国新闻史青年论坛"在京举行，中国社会科学院新闻研究所主持其事的向芬副研究员（2020年晋升研究员），邀我出席并做主题报告。在此次青春作伴、俊采星驰的青年论坛及其发言中，萌发了正心诚意与正本清源的思绪，借以表露自己的学术心路，也希望召唤新一代中国学者行大道、开新说。

在中国，"正"之一语可谓大矣。子曰：名不正则言不顺，言不顺则事不成。古往今来，中国人一向信奉邪不压正，一部《西游记》都在讲邪不压正的故事。至于天下政治以及政治哲学，也崇尚正大光明："政者，正也。"与此相似，新朝甫立讲"正朔"，载诸史册看"正史"，新年开端称"正月",修行得道有"正果",符合天理号"正道",不违人伦属"正常",纠错平反称作"拨乱反正",一旦过度则又有"矫枉过正",诸如此类,不一而足。与此同时,衣食住行讲究"正餐""正装""正厅",为人处世追慕"正直""正派""正人君子"。文丞相的《正气歌》,"天地有正气,杂然赋流形",千百年来气壮山河,光昭日月,更成为一代代仁人志士的不绝心声。

求学问道何尝不然。张承志为业师俞伟超的《考古学是什么》作序,最后一句就直言:"比一切更重要的,是判断力和正义。"本书虽然单薄,作者难免才拙,但正心诚意行大道、正本清源开新说则可谓一以贯之。之所以执着于斯,也在于中国新闻学或中国特色新闻学,日渐陷入前所未有的十面埋伏,面临东倒西歪的严峻局面。特别是十八大之前,经过数十年的去价值化、去历史化、去中国化、去主流化,新闻学已经发生系统性、全局性变异,眼见脱离正道,步入岔路,甚至邪门歪道,即便"外面的架子虽未甚倒,内囊却也尽上来了",如同河山依旧而生态恶化已然触目惊心。面对如此学科生态与状态,中国新闻学若想重归正道,重塑灵魂,首先必得正心诚意,并且正本清源。

拙稿一应文字之前均已在核心期刊发表。正文十章,曾以连载形式,刊发于《当代传播》,前后一年半。代序是新中国七十年周年之际,为《山西大学学报》学报策划和组织的专题,专题的其他文章与作者包括邓绍根教授、俞凡教授、王咏梅教授。结语是应兰州大学新闻学院樊亚平教授之约,为《兰州大学学报》撰写的。附录一是与北京大学李飞博士的合作成果,也刊发于《兰州大学学报》。附录二是在我指导的清华新闻学硕士论文基础上完成的,附录三是应蒋建国教授邀请,在地方新闻史学会成立大会上的主旨演讲,均在《国际新闻界》发表。为此,感谢这些学刊编辑郝红、李雪枫、刘海龙、樊亚平。另外,拙文草成与修改中,还得到各路朋友的指教,在此一并致谢,恕不一一具名。最后,感谢新华出版社副社长黄春峰与本书责编赵怀志。1993年,我的第一部著述《传播学引论》,就是在新华出版社由黄春峰编辑出版的,我们的交往与友情算来将近三十年。

  本书完成之际，本想作为新中国七十华诞的一份心意，不料一来二去，就到了共产党一百年的节点。1954年9月16日，毛泽东在制定宪法、奠定国本的第一届全国人民代表大会的开幕词中，以两句广为人知的名言，言简意赅地宣示了中国道路及其要义："领导我们事业的核心力量是中国共产党。指导我们思想的理论基础是马克思列宁主义。"一百年来，共产党、共和国尊奉这一要义，披荆斩棘，风雨兼程，取得了震古烁今的丰功伟业，开辟了举世瞩目的中国道路。这里，笔者也是想站在新时代，对这条道路及其新闻业与新闻学做出守正创新的阐发。

李　彬

2021年春于双清苑